»Hemmungslos das Leben spüren«
Janis Joplin

DAS BUCH

Aufgewachsen in gutbürgerlichen Verhältnissen, war Janis Joplin eine Musterschülerin und interessierte Kunststudentin. Sensibel und eigenwillig, selbstbewusst und unsicher zugleich, zeigte sie schon früh einen Hang zu Extrovertiertheit, überschäumender Lebensfreude und hemmungsloser Genussfähigkeit.

In ihren Liedern verlieh Janis Joplin wie kaum eine andere Frau den Widersprüchen ihrer Generation Ausdruck: gefangen zwischen Auflehnung gegen das Establishment der McCarthy-Ära und den Vietnamkrieg und den Love-and-Peace-Parolen der Blumenkinder Woodstocks, zwischen dem Bedürfnis nach sozialer Kontrolle und dem Drang nach Freiheit. Von permanenten Selbstzweifeln gequält, ließ sie kaum einen Exzess aus: Alkohol, Drogen, die Jagd nach Sex und eine gefährliche Selbstaggression prägten ihr Leben und gaben ihr eine tragische Note, die sie zum Mythos machte.

DER AUTOR

Dr. Heinz Geuen, Jahrgang 1954, studierte Musik, Politikwissenschaft, Soziologie und Romanistik in Hannover. Er promovierte mit einer Arbeit über Kurt Weill und widmete sich seitdem neben musikpädagogischen Aufgaben an der Universität Kassel vor allem der Forschung über modernes Musiktheater und Popkultur.

HEINZ GEUEN

»*Hemmungslos das Leben spüren*«

Janis Joplin

LIST TASCHENBUCH VERLAG

List Taschenbuch Verlag 2000
Der List Taschenbuch Verlag ist ein Unternehmen der
Econ Ullstein List Verlag GmbH & Co. KG, München
Originalausgabe
© 2000 by Econ Ullstein List Verlag GmbH & Co. KG, München
Lektorat: Ulrike Meiser
Umschlagkonzept: HildenDesign, München – Stefan Hilden
Titelkonzept und Umschlaggestaltung: Büro Meyer & Schmidt, München –
Jorge Schmidt (Tabea Dietrich, Costanza Puglisi)
Titelabbildung: Cinetext Bildarchiv, Frankfurt
Gesetzt aus der Meridien, Linotype
Satz: Josefine Urban – KompetenzCenter, Düsseldorf
Druck und Bindearbeiten: Clausen & Bosse, Leck
Printed in Germany
ISBN 3-612-65057-2

»Ich glaube, Janis starb an einer Überdosis Janis.«
Eric Burdon

In der Reihe »Rebellische Frauen« sind in unserem Hause bereits erschienen:

Annette Seemann
»Ich bin eine befreite Frau« – PEGGY GUGGENHEIM
Jochen Schmidt
»Tanzen gegen die Angst« – PINA BAUSCH
Leo Linder
»Ah, mein kleiner Herzog, du hast Angst?« – JEANNE D'ARC
Barbara Leisner
»Unabhängig sein ist mein heißester Wunsch« – MALWIDA VON MEYSENBUG
Matthias Henke
»Süchtig nach der Sehnsucht« – EDITH PIAF
Mariam Niroumand
»Westwärts, junger Mann!« – MAE WEST
Max Gallo
»Ich fürchte mich vor gar nichts mehr« – ROSA LUXEMBURG
Siegfried Obermeier
»Ein Weib mit ungeheurem Talent« – ANGELIKA KAUFFMANN
Katharina Zilkowski
»Le style c'est moi!« – COCO CHANEL
Verena Joos
»Mutter Courage des Theaters« – IDA EHRE
Ingeborg Drewitz
»... darum muß man nichts als leben« – BETTINE VON ARNIM
Florence Hervé
»Salz der Freiheit« – BENOÎTE GROULT
Annette Seemann
»Ich bin alles!« – GALA DALÍ
Monika Becker
»Starke Weiblichkeit entfesseln« – NIKI DE SAINT PHALLE
Françoise Giroud
»Die Menschheit braucht auch Träumer« – MARIE CURIE
Klaus Hübner
»Leben auf dünnem Eis« – YOKO ONO
Monika Keuthen
»... und ich male doch!« – PAULA MODERSOHN-BECKER
Monika Keuthen
»Und trotzdem bin ich glücklich« – CHRISTIANE VULPIUS
Jochen Schmidt
»Ich sehe Amerika tanzen«« – ISADORA DUNCAN
Steven Bach
»Die Wahrheit über mich gehört mir« – MARLENE DIETRICH
Barbara Leisner
»Ich würde es genauso wieder machen« – SOPHIE SCHOLL
Claude Francis/Fernande Gontier
»Ich habe das Glück, nur zur Hälfte Frau zu sein« – COLETTE
Darden Asbury Pyron
»Tochter des Südens« – MARGARET MITCHELL
Matthias Henke
»Mit zerrissenem Herzen« – CLARA SCHUMANN

INHALT

1. KAPITEL

All Is Loneliness:
Narben der Angst

Ihre Karriere dauerte nur gut vier Jahre, lediglich vier Langspielplatten hat sie produziert, mit drei sehr unterschiedlichen Bands hat sie gearbeitet, in Europa hat sie – auf dem Tiefstand ihrer amerikanischen Karriere – nur eine einzige Tournee absolviert, ihr Presseimage war teilweise katastrophal, ihre Manager und Berater waren nicht selten liebenswerte, aber auch dilettantische Freaks. Und dennoch ist der Mythos von Janis Joplin auch dreißig Jahre nach ihrem Tod ungebrochen. »Ihre« offizielle Homepage (www.official-janis.com) mit Tourdaten, Fanpost (»Ich war dabei«), »Neuigkeiten« und Links zu den anderen Größen des San Francisco Sounds suggeriert beinahe, sie sei noch im Geschäft. Zur Abrundung des augenscheinlich ungebrochenen Informationsbedürfnisses über Janis Joplin gehört übrigens auch, dass der Autopsiebericht der Gerichtsmediziner, die ihre Leiche nach ihrem plötzlichen Tod am 4. Oktober 1970 untersucht hatten, jederzeit im Internet abgerufen werden kann.

Freilich teilt Janis Joplin die Eigenschaft des posthumen Ruhmes mit anderen Kultgestalten ihrer Generation, etwa James Dean, Jimi Hendrix und Jim Morrison. Sex, Drugs and Rock 'n' Roll sowie der frühe, schicksalhafte, geradezu programmatische und zugleich beinahe zufällige Tod sind die Stichworte der Maxime hemmungsloser Genussorientierung, die in der Parole vom schnellen, intensiven und daher auch kurzen Leben ihren zum Klischee gewordenen Ausdruck findet. Einem Reporter der New York Times gegenüber sagte Janis Joplin einmal: »Ja, ich weiß, dass ich es vielleicht übertreibe, aber lieber dreh ich zehn Jahre irre auf, als siebzig zu werden und bis dahin bloß in einem gottverdammten Sessel vor dem Fernseher zu hängen.«

Das Leben der Janis Joplin war und ist für viele der Aufstieg und Fall der vielleicht bedingungslosesten Hedonistin ihrer Zeit. Ausgestattet mit einer alle nur denkbaren Emotionen umfassenden Bluesstimme, bekannt für bis dahin kaum gewagte Respektlosigkeiten gegenüber den Konventionen der bürgerlichen Gesellschaft und nicht zuletzt berüchtigt für ihre sexuelle Zügellosigkeit ist Janis Joplin gleichsam zum Synonym für die radikale Rebellion gegen die Spießerkultur der fünfziger und sechziger Jahre geworden. Sie war der erste weibliche Megastar der Rockmusik, und mit dem Medium der Musik transformierte sie ihre kompromisslose und völlig hemmungslose Art, persönliche Freiheit öffentlich durchzusetzen und zu leben, in einen gesellschaftlichen Vorgang. Die zum Kult gewordene Zeile des von ihr interpretierten Kris-Kristofferson-Songs *Me and Bobby McGee* »Frei sein heißt,

Janis mit nie enden wollender Energie und scheinbar unerschöpflichen Kraftreserven bei einem Open-Air-Konzert in San José, 1968
(Interfoto Pressebild-Agentur, München)

Vollgepumpt mit Drogen, absolvierte Janis Auftritte und machte Studio-aufnahmen. Alkohol war dabei immer ihr bevorzugtes Rauschmittel.
(Cinetext Bildarchiv, Frankfurt)

nichts mehr verlieren zu können« symbolisiert in knappster Form, dass sie mit ihrer subversiven Rolle zugleich ein zutiefst amerikanisches Ideal, die Idee der Freiheit, radikal zu Ende dachte und zugleich daran zugrunde gehen musste. »Janis starb an einer Überdosis Janis«, wie Eric Burdon es ausgedrückt hat. In dieser knappen Formel liegt die Kraft und die Tragik des aus vielen existentiellen Widersprüchen geformten Lebens der Janis Joplin, von denen in diesem Buch die Rede sein wird.

Wie ungeheuer das provokative Potenzial war, das von Janis Joplin ausging, ist heute, dreißig Jahre nach ihrem Tod, kaum hoch genug einzuschätzen. Denn wie konnte es geschehen, dass ein einfaches, in Südosttexas aufgewachsenes Mädchen mit unsauberem Teint, Gewichtsproblemen, eher groben Gesichtszügen und ungehobeltem Benehmen zur Galionsfigur eines die gesamten USA umfassenden künstlerischen und gesellschaftlichen Veränderungsprozesses werden konnte? Was war es, das sie dazu führte, das gesamte Spektrum von Themen der fünfziger und sechziger Jahre in den Vereinigten Staaten wie in einem Brennglas auf sich zu ziehen, ohne dass sie kaum je eine im engeren Sinne politische Position eingenommen hätte?

Die Bilder ihrer exzentrischen Extrovertiertheit auf der Bühne und in der Öffentlichkeit sind bekannt: Janis torkelt mit der Whiskyflasche Marke »Southern Comfort« auf der Bühne, Janis treibt mit orgiastischer Bühnenpräsenz und aufputschenden Ansprachen ihr Publikum auf die Stühle und Gänge, Janis beschimpft in wildester Weise Ordnungskräfte und Polizisten und wird dafür sogar einmal verhaftet, Janis spricht öffentlich über ihr scheinbar unstillbares sexuelles Verlangen, Janis fährt einen »psychedelisch« bemalten Porsche, Janis nimmt den Produktnamen »Pearl« an und unterscheidet in ihrem Auftreten und in ihrer Kleidung nicht mehr zwischen der Bühnenfigur und der Privatperson. Und dann ist da noch eine andere Frau, die nie verwundene seelische Grausamkeiten aus ihrer Kindheit und ihrer Jugendzeit in gnadenlose Selbstverachtung verwandelt. Wenige Monate vor ihrem Tod und unmittelbar vor einem letzten desaströsen Besuch in ihrer Heimatstadt Port Arthur sagte sie in der Dick-Cavett-Show mit leiser Stimme: »Sie haben mich aus der Stadt herausgelacht, sie haben mich sogar aus dem Staat herausgelacht!« Die Symptome dieser Seite sind weniger bekannt und weniger spektakulär: Alkoholabhängigkeit, Heroin, Einsamkeit, Verzweiflung. Freiheit, als persönliche Utopie erlebt und erlitten, war für Janis Joplin auch die Freiheit, die zur Einsamkeit führte, die gnadenlose Freiheit der unerfüllten Sehnsucht, die Freiheit zum Tod: »Freedom's just another word for nothing left to lose.«

»Äußerlich frei und innerlich zerrissen«, Hedonistin und Opfer, so charakterisiert Laura Joplin ihre sechs Jahre ältere Schwester in ihrer Biografie. Diese Ambivalenz ist sicherlich eine zutreffende Umschreibung für die psychische Befindlichkeit der Janis Joplin. Man mag darin allein zunächst jedoch nichts Außergewöhnliches sehen. Sie ist sicher kein Einzelfall eines Menschen, bei dem die Kluft zwischen innen und außen, zwischen Traum und Wirklichkeit oder zwischen Vergangenheit und Zukunft zu psychischen Konflikten bis zur lebensbedrohenden Peripetie führt. Was das Leben der Janis Joplin jedoch zu einem Mythos werden ließ, ist, dass ihr persönliches Schicksal sich in untrennbarer Weise mit ihrer öffentlichen Person als außergewöhnlichste Rockmusikinterpretin ihrer Generation verband. Die zerstörerische Kraft ihrer persönlichen Tragik war zugleich Quelle und Ausdrucksmittel ihrer künstlerischen Identität. Neben dem naturgegebenen Talent einer ungewöhnlich vielfältigen Stimme, deren Wesen für sie selbst ein lebenslanges Mysterium war, bildete der aus den Traumata ihrer Jugendzeit erwachsene Wunsch nach Akzeptanz den emotionalen Kern ihrer Rebellion: der öffentliche Schrei nach Liebe als Reaktion auf emotionale Zurückweisung. Die ekstatische Umarmung durch die Massen, der öffentliche Liebesbeweis, konnte jedoch nie zur Lösung dieses Konfliktes führen, da die Dissonanzen in ihrer Seele den Kern ihrer Faszination und ihrer Glaubwürdigkeit ausmachten. Dieser Widerspruch musste sich zum verhängnisvollen Desaster verdichten, da die erfolgreiche öffentliche Rolle als Heldin und Opfer zu einer bis zur Unkenntlichkeit führenden Selbstmythisierung führte. Janis Joplins Kindheit hatte sich eben nicht in den Ghettos der schwarzen Vorstädte abgespielt. Bei allen Problemen, die sie unzweifelbar hatte, entstammt sie nicht aus dem unterprivilegierten sozialen Milieu, in dem die im Blues konzentrierte Sozialkritik ein gewissermaßen natürliches Bedürfnis darstellte, sondern wuchs in den geordneten

Bahnen einer bildungsorientierten Mittelstandsfamilie auf. Ihre Themen fand sie daher eher im inneren und äußeren Kampf gegen die engen moralischen Grenzen dieses Lebensraums.

Los Angeles, San Francisco, New York sind Stationen der Flucht aus der bedrückenden Enge ihrer texanischen Heimat. Indem sie dort in den fremden Städten in ihrer Musik immer und immer wieder ihr Verletztsein beschwor, vollzog sie neben der äußeren zunehmend auch eine innere Desillusionierung, die schließlich hermetisch und unüberwindbar wurde, selbst für die Menschen in ihrer nächsten Umgebung. Der Blues der Janis Joplin wurde zur selbsterfüllenden Prophezeiung. Gab es für sie keine Trennung zwischen Kunst und Leben, so *musste* sie in ihrem Leben leiden, um als Bluessängerin authentisch zu sein. Sie *musste* kompensieren, dass sie nicht als unterprivilegierte, verfolgte Schwarze oder wenigstens als Angehörige der weißen Unterschicht aufgewachsen war. Emphatische Klassen- oder Rassenzugehörigkeit – sie bezeichnete sich einmal als den ersten »weiß-schwarzen« Menschen – wurden Grundlage ihrer »Wahrheit«. Wahrheit wurde zum bestimmenden Begriff ihrer Existenz. Das Spannungsverhältnis zwischen Schwarz und Weiß, zwischen Ghetto und Mittelschicht, man könnte auch sagen zwischen Blues und Country, kennzeichnet daher auch die Faszination ihrer Stimme: die harten Brüche zwischen dem lyrischen Countryton und dem aggressiven, unversöhnlichen Bluesschrei, das Beharren auf der formalen Konventionalität des klassischen Blues und zugleich die Integration des weißen Rock 'n' Roll sind Elemente dieser einzigartigen Verschmelzung, die außer für den Mittelweg für alle Richtungen offen war.

So sind Leben und Musik der Janis Joplin bis in die letzte Faser hinein auch der personifizierte Ausdruck aller Widersprüchlichkeiten der amerikanischen Gesellschaft in den fünfziger und sechziger Jahren. Ihre unbändige Sehnsucht nach Liebe und Freiheit suchte sich immer wieder eruptive Bahnen, als müsse sie mit Gewalt und geradezu zwanghaft, unbewusst den ungeheuren Druck ablassen, den die Vereinigten Staaten von den Nachkriegsjahren über die Kommunistenphobie der McCarthy-Zeit, die harten Auseinandersetzungen in der Rassenfrage bis in die Nixon-Ära und zu den Verstrickungen des Vietnamkrieges hineingeschleppt hatten. Janis Joplin war – ohne im engeren Sinne des Wortes politisch engagiert zu sein – Seismografin und Sprachrohr ihrer Generation.

Die rebellische Kraft ihrer Persönlichkeit führte sie gleichwohl in Konflikt mit ebenjener Generation, die sich ab Mitte der sechziger Jahre als Hippies bezeichneten. Mit den »Blumen-kindern« und deren sentimentalen Betroffenheitskulten hat-te Janis Joplin nichts gemein: »Ich kann nicht erkennen, was sie wirklich besser gemacht haben«, sagte sie einmal zu ihrer Presseagentin und Freundin Myra Friedman. »Es sind Betrü-ger, die ganze Kultur ist ein Schwindel. Sie regen sich über die Gehirnwäsche durch ihre Eltern auf, dabei tun sie genau das Gleiche. Ich habe noch nie einen von ihnen kennen gelernt, der etwas anderes toleriert hätte, als allein seine Art zu leben.« Janis Joplin war kein Hippie, sie war ein individualistischer Beatnik, der von den fünfziger Jahren in die Sechziger hin-übergespült worden war.

Janis Joplin war das hoch dosierte Konzentrat aller unter-drückten Energiefelder der sechziger Jahre. Ihre radikale Re-bellion gegen die Spießerkultur ihrer Zeit wirkte umso stärker als sie zugleich mit ungeheurer Wucht ein Frauenbild vom Sockel stieß, das insbesondere in der amerikanischen Provinz unabdingbare Gültigkeit besaß. Sich im extrem konventionel-len Ambiente des amerikanischen Südens mit Männerhem-den und Jeans zu kleiden, Ledersandalen zu tragen, sich nicht zu schminken, die Haare im Backofen zu trocknen statt sie zu einer Hochfrisur zusammenzustecken, galt als geradezu unvorstellbar. Der Gipfel der Provokation bestand jedoch darin, dass Janis Joplin es ablehnte, einen BH zu tragen, eine Haltung, die man beinahe mit Prostitution in Zusammenhang brachte. Reichte dies eigentlich schon aus, um gerade als Frau zur Außenseiterin zu werden, so spitzte Janis Joplin ihr Verhalten dahingehend zu, dass sie nicht nur weibliche Kleidungskonventionen und Verhaltensmuster ablehnte, sondern zudem traditionell den Männern überlassene Rollen übernahm: Eine Frau, die in den frühen sechziger Jahren in den Kneipen herumhing, Trinkgelage veranstaltete, öffentlich Alkohol konsumierte, fluchte, mit Männern ausging und Männer ansprach, war schlicht ein Skandal.

War Janis Joplin eine Feministin? Im politischen Sinne war sie dies wohl kaum. Im Gegenteil, gegen den organisierten Feminismus polemisierte sie ebenso offen wie gegen die Hippie-Bewegung. Wie in allen Bereichen ihres Lebens waren hier ihre Verhaltensweisen jedoch widersprüchlich. Zum einen ist sie natürlich das Symbol der sexuellen Befreiung im Zeitalter der Pille. Kaum eine Frau vor ihr hat je so hemmungslos und so öffentlich die Forderung nach Selbstbestimmung in der Sexualität ausgelebt. Dennoch wirft die Frequenz ihres Sexuallebens jenseits aller moralischer Schranken auch Fragen auf. War eine Frau, die ihre Sexualpartner zeitweise täglich wechselte, wirklich frei? War das Modell eines weiblichen Mick Jagger die gültige Perspektive für die Befreiung aus sexueller Abhängigkeit? Und warum konnte sie im Unterschied zu ihren heterosexuellen Erfahrungen nie offen mit ihrer kaum weniger stark entwickelten Homosexualität umgehen? Immerhin hatte sie die längsten und intensivsten Beziehungen mit Frauen, auch wenn ihre lesbischen Verhältnisse in quantitativer Hinsicht hinter denen mit Männern zurückblieben.

Janis Joplin war weder eine sinnsuchende Existentialistin noch eine politische Agitatorin. Sie hatte weder eine programmatische Berufung zur Künstlerin noch eine Vorstellung von

einer bestimmten gesellschaftlichen Rolle, die sie übernehmen sollte. Der Ursprung ihrer Kraft, ihrer Persönlichkeit und
ihrer Musik entstammte vielmehr direkt aus den beiden zentralen Grundmotiven ihres Lebens, die sie stets begleiteten. Es
sind dies ihre tiefsitzende und auf vielfältigste Weise artiku-
lierte Lebensangst und ihre bis zum Zwanghaften gesteigerte
Imagination radikaler und totaler Einsamkeit. Für beide miteinander verwandten Empfindungen fand sie immer wieder
die wundersamsten, kreativsten und widersprüchlichsten
Lebensmuster. Ihre Ängste und deren zumeist paradoxen
Kompensationen bildeten das Spannungsfeld einer Persönlichkeit, die Kunst und Leben nicht mehr voneinander unterscheiden konnte.

Der Katalog der Ängste, die sie durchlitt und durchkämpfte,
und denen sie zugleich ihre Kraft und ihre Lebensfreude
abtrotzte, ist umfangreich. Da ist zunächst ihre Angst vor dem
Alleinsein, ihre von der Highschoolzeit genährte Furcht, von
ihren Mitmenschen gemieden zu werden. An der Thomas-
Jefferson-Highschool in Port Arthur war sie schlicht »the pig«
(das Schwein), ein Mensch, den man mied oder vor dem
man ausspuckte. Das Gegenmittel dazu bildete der geradezu
suchtartig ausgeprägte Wunsch, ständig im Mittelpunkt zu
stehen und ohne Einschränkung allen Menschen in der
Umgebung zunächst einmal blindes Vertrauen entgegenzu-
bringen. »Sie wusste nicht, wer ihr Freund war und wer
nicht«, so Myra Friedman, ihre Vertraute und Public-Relations-Managerin.

Ihre Angst vor Bindungen jeglicher Art rief vor allem schwa-
che, selbst bindungsunfähige Männer auf den Plan. Ihnen
brachte sie häufig Nähe entgegen, mit ihnen war sie oft für
kurze Zeit »glücklich«, von ihnen wurde sie jedoch zugleich
und vorhersehbar enttäuscht.

Ihre Bindungsangst wiederum tarierte sie aus mit einer nicht
minder ausgeprägten Angst vor Trennungen, genauer: der

Angst, verlassen werden zu können. Es gibt kaum einen Song der Joplin, in dem sie nicht das Gefühl beschreibt, von einem Mann verlassen worden zu sein. Den Zustand der Trennung erlebte sie immer als irrational und passiv, gewaltsam und zutiefst verletzend. Im dramatischen »Warum?« der Blues-nummer *Ball and Chain* verdichteten sich zugleich die Schicksalhaftigkeit des Zurückgelassenwerdens mit der Ambivalenz von Bindung und Trennung, die ihre Liebesbeziehungen, insbesondere soweit sie Männer betrafen, charakterisieren. Die Trennungsangst führte jedoch keineswegs dazu, dass sich Janis Joplin grundsätzlich an die Beziehungen klammerte, die ihr etwas bedeuteten und in denen sie sich verstanden fühlte. Genauso oft vollzog sie, aus ebenjenen Ängsten heraus, bewusst, abrupt und manchmal völlig unmotiviert Trennungen, um sich selbst gegenüber wenigstens in der Niederlage ein Stück Autonomie bewahren zu können: »...und wenn einer tritt, dann bin ich es und wird einer getreten, dann bist du's«, heißt es in einem bekannten Brecht-Weill-Song.

Janis Joplins geradezu exzessiver Narzissmus, mit dem sie ihre Umgebung irritierte, zuweilen sicher auch tyrannisierte, ist gleichfalls eine Reaktion auf fundamentale Ängste. Die Angst vor Liebesentzug, vor Demütigung, die Angst davor, nicht geliebt oder zumindest geachtet und respektiert zu werden, kehrte sie um in provokatives Auftreten und öffentliche Gefühlsorgien. Auch hier liegen die Gründe in den seelischen Beschädigungen aus ihrer Kindheit. Das meist einsame Erdulden von Spott und Diffamierung verwandelte sie, wie es der Journalist David Dalton ausdrückte, in die Fähigkeit »Menschen in ihrem Umfeld regelrecht verschwinden zu lassen«. So notwendig dieser psychische Ausgleich für sie subjektiv war, so verletzend wirkte sie damit natürlich häufig auf ihre Umgebung. Ihre nach aussen gerichtete, oft schroffe Derbheit und »Gin-Mama-Attitüde« war ihr Schutzschild für ihr zutiefst verwundbares, zerbrechliches Inneres.

Dave Moriaty, einer ihrer wichtigsten Jugendfreunde aus der Zeit in Port Arthur, erinnert sich an ein tragikomisches Zusammentreffen mit Janis Joplin in San Francisco. Während im Sommer 1968 viele Leute aus der Szene vom Hippie-Tourismus entnervt die Stadt verlassen hatten, führte Janis Joplin offensichtlich unbekümmert und genussvoll ein öffentliches Leben auf den Straßen des »Hippie-Stadtteils« Haight-Ashbury. Moriaty, der sie in einem Waschsalon aufstöberte, bemerkte sehr wohl, dass die rührende Zuwendung, die Janis ihrem alten Kumpel aus der Zeit in Port Arthur entgegenbrachte, nicht ohne Absicht in Bezug auf eine regelrechte Horde von Janis-Fans inszeniert wurde, die sich in ihrer Nähe aufhielt. Insbesondere achtete sie darauf, dass sie laut genug sprach, damit alle an ihren Gefühlen teilhaben konnten, ohne Rücksicht darauf, ob ihr alter Freund es möglicherweise als indiskret empfinden mochte, ungefragt Teil der öffentlichen Person Janis Joplin geworden zu sein. Wie ambivalent diese Rolle auch für Janis Joplin gewesen sein muss, wird aus einer anderen Äußerung deutlich: »Ich spreche nie mit Leuten, mit denen ich es möchte. Ich treffe überhaupt keine prima Leute mehr. Es ist alles so eine seltsame Entfremdung.« Dies sagte sie nur wenige Minuten später, nun jedoch allein mit Dave Moriaty und als Antwort auf seine Frage nach ihren Gefühlen angesichts ihres Erfolges.

Ihre bloße Gegenwart schien alles in Frage zu stellen, was der Normalbürger für unbestreitbar oder selbstverständlich hielt. Sie war eine häufig unausgesprochene Provokation, die dazu führte, dass die Leute, besonders in der Provinz, unwillkürlich auf Distanz gingen oder sogar offene Feindschaft signalisierten. Sie repräsentierte alles, was dem angepassten Durchschnittsbürger verhasst war, sie tat es mit provozierender Unverschämtheit am hellichten Tage, entlarvte durch ihr indiskretes Verhalten damit natürlich auch die philisterhaften und voyeuristischen Wünsche der Spießbürger und erschrak zugleich über die Wirkung, die sie hervorrief: »Die sind richtig grob zu mir. Sie behandeln mich wie jemanden, den sie da einfach nicht haben wollen, und das ist auch so, sie wollen mich nicht«, sagt sie in einem Interview. Janis Joplin, mit auffallendem Federschmuck, häufig alkoholisiert und vulgär, war Täterin und Opfer zugleich. David Dalton vergleicht sie mit Brechts Mutter Courage, deren Wunsch nach Ruhe, Frieden und Anerkennung sich in vergleichbarer Weise mit dem Krieg als Quelle ihrer Existenz und ihrer Produktivität im Widerspruch befände.

Janis Joplin hatte zweifellos eine ausgeprägte wenngleich auch nicht ausschließliche homosexuelle Veranlagung. Es ist jedoch kaum verwunderlich, dass die allgemeine Homophobie der fünfziger und sechziger Jahre auch von Janis Joplin verinnerlicht war. Hinzu kam, dass es in ihrer Familie und in ihrer unmittelbaren sozialen Umgebung zwar vorsichtige Spuren von Toleranz gegenüber der afroamerikanischen Bevölkerung gab, so dass ihr vergleichsweise offener Umgang mit Schwarzen noch einigermaßen durchging. In Fragen der Sexualität verhielt sich das jedoch vollkommen anders, taugte doch das durch baptistische Prüderie gekennzeichnete Leben im Südosten von Texas keinesfalls dazu, Modelle homosexuellen Lebens auch nur im Ansatz als vorstellbar erscheinen zu lassen. Der vorherrschende männlich bestimmte Chauvinismus bestärkte Janis Joplin möglicherweise auch in der Vorstellung, dass sie nur als heterosexuelle Frau stark sein konnte, und zwar nur, indem sie als Frau das männlich-heterosexuelle Modell für sich adaptiert. Die spürbare Angst vor ihrer homosexuellen Seite führte sie gerade in Phasen, in denen sie ihre lesbischen Beziehungen vergleichsweise offen lebte, dazu, ein betont heterosexuelles Image aufrechtzuerhalten. Ihre zahlreichen Affären mit Männern sind Legende, so ihre mehrfach wiederholte Aussage, während ihrer fünftägigen Tournee mit dem Festival Express durch Kanada 65-mal

Sex gehabt zu haben. Nicht wenige ihrer Sexgeschichten hat sie erfunden, damit ja nicht der Eindruck entstehen konnte, sie käme bei Männern nicht an oder schlimmer noch, Männer hätten an ihr kein Interesse. Sie betrachtete diese männliche Pose des Erfolgs und der freien Entscheidung über ihre Sexualpartner als Akt der Emanzipation. Sie verband diese mit anderen typisch männlichen Erfolgsmustern wie wirtschaftliche Unabhängigkeit und professionelle Härte und errang dadurch als erste Frau in der Rockmusik tatsächlich eine wirklich emanzipierte und autonome Position.

Darüber hinaus trug ihre extreme Promiskuität auch Züge von Selbstbestrafung, denn der ständig wechselnde Geschlechtsverkehr löste ihre Einsamkeitsgefühle natürlich nicht auf. Die geradezu manische Suche nach körperlichen Kontakten verstärkte vielmehr auch die Anonymität ihrer Beziehungen und damit auch ihre Ängste vor dem Alleinsein. Das sich immer schneller drehende Karussell wechselnder Beziehungen war somit auch der hilflose Versuch, durch Steigerung in der Quantität die Lücke zu füllen, die sich in ihrer Seele auftat. Die Machtpose ihres »männlichen« Machismo brauchte sie auch, um die »weibliche« Rolle in lesbischen Beziehungen, die insgesamt eher auf Gleichberechtigung basierten und vielleicht auch deshalb deutlich länger hielten, zu kompensieren. Mit Männern war sie leidenschaftlich und unersättlich, bei Frauen war sie verführerisch und zurückhaltend. Hier schien sie, so berichte Ellis Amburn in seinem Buch über Janis Joplin, näher bei ihren Gefühlen zu sein. Emotionale Nähe und Verstärkung waren ihr wichtiger als physische Befriedigung. Diese psychische Gleichung bisexueller Ambivalenz war in der Praxis häufig eine sehr labile Angelegenheit und ging natürlich nur selten auf.

Janis Joplin hatte eine profunde Angst vor professionellem Versagen. Die intuitive »psychedelische« Spontaneität, wie sie in ihrer ersten Band Big Brother & the Holding Company Programm war, hatte für sie immer den Ruch des Dilettantischen und Unprofessionellen. Dass sie zumindest zu Beginn ihrer Karriere über keinerlei musiktheoretische Kenntnis oder gar über eine einschlägige Ausbildung verfügte, machte ihr Angst. Sie kompensierte diesen als großen Mangel empfundenen Sachverhalt ganz nach dem Modell des amerikanischen Mittelstandes: durch harte Arbeit.

Janis Joplin entwickelte und inszenierte systematisch eine Dramaturgie ihrer Auftritte sowie ein umfassendes Repertoire gesanglicher und gestischer Kreationsmöglichkeiten. An ihren experimentellen, die Grenzen konventionellen Singens immer wieder überschreitenden Stil knüpft heute vielleicht Nina Hagen am ehesten an. Einblicke in die Studio- und Probenarbeit zeigen, dass sie auch in Zeiten extremer Belastung durch Drogen und Alkohol enorm konzentriert war und ihre musikalische Arbeit mit einem hohen Maß an Selbstreflexion, Sachbezogenheit und Geduld betrieb. Selbst bei ihrem zuweilen geschmähten Auftritt auf dem Woodstock-Festival wahrt sie trotz extremer Strapazierung mit Alkohol und Heroin eine bemerkenswert professionelle Haltung. Wie genau sie ihre gesanglichen und interpretatorischen Ansätze und Effekte konzeptionell durchdachte, belegen beispielsweise die zahlreich erhaltenen Versionen der Gershwin-Adaption *Summertime* sowie die verschiedenen Fassungen und Entwicklungsstadien des Joplin-Songs schlechthin, *Ball and Chain*.

Die Angst vor professionellem Versagen, die Janis Joplin vor allem bei dem katastrophalen Debütkonzert mit ihrer zweiten Formation, der Kozmic Blues Band, in Memphis real durchleben musste, stand in enger Verbindung zu der bereits in ihrer Zeit in Austin/Texas entwickelten fixen Vorstellung, sie müsse in ihrem Bereich die absolut Beste sein. Dieses ebenfalls aus mittelschichtsbezogenem Erfolgsdenken entstammende Lebensprogramm steht Pate bei der Geburt ihres Stils. Um nicht zu einem bloßen Abklatsch der grossen Joan Baez zu werden oder gar zu einer »Cher für Arme«, wie sie in einem Brief an ihre Eltern schrieb, erfand sie sich gewissermaßen selbst. Ihre spezifische Mixtur aus Folk, Rock und Blues, die Basis des »Joplin-Stils« war konkurrenzlos und erfolgversprechend, hier konnte sie »die Beste« werden und hier wurde sie es auch. Den Platz an der Spitze, den sie schließlich beinahe mühelos erreichte, empfand sie jedoch nie als sicher. Interessanterweise richtete sich ihre Eifersucht am Ende ihres Lebens auf eine Person, die ihr – wie Janis Joplin es in einem Interview selbst ausgedrückt hatte – wirklich »gefährlich« werden konnte. Es war die Schauspielerin und Sängerin, die 1979 in dem Kinofilm *The Rose* die Figur einer Janis Joplin nachempfundenen Rocksängerin spielen würde: Bette Midler.

Trotz ihrer Fähigkeit bei ihrer eigentlichen Arbeit sachbezogen und selbstkritisch zu sein, reagierte sie, so Myra Friedman, auf Kritik von außen »wie ein angeschossenes Raubtier«. Öffentliche Kritik, wie sie vor allem während des künstlerisch und persönlich schwierigen Jahres 1969 geradezu sturzbachartig auf sie einstürzte, verstärkte ihre Bedrohungsängste. Das psychische Eis, auf dem sie ihre künstlerische Karriere aufbaute, war zu dünn, um nicht zugleich auch die ständige Angst vor dem Einbruch mitzuliefern. Auch im Umgang mit Kritik reagierte Janis Joplin paradox und ambivalent. Entweder zeigte sie, zum Beispiel gegenüber der Presse, offene Feindseligkeit und eine geradezu vernichtende Gefühlskälte oder sie überdeckte vorhandene Schwächen mit einem völlig übertriebenen und geradezu peinlichen Eigenlob.

Während ihrer gesamten Karriere bis in den erfolgreichen Sommer 1970 hinein bestand Janis Joplin darauf, kein »Star« zu sein. In verschiedenen Interviews berichtet sie immer und immer wieder, dass sie sich nach ihren Auftritten lange Zeit wie ein kleines Mädchen vorgekommen sei, das jetzt »nach Hause« gehen müsse. In ihren Regressionsfantasien schildert sie, wie sie sich umzieht, ihre Haare und ihre Kleidung in Ordnung bringt, etwas gegen die Kopfschmerzen und gegen das sich urplötzlich einstellende Gefühl von Einsamkeit unternehmen will. Sie beschreibt den fast unwiderstehlich starken Drang, den Roadmanager zu beknien, ihr ein Ticket nach Hause zu besorgen: »Ich kann diese verdammten Bühnenklamotten nicht mehr ertragen«, sagte sie einmal unmittelbar nach einem Konzert, um selbst daraus die Schlussfolgerung zu ziehen: »So verhält sich kein Star. So ist man einfach nur ein normaler Mensch.« Und: »Wenn überhaupt jemand irgend etwas kapiert hat, dann weiß man, dass ich kein Star bin. Ich bin ein mittelaltes Mädchen mit einem Alkoholproblem, einer lauten Stimme und noch ein paar anderen Sachen.« Ihre Kompensation für dieses Gefühl der Ohnmacht und des Niedergeschlagenseins gerade auf dem Höhepunkt ihres Ruhms waren die Drogen.

Es war der Alkohol, der sie benebelte und zunehmend das Heroin, das sie in eine für Selbstzweifel unempfindliche Passivität beförderte. Psychedelische Drogen wie Peyote und später LSD kamen für Janis Joplin daher nicht in Frage. Deren Funktion bestand ja eben darin, die psychische Energie und die Phantasien zu verstärken. Selbst das Rauchen von Joints war nicht ihre Sache. »Weißt du, ich kiffe nicht gerne«, sagte sie einmal zum Big-Brother-Gitarristen und Songschreiber Sam Andrew, »weil es dich zum Nachdenken bringt.«

Die erste Begegnung mit Heroin erfolgte daher konsequenterweise am Beginn ihres Ruhmes, nach dem sensationellen Erfolg auf dem Monterey-Festival 1967. Ihre langjährige Freundin und Kostümdesignerin Linda Gravenites kämpfte vergeblich gegen Janis Joplins Heroinabhängigkeit. »Durch Heroin wurde sie zu einem grauen Schneckenhaus, und ich hatte doch ihr wahres Ich gern, nicht diesen schlaffen Niemand«, sagte sie später einmal zu Laura Joplin. Alkohol und Drogen waren die konspirativen Verbündeten, die Janis Joplin brauchte, um mit den Ängsten fertig zu werden, die ihr der

Ruhm einflößte. Jedoch sehnte sie sich eben nach nichts mehr als jenem Ruhm. Schließlich war er das einzige Mittel gegen Einsamkeit und Lieblosigkeit, das ihr zur Verfügung stand. Sex, Drogen und Rock 'n' Roll als Teufelskreis der Angst.

Die Verkettung der Ängste betraf natürlich auch den Drogenkonsum selbst. Janis Joplin hatte eine tiefsitzende Angst vor harten Drogen und vor der Unkontrolliertheit des Drogengebrauchs. Immer wieder verordnete sie sich selbst eine Disziplinierung, am krassesten im Jahre 1965/66, als sie abgemagert, psychisch und physisch am Ende, San Francisco verließ, um ein ganzes Jahr als angepasste Südstaatenfrau mit Sekretärinnenausbildung und Heiratsplänen in Texas zu leben. Diese aus Not, Verzweiflung und schlechtem Gewissen gespeisten Maßnahmen gegen ihre eigene Unkontrolliertheit kennzeichneten ihr gesamtes Leben, blieben bis zu ihrem »versehentlichen« Tod im Oktober 1970 jedoch vergeblich. Berichtet wird jedoch, dass schon die vierjährige Janis kurz vor der Rückkehr von einem Familienbesuch in Amarillo/Texas gesagt haben soll: »Wir fahren jetzt nach Hause. Ich muss anfangen brav zu sein.«

Ihre Angst davor, im Leben zu kurz zu kommen, die bloße Vermutung, etwas, was ihr zustünde, würde ihr vorenthalten, reichte aus, eine maßlose, bis zur Habgier reichende, kindlich-pubertäre Bedürfnisbefriedigung zu betreiben. »Janis liebte nicht. Sie liebte nur das, was ihr Bedürfnis befriedigte«, sagt Linda Gravenites. Als sie einmal in einer New Yorker Bar für sich fünf Whisky bestellt, und ihr nur einer gebracht wird, wird sie wütend und ausfallend. Sie wollte alles haben und durchaus auch alles mit allen teilen, mißtraute zugleich aber auch jedem, weil »alle Leute, die mich lieben, von mir bezahlt werden«. Immer wieder wird auch davon berichtet, dass Janis Joplin große Mengen von Süßem zu sich nahm und nicht zuletzt dadurch auch Probleme mit ihrer Figur bekam. Mit

Süßigkeiten tut man sich »etwas Gutes«, die zeitweise gewaltige Menge an Süßigkeiten, die von ihr verzehrt wurde, ging über die Funktion alltäglicher oraler Selbstbefriedigung jedoch weit hinaus. Der ständige Drang nach Süßem war auch eine Folge des Heroinkonsums, der den Nebeneffekt hat, dieses Bedürfnis zu steigern. Im Kontext mit der sedierenden Wirkung des Heroins, der innigen Zuneigung zu ihrem Hund George und zu Hunden überhaupt, waren die Sweeties auch eine weitere wirklich verlässliche Möglichkeit, sich selbst Liebe zu geben, ohne sich von anderen Menschen abhängig zu machen oder zu riskieren, von ihnen enttäuscht zu werden.

Es ist vielleicht verwunderlich, im Falle von Janis Joplin von einer Angst vor Öffentlichkeit zu sprechen. Aber sie hatte häufig eine große Angst vor dem Backstage-Rummel und vor Journalisten. In der Tat machte sie immer wieder die Erfahrung, dass Äußerungen von ihr aus dem Zusammenhang gerissen oder sogar manipuliert wurden. Das machte sie wütend und traurig, führte jedoch nie dazu, dass sie vorsichtiger oder gar taktischer mit der Presse umging. Da sie nur äußerst selten Interviews absagte, kompensierte sie die Angst in ihrer paradoxen Art meist dadurch, dass sie besonders provokativ und anzüglich agierte – ein Verhalten, das natürlich Kettenreaktionen hervorrief, die ein Entweichen aus dem Dilemma vollkommen unmöglich machten.

So ist hemmungslose Anmache und ihr von vielen als skandalös und schockierend empfundenes Machoverhalten gegenüber Männern nicht mehr und nicht weniger als die andere Seite ihrer Schüchternheit. Die Angst davor, nicht angesprochen oder gar überhaupt nicht wahrgenommen zu werden, trieb sie fast unfreiwillig in die aktive Rolle. Da sie sich mit ihrer Außenseiterrolle nicht abfinden konnte, musste sie Mittel finden, über sich und möglichst auch über andere selbst bestimmen zu können. Die Zwanghaftigkeit, mit der sie diese

Kompensation verfolgte, führte im Ergebnis dazu, dass sie die Rolle der Außenseiterin behielt.

Janis Joplins unaufhaltsamer Freiheitswille trieb sie aus der Enge der texanischen Provinz nach San Francisco und New York. Sie war nicht gemacht für das Leben einer verheirateten Highschool-Lehrerin, die sich im Kirchenchor engagierte oder im lokalen Country Club den Vorsitz führte. Sie konnte sich nicht vorstellen, ein Leben eingezwängt in Reihenhaussiedlungen und Rosenrabatten zu führen, sich einer Moral zu unterwerfen, in der die Weigerung, einen BH zu tragen, als höchst vorstellbares Maß an Unmoral betrachtet wurde, und in der sich die Lebensfreude auf das Fernsehprogramm und den – wie es Janis Joplins Vater nannte – »großen Samstag-Abend-Betrug« reduzierte. Damit meinte er den frustrierenden Lebenskreislauf, bei dem ein einziger Tag in der Woche, an dem man es sich so richtig gut gehen lassen konnte, ausreichen musste, eine ganze Woche harter Arbeit auszugleichen. Janis Joplin hatte gleichwohl Sehnsucht nach diesem bedrückend geordneten Leben in der Provinz. Sosehr sie dieses Leben und diese Moral, die sie zur Außenseiterin machte, hasste, so sehr machte ihr das Fehlen jeglicher Orientierung in ihrem alternativen Lebensentwurf zu schaffen. »Ich wünschte, ich könnte mir ein weißes Haus mit einem Lattenzaun und Kletterrosen wünschen, aber ich kann es einfach nicht«, ist eine Äußerung von ihr, die mehrfach überliefert ist. Der Versuch, den radikalen Ausbruch aus der Welt ihrer Kindheit und Jugendzeit durch eine ebenso radikale Anpassung an diese Welt gewissermaßen »wieder gutzumachen« – Janis gibt Dinnerpartys, verbittet sich das Fluchen in ihrer Gegenwart, ermahnt ihre Freunde, nicht so viel zu trinken, trägt ihre Haare streng nach hinten geknotet –, erscheint nicht weniger beängstigend und irritierend als ihr vorhergehendes Bürgerschreckverhalten.

So ist die faszinierende Kreativität und die unglaubliche Lebenslust der Janis Joplin immer auch Produkt ihrer Angst vor der Selbstzerstörung. Der Zwiespalt, ob der Prozess der Selbstzerstörung, dem sie ja schließlich mit nur 27 Jahren auch zum Opfer fiel, durch ihren hemmungslosen Freiheitsdrang begünstigt wurde oder ob sie durch einen Prozess zivilisatorischer Domestizierung in Port Arthur/Texas nicht erst recht zugrunde gegangen wäre, ist nicht auflösbar.

Das ungewöhnliche, spannende, beeindruckende, schnelle und sicher auch zuweilen beängstigende Leben der Janis Joplin erscheint daher als ein aus vielfältigen Kompensationen und Konflikten gespeister Strom, dessen Zielrichtung Liebe und Freiheit heißt. Ihr von schicksalhaft angenommenen Aknenarben und selbst verursachten Einstichen gezeichneter Körper strahlte immer auch mädchenhaften Charme, Intellektualität und Witz aus. In ihrer Musik bündelte Janis Joplin die Zerrissenheit zwischen Trauer und Freude, zwischen Körper und Geist, zwischen gestern und heute, zwischen Liebe und Enttäuschung, zwischen Aggression und Friedfertigkeit, zwischen Traum und Wirklichkeit zu einer einzigartigen Polyphonie. Roland Barthes' Feststellung, bei Janis Joplin sei tatsächlich der Körper zu hören, »wo die Melodie die Sprache bearbeitet« und wo »die Rauheit den Körper in der singenden Stimme« bildet, drückt aus, was ihre Botschaft ausmacht. Es ist die verzweifelte Suche nach Wahrheit in einer Welt der Lüge. Das ist es, was wir hören können, wenn wir uns auf die Musik von Janis Joplin einlassen.

2. KAPITEL

Little Girl Blue:
Port Arthur, Texas

In der Vorstellung mancher Amerikaner ist Deutschland eine Art immerwährendes Oktoberfest. Umgekehrt hat man in Europa in Bezug auf Texas sofort das Buffalo-Bill-Klischee zur Hand. Texas ist in unserem Vorurteil nach ein folkloristisches Ensemble von Büffeln, Longhorns, Ranches, Cowboys, Indianern und vielleicht noch von Truckfahrern, den modernen Nachfahren dieses Stereotyps.

Texas ist so groß wie Frankreich, die Schweiz und Benelux zusammen. Die Hälfte der heute insgesamt 16 Millionen Menschen umfassenden Bevölkerung lebt entgegen den eher ländlich geprägten Ansichten über den Lone-Star-Staat allerdings in den fünf großen Ballungsgebieten, Houston, Dallas/Fort Worth, San Antonio, El Paso und Austin. Das soziale Leben in Texas ist daher eher städtisch geprägt. Selbst die großen Ranchbesitzer managen ihre weitläufigen Arbeitsplätze häufig aus den urbanen Zentren heraus.

Wie kaum eine andere Region verkörpert Texas den Mythos des amerikanischen Traums. Es ist das Land der Selfmademen, in dem Fernsehkarrieren wie die des J. R. Ewing zu Hause sind. Die staatliche Einmischung in ökonomische Abläufe ist traditionell minimal, die Neigung gewerkschaftlichen Ansprüchen oder kostspieligen Umweltauflagen nachzukommen ebenfalls. Texas ist das Land des Think big: Die erfolgreichsten Baseball-Teams, die dicksten Steaks, die größten Farmen, die sagenhaftesten Milliardärskarrieren, und eben auch die nach Mississippi geringste Wohlfahrtsbeihilfe sind dafür die Stichworte. Der Bundesstaat am Golf von Mexiko verbindet sich allerdings auch mit Rekorden anderer Art. Die Zahl der Hinrichtungen erreicht hier eine Größenordnung, die der Gesamtzahl der Vollstreckungen in allen übrigen Bundesstaaten entspricht.

Industrialisierung und wirtschaftliches Wachstum, Agribusiness und Energiewirtschaft, Raumfahrtindustrie und die Elektronikbranche sind im »sun belt« (Sonnengürtel) genannten amerikanischen Süden die äußeren Merkmale eines wirtschaftlichen Optimismus, der in kaum einer anderen Region der USA so stark ausgeprägt ist. Texas ist heute mit der Universität in Austin und der privaten Rice-Universität in Houston ein wichtiges Bildungs- und Forschungszentrum der USA. Weltbekannt ist in Houston neben dem Zentrum für Herzchirurgie vor allem das Johnson-Space-Center, aus dessen fernsehbekanntem Kontrollraum jahrzehntelang alle Höhen und Tiefen der amerikanischen Raumfahrt in alle Welt übertragen wurden.

Freiheit und Abenteuer sind der Stoff, aus dem die Geschichte des Landes gestrickt ist. Nach der in der texanischen Revolution erreichten Unabhängigkeit von Mexiko ist Texas neun Jahre lang ein unabhängiger Staat, bis es 1845 als 28. Bundesstaat den Vereinigten Staaten beitritt. Die Staatsgrenze zu Mexiko bildet der Rio Grande, der auf der anderen Seite Rio Bravo heißt. Die geradezu dramatisch-schöne Landschaft ist ein hermetisch abgeriegeltes Grenzgebiet, schließlich ist Texas das einzige hochentwickelte Industrieland der Erde, das direkt an ein Entwicklungsland grenzt.

Im Verhältnis zu Mexiko und den Mexikanern wird eine der vielen Ambivalenzen dieses Landes deutlich. Einerseits ist die Grenze zum Nachbarn im Süden mit hohen Zäunen und Nachtsichtgeräten abgeschottet, um Rauschgiftschmuggel und illegale Einwanderung zu verhindern. Andererseits sind die Mexikaner als billige Arbeitskräfte attraktiv und überall präsent. Die hispanische und die nordamerikanische Kultur sind vielfältig historisch und kulturell miteinander verschlungen. Schließlich gibt es heute 18,8 Millionen spanisch sprechender Amerikaner in den gesamten USA, wobei dieser Anteil fünfmal so schnell wächst wie der der übrigen Volksgruppen. In gewisser Weise kann man das Grenzproblem auch als bescheidenen Preis bezeichnen für das, was die Texaner 1848 erhielten, als sie die ganze Nordhälfte von Mexiko annektierten und damit neben dem Land auch die Herrschaft über Häfen, Gold, Silber, Kupfer und Öl gewannen. Der texanische Reichtum basiert zumindest zum Teil auf dem Rücken der mexikanischen Nachbarn.

Neunzig Prozent der Amerikaner, die im 19. Jahrhundert Texas besiedeln, sind Südstaatler. Von ihnen macht sich etwa die Hälfte aus waldreichen und gebirgigeren Gegenden auf den Weg in die Täler. Sie sind vor allem naturverbundene Kleinfarmer und in der Regel überzeugte Gegner der Sklaverei. Die andere Hälfte stammt aus dem »schwarzen Gürtel«, dem tiefen Süden am Golf von Mexiko mit der Sklaventradition. Beide Gruppen, die einen Kleinbauern, die anderen Plantagenbesitzer, begründen entsprechend ihren jeweiligen Traditionen und Werthaltungen das Spannungsverhältnis texanischer Mentalität, in der sich autoritäres und freiheitliches Denken, Konservativismus und ein Hang zur Anarchie begegnen.

Gemeinsam ist den Texanern eine tief sitzende Abneigung gegen Hierarchie und Reglementierungen, sie pflegen überhaupt ein prinzipielles Misstrauen gegenüber staatlichen Organisationsformen. Der Pioniergeist der harten Typen aus den Bergen, von denen die Legenden erzählen, sowie der Stolz und das Selbstbewusstsein der Großgrundbesitzer, gestärkt in endlosen Auseinandersetzungen um Landverteidigung, Unabhängigkeit, Separatismus und Machtstreben, verbinden sich zu einer Mischung, aus der die Schwachen allerdings weitgehend ausgeschlossen bleiben. Texas, der Superstar des amerikanischen Sonnengürtels, bietet daher große Kontraste zwischen Arm und Reich, wobei die Armut vor allem die Schwarzen und die aus Mexiko stammenden Hispanics betrifft.

Das Misstrauen gegen jegliche Form institutionalisierter Macht, das vor allem die auf Bodenschätze und Landwirtschaft fixierten Großgrundbesitzer prägt, verbindet einen nahezu bedingungslosen Liberalismus mit rechtsorientierter konservativer Gesinnung. Texas ist dennoch mehrheitlich nicht republikanisch ausgerichtet, sondern aufgrund der liberalen Traditionen eine Hochburg der Demokratischen Partei.

Diese merkwürdige Allianz von Freiheitsdenken und Machtstreben verkörperte besonders gut der aus Texas stammende US-Präsident Lyndon B. Johnson. Sein Taktieren zwischen liberalen und demokratischen Grundtugenden, wie sie in der Durchsetzung von Sozialreformen und Bürgerrechten sichtbar wurden und der bedingungslosen Härte, mit der er den Vietnamkrieg auf den Höhepunkt trieb, zeigt vielleicht am deutlichsten, welche Spannungskräfte die texanische Mentalität umfasst.

Der alte Südstaatengeist ist vor allem im Osten von Texas lebendig. Vier von fünf schwarzen Texanern leben hier. Port Arthur, die Stadt, in der Janis Joplin am 19. Januar 1943 geboren wird, bildet zusammen mit Beaumont, dem Standort der Lamar-Universität, und Orange das Golden Triangle, das legendäre goldene Dreieck von Texas. Am 10. Januar 1901 beginnt mit dem Ölfund auf dem Hügel von Spindletop vor Beaumont der texanische Ölrausch. Eine Bohrung führt dort zu der Entdeckung der bis dahin größten Ölquelle der Welt. Port Arthur, 1900 von Arthur E. Stilwell gegründet, gewinnt in der Zeit des Ölbooms als Hafenstadt und Endstation der großen Eisenbahnlinie Port Arthur–Kansas an Bedeutung.

Port Arthur liegt im äußersten Südosten von Texas, am Westufer des Lake Sabine, von dem sich der Küstenkanal zur Interküsten-Wasserstraße abzweigt. Der Lake Sabine ist die Erweiterung des Sabine River, der sich von Norden nach Süden an der Staatsgrenze zu Louisiana entlangzieht.

Die geografische Begrenzung durch den Sabine River ist jedoch mehr als eine bloße natürliche Grenze zwischen den beiden Bundesstaaten. Der Fluss trennt das hinsichtlich Lebensart und insbesondere Alkoholgebrauch liberalere Louisiana von dem puritanisch-prohibitiven Texas, in dem es auch heute noch »dry counties«, also Gegenden ohne Alkoholausschank, gibt. Die Altersgrenze liegt in Texas bei 21 Jahren, während man im benachbarten Louisiana bereits mit 18 Jahren Alkohol bekommen kann.

Im südöstlichsten Teil von Texas treffen beide Elemente, der puritanisch-baptistische Geist und die katholischen Cajuns, aufeinander und bilden eine spannungsreiche Mischung. Cajuns nennen sich die Nachfahren der Mitte des 18. Jahrhunderts von den Briten aus dem französisch geprägten Kanada vertriebenen Volksgruppe, die sich westlich von New Orleans niederließ. Ihre auch Teile der nördlichen USA umfassende ursprüngliche Heimat trug einst den Namen »Akadien«.

Auf der einen Seite herrschen folglich Disziplin, Ellenbogenmentalität, Streben nach materiellem Reichtum, Aufstiegsfantasien, puritanische Selbstdisziplinierung, Patriotismus und Wirtschaftsliberalismus, auf der anderen Seite charakterisieren Freiheitsdenken, Lebensfreude, Sinnlichkeit, Spiritualität und Körperlichkeit die Mentalität. Besonders deutlich kommen diese Eigenschaften im katholisch-französischen Karneval der Südstaaten, dem Mardi Gras, zum Ausdruck.

Texas und Port Arthur mit ihren Ambivalenzen und ihren Widersprüchlichkeiten haben Janis Joplin geprägt und vielleicht sogar ihr ganzes Leben bestimmt. Das kulturelle Klima von Port Arthur enthält – wie die Charakterzüge von Janis Joplin – ein Spannungsverhältnis, das sich monokausalen Erklärungen widersetzt. Bibelfest, konservativ, nationalistisch, fremdenfeindlich und so rassistisch, wie Provinzstädte im Süden nun einmal sind, ist Port Arthur in den fünfziger und sechziger Jahren eher eine Hochburg der Countrymusik als Brutstätte des Blues. Zudem hat Port Arthur als Hafenstadt natürlich auch eine »sündige Meile« mit Bordellen, Kasinos, Spielhöllen und windigen Kneipen. Nicht zuletzt besitzt Port Arthur wegen des nicht unerheblichen Reichtums, den die expandierende Ölindustrie zu dieser Zeit in die Stadt trägt, ein beachtliches Bildungsniveau mit einem College, gut ausgestatteten Schulen und Bibliotheken.

Die Sozialstruktur von Port Arthur der vierziger und fünfziger Jahre ist keineswegs hermetisch, da Aufsteiger im »Blaumann« gleichermaßen von der steigenden Prosperität ihrer Stadt profitieren wie die Ingenieure der Ölindustrie. Es gibt natürlich rassistische Segregation und gelegentlich auch Übergriffe wie die als Nigger Knocking bezeichneten willkürlichen Überfälle auf Schwarze. Port Arthur in der Zeit der Kindheit von Janis Joplin ist, anders als die andren Städte in Texas, eine Union Town, also eine Stadt, in der die Gewerkschaften den Ton angeben, und damit auch ein Ort, in dem die arbeitenden Schichten zählen. Im Zuge wirtschaftlicher Prosperität spitzen sich soziale Widersprüche jedoch kaum einmal zu, auch wenn die Gegensätze zwischen den schwarzen und weißen Bevölkerungsgruppen für jedermann sichtbar sind. Eine nicht unwesentliche Provokation von Janis Joplin besteht darin, dass sie die unsichtbaren, aber umso wirksameren sozialen und kulturellen Grenzen häufig unbekümmert überspringt.

*

In der geradezu monumentalen Biografie, die Laura Joplin über ihre Schwester geschrieben hat, rekonstruiert sie eine beeindruckende Familiengenealogie, die sie in väterlicher Richtung bis zu George Washington zurückverfolgt. Der Anspruch, das Leben von Janis Joplin im Kontext der gesamten amerikanischen Geschichte zu reflektieren, hat etwas Rührendes und entspricht möglicherweise eher der amerikanischen Begeisterung für Ahnenforschung, als dass er in Bezug auf das Leben und Wirken von Janis Joplin zwingend erscheint. Dennoch ist die Haltung aufschlussreich, mit der Laura die Familienchronik für eine Charakterisierung ihrer Schwester funktionalisiert.

So ist die Geschichte der Vorfahren der Joplins eine Zusammenschau der Themen, die die amerikanische Geschichte seit der Gründerzeit zu bieten hat. Stationen sind Besiedlung, Auseinandersetzung mit religiöser Toleranz, politische Intrigen und die Verwicklungen während der amerikanischen Revolution, in der Vorfahren aus der mütterlichen und der väterlichen Linie als Korporale und Sergeanten gegen die Engländer kämpfen. Danach erfolgt die allgemeine Bewegung nach Westen, wobei der erste erwähnte Joplin, ein Methodist, nach Alabama zieht, während der mütterliche Stamm sich in Richtung Kalifornien bewegte. Die Ahnen väterlicherseits landeten schließlich als Farmer und Sklavenhalter im Osten von Texas.

Liebevoll rekonstruiert Laura Joplin so die großen Wanderbewegungen der amerikanischen Bevölkerung nach Westen als individuelle Schicksale: die väterliche Familie von Massachusetts, über Virginia, Ohio, Iowa und New Orleans, die mütterliche Seite über Nebraska und Oklahama. Die Familiengeschichte als Geschichte der amerikanischen Pioniere zeigt auch, wie sich allmählich eine Bewegung vom Land in die Städte vollzieht. Deutlich wird zudem, wie die Strukturen, die seit den Pilgervätern das Leben bestimmen – die Bibel, das Familienleben und die untadelige moralische Haltung – allmählich an Bedeutung verlieren. Laura Joplin zeichnet bis zur Geburt ihrer Schwester auf, wie »von einer Generation zur nächsten scheinbar überholte Ideen, Maßstäbe, Verhaltensmuster und Ambitionen von jungen Erwachsenen, die völlig andere Zukunftspläne hatten, rücksichtslos beiseite geschoben« werden.

Zugleich spiegelt die Familienchronik das Grundmuster der texanischen Ambivalenz wider. Fast scheint es, als sei in der Geburt von Janis Joplin alles darauf angelegt, eine möglichst konfliktreiche Mischung an einem möglichst spannungsgeladenen Ort im Südosten von Texas zu konzentrieren. So erfährt man, dass die Ahnen in der mütterlichen Familie freiheitlich gesinnte Kleinbauern sind, die während des amerikanischen Bürgerkrieges auf der Seite der Nordstaaten gegen die Sklaverei kämpfen, wohingegen die väterlichen Vorfahren als Texas Rangers die Privilegien der Sklavengesellschaft verteidigen.

Die Familiengeschichte im engeren Sinne zeigt, dass die augenscheinlichen Muster der Polarität zwischen einer liberalen mütterlichen Seite und einer eher konservativ-reaktionären väterlichen Seite allerdings zu grob gestrickt sind. Florence Porter, Janis Joplins Großmutter väterlicherseits, ist nach damaligen Maßstäben gemessen nämlich eine durchaus emanzipierte Frau. Dies macht sich zum Beispiel dadurch bemerkbar, dass sie, die aus einer Familie mit sechzehn Geschwistern stammt, es fertig bringt, ihrem Mann, dem Rancher Seeb Joplin, nur zwei Kinder zu gebären.

Als ebenjenes zweite Kind wird 1910 Seth Joplin, Janis' Vater, zur Welt gebracht. Der Großvater Seeb Joplin, ganz den Traditionen des Westens verhaftet, arbeitet zu dieser Zeit in der verantwortlichen Position eines Vorarbeiters auf einer großen Ranch. Seine Frau Florence wird als starke, selbstbewusste Führungspersönlichkeit geschildert, die als Köchin und Pensionsbetreiberin eigenständig ihren Beitrag zum Lebensunterhalt der Familie beisteuert.

Janis Joplins Großvater mütterlicherseits, Cecil East, ist als selbstständiger Rancher im Westen Oklahomas durch eine Viehseuche urplötzlich mit dem Verlust seiner gesamten Schweinezucht konfrontiert. Er ist dadurch gezwungen, seine Farm aufzugeben, und zieht mit seiner Frau Laura nach Amarillo/Texas, um dort mit einer Tätigkeit als Makler die finanzielle Krise zu meistern. Hier wächst Dorothy East, Janis' Mutter, zusammen mit ihren beiden Schwestern auf und besucht die Highschool. Dorothy East erlebt, im Unterschied zu dem von partnerschaftlichem Verhalten und Freundlichkeit gekennzeichneten Elternhaus in der Familie ihres Mannes Seth Joplin, kein glückliches Familienleben. Cecil East, von der ihm fremden Arbeit als Makler frustriert und wegen des Verlusts seiner Farm, die den Lebensmittelpunkt seiner Familie darstellte, zutiefst deprimiert, verfällt zunehmend dem Alkohol und entfremdet sich nach und nach von seiner Frau. Die Alkoholexzesse von Cecil East führen zu heftigen moralisch-religiös motivierten Verbalattacken seiner Frau und festigen so einen Zustand des ständigen Konfliktes, den ihre Tochter Dorothy als extrem belastend empfindet. Die Gegensätze zwischen Cecil und Laura East könnten kaum größer sein, einige Zeit später lassen sie sich scheiden.

Dorothy East ist, unabhängig vom Ruf der moralischen Strenge, der ihr später nachhängen wird, alles andere als ein angepasstes und konservatives Mädchen aus den Südstaaten. Als begabte Hobby-Sängerin verfolgt sie zeitweise sogar professionelle Ambitionen und beginnt ein Gesangsstudium an der Universität in Fort Worth, das sie jedoch nach einiger Zeit wieder abbricht. Die Gründe für die Aufgabe des Studiums liegen, gemäß den Ausführungen Laura Joplins, wohl vor allem in der konservativen Ausrichtung des Lehrangebots. Dorothy East will das Broadway-Repertoire studieren und nicht ihre Zeit mit dem Studium langweiliger italienischer Arien verbringen. Für die dreißiger Jahre trägt ihre Erscheinung in der mittelgroßen Provinzstadt Amarillo/Texas durchaus provokative Züge. Sie hat eine Bob-Frisur, raucht in der Öffentlichkeit – immerhin ist in dieser Zeit Zigaretten zu besitzen in einigen US-Staaten illegal –, trägt auffallende und elegante Hüte. Sie ist intelligent und belesen, jobbt in der Rundfunkstation von Amarillo, geht gerne unter Leute und besucht Tanzclubs. In einem solchen Club begegnet sie eines Tages dem charmanten und gut aussehendem Ingenieurstudenten Seth Joplin.

Seth Joplin ist ein ausgesprochener Schöngeist. Er interessiert sich für Literatur und klassische Musik. Insbesondere die Suiten für Violoncello von Johann Sebastian Bach in der Interpretation von Pablo Casals haben es ihm angetan. Von der lebenslustigen und vielseitig interessierten Dorothy East ist er fasziniert. Sie verbringen viel Zeit miteinander, reden über Literatur und Musik, gehen mit Freunden zum Tanzen in die Clubs.

Ein Semester vor dem Abschluss bricht Seth Joplin möglicherweise aus finanziellen Gründen sein Ingenieurstudium ab und arbeitet eine Weile als Tankwart. 1935 bekommt er, vermittelt über einen Studienfreund, eine Anstellung bei der Texas Company in Port Arthur. Die Texas Company, später unter dem Namen Texaco bekannt, sucht in der unter den verheißungsvollen Zeichen des New Deal boomenden Wirtschaft dringend nach Ingenieuren. So bekommt Seth Joplin eine zunächst bescheidene, aber ausbaufähige Stelle in der Zulieferindustrie von Texaco, und zwar in einer Fabrik, die Dosen und Kanister für die Verpackung herstellt.

1936 heiraten Seth Joplin und Dorothy East in Port Arthur. Nachdem die Ehe von Dorothys Eltern geschieden ist, zieht Großmutter East mit Mimi, Dorothys jüngerer Schwester, zu den Joplins. Sieben Jahre verbringen Seth und Dorothy ohne Kinder, ihre Beziehung gilt als lebenslustig und harmonisch. Nicht ohne Interesse ist, dass das junge Ehepaar – wie später zu ihrer Missbilligung auch ihre Tochter Janis – gerne einmal »über den Fluss« in das benachbarte Louisiana fährt, um der Tristesse von Port Arthur zu entfliehen.

Dorothy Joplins kulturelle Bildung und Intelligenz kann sich in der Enge Port Arthurs nicht entwickeln. Die Anpassung an die ihr zwangsläufig zuwachsende Rolle einer Hausfrau fällt ihr schwer, zumal sie im Vergleich zu ihrem Mann Seth ehrgeizig ist und immer wieder Wege sucht und findet, eine berufliche Karriere zu starten. Sie engagiert sich vielfältig im sozialen und kirchlichen Umfeld und schafft es schließlich auch, eine Stelle als Lehrerin am Port Arthur College zu bekommen. Die Charakterisierungen, die es über Dorothy Joplin gibt, sind widersprüchlich und extrem, beinahe so als vereinige sie zwei konträre Lebenskonzepte in sich. Sie gilt als weltoffen und intelligent, zugleich aber auch als engstirnig und konservativ. Ihr lebhaftes Temperament äußert sich in einer Sprache, die klare Worte nicht vermeidet. Anderen wiederum fällt ihre strenge Kühle auf sowie ihre zunehmend leidenschaftslose, prüde, sogar düstere Art dem Leben gegenüber. Wenn sie einmal eine warmherzige Person gewesen sein mag, dann wird sie nach ihrer Übersiedlung nach Port Arthur allmählich zu einer beinahe altmodischen und emotional erkalteten Person, die die verpassten Chancen ihres Lebens durch rigide Selbstkontrolle und Strenge zu meistern

versucht. Dass im Leben von Dorothy Joplin ein derart tief-
greifende und von Frustrationen gezeichnete Veränderung
vorgeht, steht sicher auch im Zusammenhang damit, dass sie
infolge einer Schilddrüsenoperation fast gänzlich ihre Gesangsstimme verliert. Um so wenig wie möglich an diesen
zwar still erlittenen, aber wohl um so existenzielleren psychischen Einbruch erinnert zu werden, trennt sie sich sogar von
ihrem Klavier. Hier bahnt sich in Bezug auf das Medium
Musik ein Konfliktfeld mit ihrer Tochter an. Janis' unbändiges
Freiheitsstreben führt nicht nur zu heftigen Abwehrreak-
tionen bei der Mutter, weil sie sich darin insgeheim mit ihrer
Tochter wesensverwandt fühlt, sondern auch weil Janis es
durch ihre und mit ihrer Stimme zum Ausdruck bringt.

Über die große Kluft, die zwischen ihr und ihrer Mutter liegt,
lässt Janis Joplin nie einen Zweifel. Paradox daran erscheint,
dass Mutter und Tochter sich in vielen Dingen eben auch sehr
ähnlich sind. »O Gott, meine Mutter«, sagt sie kurz vor ihrem
letzten Besuch in Port Arthur zu Myra Friedman. »Sie ist
genauso wie ich, oder also, ich bin wie sie. Es ist mörderisch,
wenn wir zusammenkommen. Wir haben beide so einen ausgeprägten starken Willen.«

Der entscheidende Konfliktpunkt besteht darin, dass Janis in
den Augen ihrer Mutter ein Leben lebt, das dem konventionellen Rollenverständnis einer Mittelschichtsfrau in den fünfziger Jahren zuwiderläuft. Dorothy Joplin hat sich für die
Anpassung an die ungeliebte Rolle entschieden, nicht zuletzt
aus einer Opferhaltung heraus, die sie ihrem Mann und ihren
drei Kindern gegenüber als notwendig und zwangsläufig empfindet. Wenn Janis später davon spricht, dass sie mit vierzehn
Jahren aus dem Hause geworfen worden sei, so ist dies zwar
faktisch falsch, weil ihre Mutter ganz im Gegenteil alles dafür
tut, sie an dieses Haus und an die, wie sie meinte, auch Janis
zugewiesene Rolle einer akademisch gebildeten, berufstätigen
Hausfrau und Mutter zu binden. Insofern wird Dorothy

Joplins Entrüstung angesichts der Aussage ihrer Tochter verständlich. In Bezug auf das emotionale Verhältnis zu ihrer Mutter trifft Janis' impulsive Äußerung einen wahren Kern, da sie sich durch die zwischen kühler Distanz und schroffer Ablehnung changierenden Verhaltensweisen ihrer Mutter tatsächlich unverstanden, abgelehnt und vertrieben fühlen muss. Zugleich bemüht sie sich, wie aus den vielen Briefen, die sie nach Port Arthur schreibt, ersichtlich ist, während ihres ganzen Lebens unaufhörlich um die Anerkennung durch ihre Mutter. Tragisch ist nur, dass der immer größere Erfolg von Janis Joplin in einer Welt stattfindet, die ihre Mutter zutiefst ablehnt, so dass dadurch die Kluft zwischen Mutter und Tochter ständig weiter wächst. Auch heute noch, dreißig Jahre später, kann Dorothy Joplin, die nach dem Tode ihres Mannes allein in Arizona lebt, bei aller Anerkennung der künstlerischen Verdienste ihrer Tochter, nicht wirklich verstehen, »was sie aus ihrem Leben gemacht hat«.

Die Rolle des Vaters, Seth Joplin, scheint hinter der übermächtigen Figur der Mutter beinahe zu verschwinden. Seine aufgeschlossene und freundliche Art verwandelt sich schleichend in ein tief sitzendes Gefühl der Desillusionierung. Zwar hat er in Port Arthur sein materielles Auskommen gefunden und es geschafft, mit Elan und Improvisationstalent seine Familie zu versorgen. Dennoch – oder gerade deswegen – verkümmert seine intellektuelle Sensibilität in der engen Welt dieser Stadt zwischen Texaco und Reihenhaus allmählich. Er sympathisiert, zum Teil zumindest, heimlich mit der Aufmüpfigkeit seiner Tochter, schottet sich im Laufe seines Lebens zugleich immer mehr von seiner Familie ab.

»Mein Vater war so eine Art heimlicher Intellektueller, ein Bücherwurm, der reden und denken konnte. Er war sehr wichtig für mich, weil er mir das Denken beigebracht hat. Seinetwegen bin ich so, wie ich bin, nehme ich an«, sagt Janis Joplin 1970 über ihren Vater. Er verkörpert offensichtlich

Bis auf ihre schon früh ausgeprägte Sturheit deutete nichts darauf hin, welch extreme Höhen und Tiefen die kleine Janis später einmal durchlaufen würde. (Cinetext Bildarchiv, Frankfurt)

die eher grüblerische Seite ihres Wesens, ein gefühlvoller Mensch, der intellektuell argumentieren kann und nach der Arbeit nicht direkt in den Garten geht, sondern Schallplatten mit klassischer Musik auflegt. Max Bruchs *Kol Nidre* zum Beispiel konnte ihn zum Weinen bringen, erinnert sich Laura Joplin.

Etwas, was das familiäre Verhältnis im Hause der Joplins trübt, ist, dass der einst so lebenslustige Seth Joplin sich keineswegs nur allmählich von den Menschen um ihn herum distanziert, sondern sich zugleich zu einem heimlich trinkenden Alkoholiker entwickelt. Stundenlang zieht er sich in die Garage zurück, um mit sich selbst und dem Alkohol seinen verlorenen Illusionen nachzuhängen. Dorothy Joplin weiß natürlich davon und missbilligt das Verhalten ihres Mannes zutiefst. Gleichwohl lässt sie sich, diszipliniert, wie sie ist, nichts anmerken, und während ihr Mann sich zu einer Art unausgesprochenem Abgrund der Familie entwickelt, verkörpert sie nach außen die Sonntagsschulfassade einer typischen, »freundlichen« und »ordentlichen« Mittelschichtsfamilie. Die Joplins leben somit das durchschnittliche Drama einer amerikanischen Kleinfamilie in der Provinz. Dass ihr Lavieren zwischen Illusion und Desillusionierung, zwischen Anpassung und Absturz sich so deutlich als widerstreitendes Spannungsverhältnis in der Persönlichkeit ihrer Tochter abbilden würde, ist in den ersten zehn bis zwölf Jahren des Lebens von Janis Joplin jedoch noch nicht zu erahnen.

*

Als Janis sechs Jahre alt ist, wird Laura, die zweite Tochter der Joplins, geboren. Janis sorgt sich rührend um ihre kleine Schwester, der 1953 noch Michael als jüngstes Mitglied der Joplin-Familie folgen sollte. Die Joplins leben in einem der besseren Randbezirke von Port Arthur, wo Janis, ohne beson-

Schon früh wurde Janis' künstlerisches Talent offensichtlich. Dieses Plakat zeichnete sie für das schwarze Brett einer Kinderbuchhandlung.
(Cinetext Bildarchiv, Frankfurt)

ders aufzufallen, als normales Mädchen aus der Mittelschicht aufwächst. Zum Ende der vierziger und zum Beginn der fünfziger Jahre ist die finanzielle Situation der Familie zwar keineswegs rosig, aber Vater Seth weiß sich zu helfen und baut als begeisterter Heimwerker für seine Kinder und zur Freude der Kinder in der Nachbarschaft die verschiedensten Spielgeräte. Berichtet wird auch von seiner Fähigkeit, köstliche und vor allem sehr süße Kuchen zu backen. Janis wächst in der eher liberalen Atmosphäre ihres Elternhauses unbeschwert auf. Laura berichtet von einer netten Nachbarschaft mit vielen Spielkameraden. Bedenklich stimmt die Eltern allenfalls, dass ihre älteste Tochter gelegentlich zu großer Sturheit neigt, ihre Trotzanfälle sind über die Maßen heftig. Für die Durchsetzung ihres Willens scheint ihr beinahe jedes Mittel recht zu sein. Dorothy Joplin reagiert mit eiserner Strenge, während Seth Joplin wohl gelegentlich entnervt und in seiner Achtung verletzt aufgibt. Auch dies sind Muster, wie sie sicher in vielen Familien zu beobachten sind.

Die erste Schule, die Janis besucht, ist infolge der grundsätzlichen religiösen Orientierung der Familie die Volksschule der bibeltreuen First-Christian-Church. Später wird Dorothy Joplin hier selbst einmal eine Zeit lang unterrichten. Janis bekommt von ihrer Mutter etwas Klavierunterricht, der aber infolge der Tatsache, dass Janis' Mutter sich bald von der praktischen Musikausübung verabschiedet, nur kurze Zeit andauert. Das Instrument behält jedoch seine Faszination. 1970 wird Janis wieder beginnen, Klavierstunden zu nehmen, um damit wie mit vielen anderen Dingen kurz vor ihrem Tod wieder an ihre Kindheit und Jugendzeit anzuknüpfen.

Janis ist eine gute, schnell lernende und leicht zu begeisternde Schülerin. Ihre kaum stillbare Neugier und ihre schnelle Auffassungsgabe bringen sie dazu, dass sie schon vor dem Schuleintritt lesen kann. Außerdem zeichnet und malt sie unentwegt. Sie gilt allgemein als intelligentes, offenes und freundliches Kind, bei dem nur die plötzlichen Trotzattacken irritierend wirken. Insbesondere der Vater, der bei aller Sensibilität und Liberalität letztlich doch ein Südstaatenpatriarch ist und daher eine gewisse förmliche Autorität beansprucht, fühlt sich von dem Unabhängigkeitsdrang seiner älteren Tochter immer häufiger provoziert, wenngleich er gelegentlich auch heimlich mit ihr sympathisiert.

Die Probleme beginnen jedoch erst, als Janis in die Junior-Highschool eintritt. Sie kommt immer weniger mit den Lehrern zurecht und wird wegen ihrer Redseligkeit und ihrer allgemeinen Disziplin- und Respektlosigkeit häufig gerügt. Dorothy Joplins Ermahnung: »Janis, denk nach, bevor du sprichst«, wird zur ständigen Redewendung im Hause der Joplins. Nach heutiger Erkenntnis spricht vieles dafür, dass Janis Joplin eine hochbegabte Schülerin war, deren Schulversagen durch die langweilige und unterfordernde Lernroutine ausgelöst oder zumindest verstärkt wurde. Daran gewöhnt, selbst kreative Lösungen zu finden, in größeren Zusammenhängen zu denken, inhaltlich zu argumentieren und Fragen zu stellen, stößt sie in der geregelten, auf Reproduktion des Lernstoffes ausgerichteten Atmosphäre der Mittelschule auf Widerstand. Ihren Schulfrust reagiert sie mit dem Rückzug auf die kreativen Bereiche ab: Die Beschäftigung mit dem Zeichnen, das Singen im Schulchor und unermüdliches Lesen werden zu den wichtigsten Dingen in ihrem Leben. Eine scheinbare Äußerlichkeit führt zur ersten heftigen Konfrontation mit dem durch ein konservatives Frauenbild geprägten Milieu ihrer Umgebung: Janis besteht ab sofort darauf, nur noch Hosen zu tragen.

*

Die Zeit der Kindheit und der Jugendzeit von Janis Joplin bildet eine Ära grundsätzlichen Umbruchs in der amerikanischen Geschichte. Vieles im Bereich der Innenpolitik, seien es die sozialen Folgen der ökonomischen Entwicklung, die zum Teil spektakulären Ereignisse in der Bürgerrechtsbewegung oder die Rolle Amerikas im Kalten Krieg, bleiben zwar in den vierziger und fünfziger Jahren noch ohne grundlegende Konsequenzen für das soziokulturelle Binnenklima der Vereinigten Staaten. Alles in allem sind jedoch bereits die Spuren zu erkennen, die in der zweiten Hälfte des folgenden Jahrzehnts zu einer geradezu eruptiven Entladung führen würden, in deren Umfeld die Protagonisten der Rockmusik eine nicht unwesentliche Rolle spielen sollten.

Das ökonomische Konzept der amerikanischen Regierung unter Franklin D. Roosevelt, der 1932 als Spitzenkandidat der Demokraten in das Rennen um die amerikanische Präsidentschaft gegangen ist und am 4. März 1933 sein Amt antritt, ist die Politik des New Deal. Dahinter verbirgt sich die Verstärkung sozialpolitischer Maßnahmen und insbesondere die massenhafte Auflage staatlicher Arbeitsbeschaffungsprogramme als Mittel gegen die ökonomischen und sozialen Folgen der Weltwirtschaftskrise. Acht Millionen amerikanischer Haushalte und insgesamt 28 Millionen Menschen – also immerhin fast ein Viertel der Gesamtbevölkerung – profitieren davon.

Der New Deal summiert sich 1935 bereits auf das Fünfzehnfache der Summen, die im letzten Amtsjahr der vorangegangenen Regierung Hoover für Sozialprogramme ausgegeben wurden. Im ganzen Land sind die Konturen einer langfristig angelegten Sozialpolitik sichtbar, so wird mit dem Social Security Act zum Beispiel erstmals ein modernes Sozialversicherungssystem in den USA eingeführt. Der allgemeine ökonomische und soziale Aufschwung, der ja auch Seth Joplin nach Port Arthur führt, mündet während des Zweiten Weltkrieges in eine gigantische Rüstungsindustrie, die zwischen 1939 und 1945 eine Verzehnfachung des Bundesetats mit sich bringt. Es boomen dabei vor allem die Industrien in Kalifornien, und so geschieht es, dass der Bundesstaat, der später einmal zur wichtigsten Keimzelle der amerikanischen Friedensbewegung werden würde, seinen sagenhaften wirtschaftlichen und demografischen Aufschwung insbesondere der Rüstungsindustrie verdankt.

Die ökonomische und außenpolitische Stabilisierung der USA verbindet sich während der Kriegszeit mit wachsendem Antikommunismus und Rassismus. Letzterer richtet sich nicht mehr allein gegen die schwarze Bevölkerung, vielmehr werden nach dem Angriff auf Pearl Harbour auch japanische Minderheiten und Amerikaner japanischer Abstammung verfolgt. Selbst vor Internierungslagern schreckt die amerikanische Innenpolitik mit ihrer Aggressionsphobie nicht zurück.

Der New Deal und der damit einhergehende Staatsdirigismus führen in Kombination mit der florierenden Rüstungsindustrie zu einem gewaltigen wirtschaftlichen Aufschwung. Insbesondere im Süden begünstigt der steigende Wohlstand aber zugleich auch das Erstarken der uramerikanischen Skepsis gegen eine zu starke Regierungspräsenz im Alltag. Allerdings geht es nicht in erster Linie um die Restauration eines ungezügelten Radikalliberalismus. Gewissermaßen als Nebenwirkung des Zweiten Weltkrieges erstarkt auch die schwarze Bürgerrechtsbewegung. Schließlich liegen die schwarzen Soldaten Seite an Seite mit ihren weißen Kameraden in den europäischen Schützengräben, und auch in den USA selbst ist die Produktivität der schwarzen Bevölkerung durch den kriegsbedingten Arbeitskräftemangel enorm angestiegen. 1943, im Geburtsjahr von Janis Joplin, wird die Öffentlichkeit in Harlem und in Detroit Zeuge der ersten größeren Sit-ins in Restaurants und Hotels und erlebt damit gleichsam die Geburtsstunde von Protestformen, die in den nächsten Jahrzehnten zu prägenden Bildern in den Medien werden sollten.

Während in den fünfziger Jahren mit der Truman-Doktrin, die den Schutz »freier Völker« vor jeglicher Form kommunistischer Aggression vorsieht und damit den Antikommunismus zum bestimmenden außenpolitischen Ansatz macht, verstärkt sich auch im Inneren der USA allmählich die Kluft zwischen reaktionärem Antikommunismus und fehlender Gleichstellung der schwarzen Bürger. Die Stimmung steigert sich, als die Aktivitäten des von den Senatoren Joseph McCarthy und Richard Nixon geführten »Komitees gegen unamerikanische Aktivitäten« immer stärkere publizistische Resonanz finden und es zu einer regelrechten Zerschlagung der organisierten Arbeiterbewegung kommt. Die antikommunistischen Wahnvorstellungen erfassen das ganze Land. Selbst die Regierungsbehörden stehen nach der Meinung der McCarthy-Anhänger unter dem Verdacht, kommunistisch unterwandert zu sein.

Den entscheidenden Wendepunkt in der amerikanischen Politik, Kultur und Diplomatie der Nachkriegszeit stellt jedoch das Verhalten der USA in der Korea-Krise dar. Am 24. Juni 1950 überqueren nordkoreanische Truppen den 38. Breitengrad und nötigen damit die USA zur aktiven Umsetzung der Truman-Doktrin. Die Verteidigungsausgaben steigen innerhalb eines Jahres von 13,3 Milliarden auf 60,4 Milliarden Dollar und führen in der Folge zu einem ungeheuren Boom der Hochtechnologie-Industrie vor allem in Kalifornien und Texas. Die kubanische Revolution von 1959 verschärft die Situation weiter und führt zu einer geradezu panikartigen Sicherheitsdebatte. Die schlimmsten Befürchtungen schienen übertroffen zu werden, hat sich der Kommunismus doch bereits 90 Meilen vor der eigenen Küste eingenistet.

Harry Truman ist jedoch nicht nur ein strammer Antikommunist, er setzt sich vielmehr als erster amerikanischer Präsident konsequent für schwarze Bürgerrechte ein und erhebt damit die Demokraten zur Stammpartei der Schwarzen. In der Tat scheint eine Wende in der Rassenfrage dringender erforderlich zu sein als je zuvor. Denn die Tatsache, dass es in den Vereinigten Staaten immer noch Rassentrennung gibt, steht im scharfen Widerspruch dazu, dass Amerikaner aller politischen Richtungen ihr Land als Bastion der Freiheit im Kalten Krieg gegen die UdSSR feiern. In diesem Zusammenhang spielt auch das sich entwickelnde Fernsehen eine große Rolle, sind doch die Unterschiede der Lebensstile zwischen den in der Werbung und den Seifenopern idealisierten Mittelschichtsfamilien und der schwarzen Bevölkerung nun täglich sichtbar.

Ermutigt durch die Initiativen der Regierung verfolgt die organisierte schwarze Bürgerrechtsbewegung die Strategie, die rechtliche Unhaltbarkeit der Rassentrennung nachzuweisen. Dabei spielt der Oberste Gerichtshof der USA eine immer stärker werdende Rolle, da er sich nach und nach in eine regelrechte Bastion des Bürgerrechts verwandelt. Die Sit-ins von 1943 haben mittlerweile eindrucksvolle Nachfolgeaktionen gefunden. Bedeutend ist vor allem der Montgomery-Streik im Jahre 1955, bei dem 90 Prozent der schwarzen Bevölkerung dieser Stadt 381 Tage lang das städtische Busunternehmen boykottieren. Entzündet hat sich die Aktion daran, dass eine schwarze Näherin namens Rosa Parks verhaftet wird, weil sie ihren Platz im Bus nicht für einen Weißen frei gemacht hat. Maßgeblich verantwortlich dafür, dass sich aus der lokalen Aktion in Montgomery eine Initiative für die grundsätzliche Aufhebung der Rassentrennung entwickelt, ist der bedeutende schwarze Bürgerrechtler Dr. Martin Luther King. 1956 erklärt der Supreme Court die Rassentrennung in öffentlichen Transportmitteln schließlich für verfassungswidrig.

Die Umsetzung der Beschlüsse wird vor allem in den Südstaaten ständig unterlaufen. In der Tradition von Montgomery werden daher weitere Aktionen durchgeführt. Eine der spektakulärsten und folgenreichsten Maßnahmen schwarzer Bürgerrechtler ist 1960 das Sit-in von Greensboro in North Carolina. Es handelte sich um eine Initiative von vier schwarzen Studenten, die darauf abzielte, in einem für Weiße bestimmten Restaurant bedient zu werden. Innerhalb von zwei Monaten kommt es in neun Südstaaten zu 54 ähnlichen Protestaktionen.

Die Entwicklung ab Mitte der fünfziger Jahre verändert auch das Leben in Provinzstädten wie Port Arthur. Heirats- und Babyboom führen zu einer nie gekannten Konsumwelle in der Mittelschicht, wobei das Auto die Mobilität auch in der Freizeit erhöht und das Fernsehen die kulturelle Ödnis der Vorstädte leichter ertragen lässt. Die Medien der Massenkultur verbreiteten sich mit ungeheurer Rasanz: Gibt es 1947 erst 7000 Fernsehgeräte, so sind es zehn Jahre später bereits sieben Millionen. Am Ende der fünfziger Jahre besitzen 90 Prozent aller amerikanischen Haushalte einen Fernseher. Besonders das Fernsehen vermittelt das Bild einer zunehmend homogenen und zufriedenen Gesellschaft und lässt vergessen, dass unter der Oberfläche der Selbstzufriedenheit die Bürgerrechtsbewegung und der politische Feminismus bereits mächtig brodeln. Nicht alle profitieren vom ökonomischen Individualismus der fünfziger Jahre, 20 bis 25 Prozent der Amerikaner bleiben mit ihrem Einkommen unterhalb der Armutsgrenze, 1 Prozent der Bevölkerung besitzt 33 Prozent des nationalen Reichtums. Die erste größere Oppositionsbewegung, die der Saturiertheit des amerikanischen Mainstreams ein anarchistisches Aussteigertum entgegenhält, sind die Beatniks.

*

Laura Joplin beschreibt in ihrem Buch die Entwicklung in Port Arthur bis zur Aufhebung der Rassentrennung durch den Obersten Gerichtshof als »völlig von den Farbigen isoliert«. Janis besucht zu diesem Zeitpunkt die siebte Klasse der Junior Highschool. Als 1957 die Auseinandersetzungen um die Umsetzung der Beschlüsse des Obersten Bundesgerichts in der Highschool in Little Rock in Arkansas kulminieren und neun schwarze Highschoolstudenten auf Befehl Eisenhowers durch Bundespolizei in den Unterricht eskortiert werden, kommt es auch in Port Arthur zu Konflikten. Dort macht der schwarze Bevölkerungsteil zu diesem Zeitpunkt etwa 40 Prozent aus, die etwa 20 000 Schwarzen leben streng von den Weißen getrennt in eigenen Stadtteilen.

Die Joplins sind vergleichsweise liberal und tolerant in polarisierten politischen Fragen. In Hinblick auf die Rassenfrage zum Beispiel haben sie eher pragmatische Auffassungen, vermeiden jedoch dezidierte Stellungnahmen in der Öffentlichkeit. Ihre Liberalität steht nicht im Gegensatz zu der Tatsache, dass sie, wie viele andere weiße Mittelschichtsfamilien auch, eine schwarze Hausangestellte haben. Natürlich achtet man auf die nötige Distanz, die, wenn man den Berichten von Laura folgt, Janis allerdings zuweilen vermissen lässt. Sie interessiert sich für das Leben in den schwarzen Stadtteilen und lauscht mit großem Interesse den Geschichten, die sie darüber erfährt.

Der Inbegriff für seriöse und umfassende Information im Hause der Familie Joplin ist das *Time*-Magazin. Seth Joplin legt seiner Tochter immer wieder ans Herz, regelmässig das *Time*-Magazin zu lesen. Sie wisse dann Bescheid und könne dann eigentlich keine falschen Entscheidungen treffen. Noch 1964 rät ihr Seth Joplin bei einem Besuch in San Francisco, dass sie sich nicht zu weit vom gesellschaftlichen Mainstream entfernen solle. Schließlich brauche sie ja auch ein Publikum, dass in ihre Konzerte gehe und ihre Platten kaufe. Deshalb solle sich sich dazu am *Time*-Magazin orientieren und keinesfalls dessen Lektüre vernachlässigen.

Janis hat sich übrigens an diesen Rat ihres Vaters gehalten und tatsächlich regelmäßig dieses Magazin gelesen. Es ist wohl das einzige Mal, dass sie einen Rat ihrer Eltern beherzigt und konsequent umsetzt. Als das Kultblatt der Familie 1969 eine große Reportage über Janis Joplin bringt, hat das für sie

53

einen weitaus höheren Wert als die Artikel in der *New York Times*, in *Life* oder in *Newsweek*. Auch wenn ihre Eltern es anders sehen würden, für sie ist mit der Berücksichtigung im *Time*-Magazin der definitive gesellschaftliche Aufstieg bewiesen.

Die Familie Joplin ist eine eifrige Nutzerin der örtlichen Leihbibliothek. Während Janis' Zeit in der Junior Highschool ist das Familienleben lebendig und offen. Seth Joplin liebt es, zu diskutieren, und er lässt sich eine Menge einfallen, um seinen Kindern die vielfältigen Erscheinungen des Lebens und der Natur bekannt zu machen. »Das Alltägliche interessant machen«, lautet sein pädagogisches Credo.

Janis' vorhandene musikalische Begabung wird nicht zuletzt aufgrund des Verdrängungsverhaltens, das ihre Mutter in Bezug auf die Musikausübung entwickelt hat, nicht weiter beachtet. Dafür fördert man nach Kräften ihr Zeichentalent, schafft Kunstbände an und versorgt sie mit den zum Malen notwendigen Utensilien. Janis entwickelt dabei eine von ihren Eltern mit Argwohn betrachtete Vorliebe für die Abbildung nackter Menschen. Ihre Begeisterung für Akt-Malerei ist in Port Arthur natürlich ein unmögliches Vorhaben. Selbst an der Universität in Austin, wo Janis Joplin später die Zeichenklasse besucht, tragen die Modelle einen Badeanzug. Im Guten und im Bösen versuchen die Eltern, ihre Tochter von ihrer Motivwahl abzubringen. Sie ernten natürlich nur erbitterten Widerstand. Als die Mutter eines Tages die Innentür von Janis' Kleiderschrank mit einem Aktbild bemalt vorfindet, eskaliert der Konflikt. Dorothy Joplin tobt und besteht darauf, dass das nach ihrer Auffassung nicht vertretbare künstlerische Erzeugnis sofort beseitigt wird. Ihr Mann versucht Janis mit Hilfe seiner pädagogischen Methode zu besänftigen und fährt mit ihr an die Küste, um sie für die Schönheit der Meereslandschaft als Sujet für ihre Malerei zu begeistern. Natürlich bleibt dieser für Janis nur allzu durchsichtige Versuch, sie von der Aktmalerei abzubringen, ergebnislos.

Im Lauf der Pubertät nehmen die Konflikte ständig zu. Dorothy Joplin entwickelt sich allmählich zu einer Art »viktorianischem Vater«, wie Myra Friedman es ausdrückt, während Seth Joplin, der nicht weniger über das ungehobelte Betragen seiner Ältesten schockiert ist, es mit gelegentlichen Belehrungen bewenden lässt oder sich schweigend in seine Garage zurückzieht. Hinzu kommt, dass Janis eine extreme Akne entwickelt, gegen die alle Therapieversuche des von der Mutter konsultierten Hausarztes machtlos sind. Janis ist nach allgemeiner Auffassung ein ungezogenes Mädchen und aufgrund ihrer Hautprobleme und einer nicht mehr zu übersehenden Neigung zur Molligkeit im Urteil ihrer Umwelt eine nicht gerade eben ansehnliche Erscheinung.

Das ist jedoch alles erst der Anfang. Janis' eigentliche Probleme beginnen erst, als sie mit 14 Jahren zur Highschool geht. Die Thomas-Jefferson-Highschool in Port Arthur ist kein Ort des Schöngeistigen. Das Profil der Schule in einer Stadt, die durch Technik und Handwerk bestimmt ist, bevorzugt eher die auf eine praktische Berufsausbildung ausgerichteten Fächer. Es gibt eine Tischlerei sowie Druck- und Metallwerkstätten. Außerdem ist die Schule stolz auf ihre Kurse im Schweißen und im Technischen Zeichnen. Die Beschäftigung mit dem Schöngeistigen wird mit Misstrauen und mit leichter Verachtung für das »Nutzlose« betrachtet. In diesem antiintellektuellen Klima stößt Janis Joplin sogleich auf Widerstand. Ihr Beatnik-Aussehen – schwarze Kleidung und Jeans statt Röcken und Kleidern – sowie ihr provokantes, auf Widerspruch angelegtes Auftreten machen sie sofort zur Aussenseiterin und »Schulschlampe«.

Janis, von Akne geradezu übersät, sieht sich einem enormen Anpassungsdruck gegenüber. Das zähe Ringen um soziale Anerkennung an der Highschool ist vor allem der Kampf um bestimmte Jobs und Ämter, in die man hineingewählt werden muss. Es gibt unzählige »Miss«-Wahlen – so zum Beispiel »Miss Pünktlichkeit«, »Miss Sauberkeit«, »Miss Freundlichkeit« –, bei denen es nicht nur um ein bestimmtes Schönheitsideal geht, sondern auch um die Einübung in die konventionellen weiblichen Rollen. Besonders begehrt sind Positionen bei den Cheerleadern im Baseball-Team der Schule oder in der Schulband. Janis bemüht sich um die Mitgliedschaft in der Highschool Marching Band, fällt aber nach einem zähen Qualifikationskampf durch. Die Gründe dafür liegen auf der Hand. Janis gilt als äußerlich unattraktiv, provokant und sexuell aufreizend. Gegenüber den Anfeindungen verhält sie sich nie defensiv. Wie im Konflikt mit ihren Eltern fühlt sie sich durch die ihr entgegentretende Ablehnung vielmehr geradezu herausgefordert. Den Vorwurf sexueller Liederlichkeit dementiert sie daher nicht, sondern lässt sich mit den Jungs auf »Button-Poker-Spiele« ein: Nach jedem verlorenen Pokerspiel öffnet sie einen Knopf ihrer Bluse. Schnell verbreiten sich auch Gerüchte, sie beschäftige sich mit pornografischer Literatur und schlafe mit jedem Jungen. Einige Mitschüler brüsten sich mit sexuellen Erfolgen bei Janis, die man als »Hure« beschimpft, vor der man ausspuckt und der man ein paar Cents hinterherwirft, um auszudrücken, wie »billig« sie sei. Behauptungen über sexuelle Ausschweifungen entsprechen jedoch nicht der Wahrheit. Janis Joplin ist bei ihrem Schulabschluss noch Jungfrau.

Nach außen hin lässt sie keine Verletzung erkennen. Den Schmähungen und Beschimpfungen ihrer Mitschüler tritt sie mit einem gewissen Stolz entgegen oder lacht sogar darüber. Das ist jedoch nur allzu offensichtlich eine Abwehrhaltung, mit der sie verbirgt, wie sehr sie unter der sozialen Ächtung leidet.

1957 wird Jack Kerouacs Beatnik-Roman *On the Road (Unterwegs)* veröffentlicht. Er wird für Janis Joplin und der kleinen

Clique der »Vogelfreien«, mit denen sie ab jetzt jede freie Minute verbringt, zur Offenbarung. Auch sie empfinden sich als »weiße Nigger« und machen sich von nun an in der finsteren Provinz von Südosttexas und im Widerstreit zu allen herrschenden Normen und Idealen Kerouacs nihilistische Maximen zu eigen: »Wir ließen Verwirrung und Unsinn hinter uns und schickten uns in unseren einzigen, edlen Zweck, die Bewegung.«

3. KAPITEL

What Good Can Drinkin' Do:
Freiheit jenseits des Flusses

Ende der vierziger Jahre bis zum Ende des darauf folgenden Jahrzehnts wird die durch steigenden Konsum und Selbstzufriedenheit gekennzeichnete kulturelle Stimmung in den USA durch das Phänomen der Beats oder Beatniks empfindlich gestört. Die Vokabel »Beat« oder »Beatnik« hat vielfältig schimmernde Konnotationen. Zunächst einmal trägt der Begriff die Bedeutung der »geschlagenen Generation« in sich, und so spricht Jack Kerouac, einer der Protagonisten der Beatgeneration, davon, dass er den Ausdruck immer in Zusammenhang mit Vorstellungen wie »geschlagen, fertig – die Welt gegen mich« verbindet. Das Wort hat aber zugleich auch einen Anklang an das mit »beseligend« zu übersetzende Adjektiv »beatific«, das den von der Mehrheitsgesellschaft »Besiegten« oder »Geschlagenen« eine gleichsam metaphysische Heldenrolle zuweist. In der Drogenszene hat *beat* die Bedeutung von »gelinkt« oder »betrogen« – ein Beat Deal ist ein Geschäft, bei dem jemand begaunert wird. Mit Jack Kerouacs legendärem Buch *On the Road* bekommt die Bewegung ihren Bekenntnisroman, wie ihn für die davor liegende Generation vielleicht Thomas Wolfes Epos »Schau heimwärts, Engel« dargestellt hatte. Als Bewegung im Sinne einer strukturierten gesellschaftlichen Organisation haben sich die Beats nie verstanden. Ihnen zu eigen ist, ganz konform mit uramerikanischen Idealen, eine individualistische Haltung, nicht die Idee einer sozialen Gemeinschaft.

Die Protagonisten der Beatgeneration, zu denen im engeren Sinne William Burroughs, Allen Ginsberg, Jack Kerouac, Neal Cassady und Herbert Huncke gehören, verarbeiten in ihren geradezu rauschhaft geschriebenen Büchern Erfahrungen eines intentionalen Außenseitertums und präsentieren damit zugleich ein nahezu unerschöpfliches Reservoir von Empfindungsanleitungen für die ihnen zugewandte Lesergemeinde. Innovativ und subversiv erscheinen dabei die Übernahmen aus den Sprachmilieus des schwarzen Jazz, insbesondere des Be Bop, der Drogensubkultur und der Schwulenszene. In Songtexten wie *Like a Rolling Stone* hat Bob Dylan die Stimmung der Beatniks aufgegriffen und in die sechziger Jahre weitergeführt. Frauen spielen in der Geschichte der Beatgeneration übrigens nur Nebenrollen als Sexualpartner oder Mutterfiguren. Eine Ausnahme bildet vielleicht Joan Vollmer, die Initiatorin einer berühmten New Yorker Kommune.

Auch wenn die Beat-Bewegung weder konsequent vermarktet wird noch etwa regelrechte Organisationsstrukturen oder Führerfiguren entwickelt, wird sie erstaunlicherweise als erstes eigenständiges Jugendphänomen zu einer Massenerscheinung. Beats, wie sie sich kurz und knapp nennen, bilden fein differenzierte Codes bezüglich Sprache, Kleidung und Sozialverhalten heraus und tragen so dazu bei, dass eine Subkultur zum ersten Mal eine dominante Anti-Mode entwickelt.

Die Beats sind, wie viele spätere Jugendkulturen auch, im engeren Sinne des Wortes unpolitisch. Ihr weltanschaulicher Grundton ist bestimmt vom Modell der Ununterscheidbarkeit zwischen Kunst und Leben, von der Idee der radikalen Authentizität. Abgeschreckt von der religiös inspirierten Doppelmoral der amerikanischen Mittelschicht suchen sie nach »Wahrheit«, einem Ideal, das als vielleicht einziger fester moralischer Grundsatz die Weltanschauung von Janis Joplin bestimmt. »Mach ich Liebe, so wie ich singe? Bin ich das wirklich?«, fragt sie später einmal den Journalisten David Dalton. »Das ist es, was ich zu sagen versuche«, fährt sie fort, »ob ich das wirklich bin oder nur eine Show abziehe. Und das ist es auch, worüber ich mir den Kopf zerbreche, wenn ich rede. Bin ich wirklich die Person, die da spricht? Steht das, was ich sage, in Übereinstimmung mit meiner Musik?« Auch als sie ihren Eltern 1966 einen Brief schreibt, um ihnen definitiv mitzuteilen, dass sie nicht an das College zurückkehren wird, spricht sie davon, dass sie in ihrem neuen Leben »ein größeres Gefühl der Wahrheit« habe.

Bei aller oppositionellen Haltung gegen die Konsumgesellschaft sind die Poeten des Beat dennoch zumindest unterschwellige Patrioten. Ihre improvisierten Reisen quer durch die Vereinigten Staaten knüpfen an die Aufbrüche und Wanderbewegungen des vorindustriellen Amerika an. Wie weit dieser Patriotismus gehen konnte, wird an der Anekdote deutlich, in der berichtet wird, dass Kerouac eine Hippie-Party verlässt, weil man dort die amerikanische Flagge als Sofadecke benutzt. J. Edgar Hoover, den mächtigen Chef des FBI, wird dies jedoch nicht daran hindern, »Kommunisten, Beatniks und Klugscheißer« zu den gefährlichsten Gruppen Amerikas zu zählen.

Große Bedeutung erringt in der Beat-Bewegung die Rolle des Bewusstseins als Medium der alleinigen Steuerung. Timothy Leary, der umstrittene Harvardprofessor und Propagandist bewusstseinserweiternder Drogen, experimentiert zeitweise zusammen mit William Burroughs und Allen Ginsberg mit Möglichkeiten, unter dem Einfluss von Drogen wie Peyote, Meskalin und später LSD, Geplantes, Konstruiertes und Rationales weitmöglichst zurückzudrängen und Platz zu schaffen für das, wie Kerouac es nennt, »ungehinderte Fließen aus dem Geist«. Kerouacs orgiastische, nicht durch Grammatik- oder Syntaxregeln gebremste Schreibanfälle spiegeln den gleichen Geist wider, der später Jimi Hendrix' manische Gitarrenimprovisationen so sehr kennzeichnet.

*

Um 1958 herum, ein gutes Jahr vor dem Highschoolabschluss, trifft Janis Joplin auf eine Clique von fünf Jungen, die, alle etwas älter als sie, kurz vor dem Abschluss an der Thomas-Jefferson-Highschool stehen. Sie sympathisieren mit den Beatniks, sind literarisch und musikalisch interessiert und bilden eine Gruppe, die sich deutlich und selbstbewusst von den übrigen Schülern der *TJH* abgrenzt und von diesen auch mit Argwohn betrachtet wird.

Jim Langdon ist ein guter Posaunist und Musikkenner. Später einmal wird er als Musikkritiker und Veranstalter einige wichtige Weichen für die Karriere von Janis Joplin stellen. Die anderen Cliquenmitglieder – Adrian Haston, Grant Lyon, Dave Moriaty und Randy Tennant – interessieren sich neben der Musik vor allem für das Theater. Sie bilden den Kern der Schülertheatergruppe Little Theater, das Grant Lyons Mutter leitet. Das Little Theater ist der einzige Ort, der Janis im Schulleben nicht verschlossen bleibt, und so ist die Theatergruppe auch die einzige Einrichtung im Umfeld der Schule, in der sie sich richtig wohl fühlt.

Janis ist das einzige Mädchen in der Jungengruppe. Das um sie erweiterte »Quintett« bildet in der folgenden Zeit eine Art

Schutzschild, hinter dem sie sich vor den ständigen Belästigungen und Angriffen durch ihre Mitschüler schützen kann. Die männlichen Mitglieder der Gruppe haben, obwohl sie für alle sichtbar eine Außenseiterrolle einnehmen, nicht die gleichen Akzeptanzprobleme wie Janis Joplin. Für Jungen existieren nicht die gleichen strengen sozialen und moralischen Grenzen wie für ein Mädchen. Außerdem sind die fünf Cliquenmitglieder in einigen Bereichen des Schullebens sehr wohl integriert. Grant Lyon beispielsweise ist ein hervorragender Footballspieler.

Wenn Janis durch die Gruppe zwar einen gewissen Schutz erfährt und ihr ein ziemlich stabiles soziales Netz gewährt wird, so verstärkt die Mitgliedschaft im »Quintett« zugleich auch ihre Außenseiterrolle. Nicht nur, dass man ihr, zwar völlig zu Unrecht, sexuelle Motive unterstellt, ist dafür ausschlaggebend. Vielmehr distanziert sich Janis unter dem Einfluss der Clique und der Beat-Philosophie radikal von den Weiblichkeitsidealen der fünfziger, indem sie es beispielsweise ablehnt, sich zu schminken, ihre Haare zur Turmfrisur hochzustecken oder überhaupt »hübsche« Kleider zu tragen. Jeans, Herrenoberhemden oder schlichte Pullover sind ihrer Auffassung nach auch die geeigneteren Kleidungsstücke für ihre Freizeitbeschäftigungen. Es sind dies vor allem wilde Autorennen auf dem Highway im goldenen Dreieck Port Arthur – Beaumont – Orange und der reichliche Genuss von Alkohol. Dies wird bei einem sechzehnjährigen Mädchen jedoch als extrem schockierend empfunden. Entgegen der offen geäußerten Meinung, Janis ginge mit allen fünf Mitgliedern der Clique regelmäßig ins Bett, ist die Beziehung zu den Jungs zu keinem Moment sexuell bestimmt, sondern rein platonischer Art. Janis fühlt sich von den Fünfen verstanden und empfindet sich als Teil der durch die Gemeinschaft repräsentierten Beatnik-Kultur und nicht als mitgenommene Freundin eines Gruppenmitglieds. Gegenstand der gemeinsamen Freizeitbeschäftigung sind daher neben dem Theaterspielen und den Autofahrten auch und vor allem endlose Diskussionen über die verlogene Gesellschaft, die Langeweile in der Schule oder die sexuelle Prüderie. Man identifiziert sich in erster Linie mit Outcast-Literatur und Outcast-Biografien, deren Spektrum von Vincent van Gogh bis Allen Ginsberg reicht.

Den größten Reiz üben freilich die Ausflüge »über den Fluss« nach Vinton/Louisiana aus. Im französisch-akadischen Flair des louisianischen Westens ist ein reges Musikleben zu Hause. In den Kneipen des Grenzgebietes gibt es regelmäßig Live-Musik, wobei vor allem Spielarten weißen Souls und natürlich auch Folkmusik vorherrschen. Hinzu kommt die wesentlich liberalere Einstellung des Nachbarstaates zum Thema Alkoholausschank. Während die Kneipen Port Arthurs, wenn überhaupt, nur Bier- oder Weinlizenzen haben, verkauft man in Louisiana dem Sprichwort nach Schnaps an jeden, der groß genug ist, über den Tresen zu schauen. Die Schwierigkeiten, in Texas an Alkohol heranzukommen, sind erheblich, der öffentliche Ausschank ist verboten, eine generelle Trinkerlaubnis gibt es erst mit 21 Jahren. Natürlich verstärken die rigiden Restriktionen den Reiz des Alkohols. Ein weiteres Faszinosum in dieser Hinsicht stellt für die Clique die Tatsache dar, dass viele berühmte Schriftsteller Alkoholiker waren oder sind.

In manchen Bars von Vinton kommt es trotz der natürlich auch in Louisiana existierenden Rassentrennung zu einer gelegentlichen Vermischung der weißen und schwarzen Bevölkerung, ein Sachverhalt, der für die beatorientierte Clique von besonderer Bedeutung ist und mit Enthusiasmus zur Kenntnis genommen wird. Für Janis Joplin bedeuten die Kontakte mit schwarzen Musikern auch, dass sie schon früh mit dem Sound afroamerikanischer Musik in Berührung kommt. In Vinton findet sie ein authentisches Blues-Milieu vor und empfindet dies auch als wohltuenden Kontrast zu der alles überlagernden Country-Musik in Texas. Bereits 1960, zum Zeitpunkt ihres Schulabschlusses an der Thomas-Jefferson-Highschool, verfügt Janis Joplin daher aufgrund der zahlreichen Expeditionen in den Nachbarstaat über ziemlich umfassende Kenntnisse in Bezug auf die schwarze Bluesmusik. Hinzu kommen die ihr seit Kindheitstagen vertrauten Erfahrungen mit den Genres des Country und der Folkmusik. Über ihre produktiven musikalischen Fähigkeiten ist nach außen hin zu diesem Zeitpunkt noch wenig bekannt. Sie erlebt jedoch intensiv und nachhaltig den Blues als Attitüde der Rebellion. Auch Elemente des schwarzen Slang eignet sich die Gruppe um Janis bald an und durchsetzt fortan ihre weisse Mittelschichtssprache mit unzähligen Ansammlungen von Worten wie *ain't* oder *man.*

So entwickeln sich die kleinen, vor den Eltern verborgenen Fluchten »on the line« über die Staatsgrenze nach Louisiana zu wichtigen Ritualen, um der Enge von Port Arthur wenigstens für kurze Zeit entgehen zu können. Später beschreibt Janis Joplin ihren jugendlichen Frust über Port Arthur einmal so: »Wenn etwas passiert, dann passiert es niemals da. Es besteht nur aus Autokinos und Cola-Ständen an den Straßenecken, und jeder, der wie ich was vom Leben erwartet, haut ab, so schnell er kann, oder er wird überrannt, unterdrückt und gebrochen. Alles, was ich suchte, waren ein bisschen Freiheit und andere Leute, denen es genauso ging.«

Auch im Leben von Port Arthur fällt die Gruppe natürlich auf. Berichtet wird von einem Vorfall, als die Clique die hohe Rainbow Bridge über den Sabine River hinaufklettert, sich in scheinbar »selbstmörderischer« Pose alkoholisiert außen an das Geländer kauert und damit einen gewaltigen Polizeieinsatz auslöst.

Mit sechzehn Jahren ist Janis in der Schule ein regelrechter Outcast geworden. Manches von dem, was sie damals empfunden, wenngleich kaum je nach außen gezeigt haben mag, spiegeln die Bemerkungen im Highschool-Jahrbuch der Thomas-Jefferson-Highschool wieder, das in der permanenten Janis-Joplin-Gedächtnissausstellung im Museum von Port Arthur einzusehen ist. Dort kann man Eintragungen lesen wie die, dass sie zu sehr hinter den Jungs her gewesen sei und dass es besser gewesen wäre, hätte sie sich in dieser Hinsicht mehr Zurückhaltung auferlegt. Ein anderer irgendwie auch sympathisierender Eintrag bezeichnet sie als das »netteste Miststück in der Schule«. Der gleiche Schreiber bezeichnet sie – ob ironisch oder nicht, wer will das heute noch entscheiden – auch als »das süßeste Mädchen«. Viele erwähnen ihren »kontroversen Ruf«, andere betonen, sie sei eigentlich »auch ganz okay« gewesen. Sicher sind diese wenigen Zeugnisse von der Atmosphäre in dieser Zeit nur die Spitze des Eisbergs und artikulieren angesichts des offiziellen Charakters, den ein Highschool-Jahrbuch hat, die kritische Haltung gegenüber ihrer Mitschülerin eher vorsichtig. Gemessen daran ist der abfällige Tenor eigentlich recht deutlich .

Mit ihrer Mutter, für die der Verlust des guten Rufes für ihre Tochter und natürlich auch für die ganze Familie ein großes Problem darstellt, lebt Janis nun im ständigen und offenen Streit. Der Vater, so erinnert sich Laura, hat offensichtlich mehr Verständnis und sympathisiert angesichts seiner eigenen Desillusionierung gelegentlich mit der kritischen Haltung, die Janis den spießigen Moralvorstellungen der texanischen Gesellschaft gegenüber hat. Der Vorfall auf der Rainbow-Brücke und ein schwerer Unfall, bei dem glücklicherweise nur Blechschaden entsteht, bringen jedoch auch Seth Joplin gegen seine Tochter auf. An der Fahrt, die zu dem Unfall geführt hat, hat sie ohne Erlaubnis ihrer Eltern mit der Clique nach New Orleans teilgenommen.

Alle pädagogischen Maßnahmen und Tricks erweisen sich jedoch als aussichtslos. Janis Joplin ist die Verkörperung der Rebellion schlechthin und weigert sich grundsätzlich, irgendwelche Ratschläge ihrer Eltern überhaupt nur anzuhören.

1958/59 im vorletzten und letzten Highschool-Jahr, verschär-
fen sich die Konflikte mit ihren Eltern auch deshalb, weil die
im Joplin-Haushalt lebende Großmutter East ein Pflegefall
wird und Dorothy Joplin aufgrund einer soeben angetretenen
Anstellung als Lehrerin am Port Arthur College wenig Zeit für
die Familie hat. Janis ist in dieser Situation alles andere als
kooperativ und nutzt die Situation vielmehr aus, um möglichst häufig der Familie zu entfliehen.

Obwohl sie noch nicht über sexuelle Erfahrungen verfügt,
macht es ihr offensichtlich viel Freude, die Schulöffentlichkeit
und ihre Familie über ihre sexuellen Bedürfnisse und Fantasi-
en zu informieren. Offensichtlich geht es ihr dabei mehr um
jugendliche Prahlerei und die Schock-Effekte, die sie im prü-
den Ambiente ihrer Umgebung auslöst und genießt.

Es ist aber durchaus nicht so, dass Janis außerhalb der Clique
keine freundschaftlichen Beziehungen eingeht. Laura Joplin
betont den engen und dauerhaften Kontakt zu Karleen Bennett und deren Familie, die sehr herzlich und freundschaftlich
mit ihr umgehen. Mit Karleen und ihrer Familie, von der sie
akzeptiert wird und in der sie sich wesentlich wohler fühlt als
in ihrer eigenen, verbindet sie bald ein tiefes Verständnis. Karleen berichtet später davon, dass Janis' Vertrauen tief und
zugleich auch auf unfassbare Weise rührend und naiv war.

Eine Anekdote dazu ist die, dass Janis sich bei Karleen eines
Tages nach einer gemeinsamen Autofahrt nach dem kürzesten
Weg nach Hause erkundigt und auf der rasanten Fahrt dann
sämtliche Stoppschilder überfährt. Durch glückliche Umstände passiert kein Unfall. Auf ihr selbstmörderisches Verhalten
angesprochen, meint Janis, Karleen habe ihr den schnellsten
Weg erklärt, aber nicht erwähnt, dass sie zwischendurch
natürlich auch einmal anhalten müsse.

Um in der ihr überwiegend feindlich gesinnten Umwelt zurecht zu kommen, macht Janis sich eine gewisse harte äußere
Haltung zu eigen. Sie verfällt auf eine »lockere«, möglichst

»unweibliche« Art zu gehen, legt die Füße auf den Tisch und bedient sich regelmäßig unflätiger Flüche. Laura beobachtet, dass ihre Schwester sich zu diesem Zeitpunkt auch ein gewisses höhnisches und provokant wirkendes Lachen einübt. In den erhaltenen Interviewmitschnitten und Bühnenansagen aus späteren Tagen ist dieses Lachen des öfteren zu hören. Sie hat es im Laufe ihrer Karriere zu einem ihrer Markenzeichen entwickelt.

In der Highschool interessiert sich Janis Joplin jedoch fast ausschließlich für Kunst. Sie zeichnet und malt wie besessen und beginnt bald auch mit der Ölmalerei. Eine praktische Begegnung mit Musik hat bis auf ihre Erfahrungen im Schulchor der Junior Highschool und die wenigen Klavierstunden bei ihrer Mutter bislang nicht stattgefunden. Dass sie eine ungewöhnliche und bemerkenswerte Stimme hat, ist bis zum Alter von etwa 16 Jahren weder ihr noch irgend jemand anderem aufgefallen. Eines Tages verblüfft sie sich und die Mitglieder der Clique damit, dass sie aus einer Laune heraus die Stimme der von ihr sehr geschätzten Folksängerin Odetta so täuschend echt imitiert, dass alle zunächst in Schweigen verfallen und dann in frenetischen Beifall ausbrechen. Janis Joplin ist zum ersten Mal mit den erstaunlichen Möglichkeiten ihrer Stimme konfrontiert und hat noch überhaupt keine Vorstellung davon, was sie davon halten soll oder ob sie vielleicht sogar damit etwas anfangen kann.

*

»Ein Blues ist leicht zu machen. Du machst einfach so einen *Lonely Woman's Song:* jemand der nach einem prima Typen sucht, und ich hab' viel gesucht. Das ist der ewige Blues. Du versuchst immer tough zu bleiben, damit niemand mitkriegt, dass du es gar nicht bist«, sagt Janis Joplin einmal über ihren Blues *One Good Man*. Bei allen Stilmitteln und Genres der amerikanischen Popularmusik, die sie allmählich zu einem eigenen Gepräge, dem Joplin-Stil, amalgamiert, bleibt der Blues ihr persönlichstes Ausdrucksmittel. Musikalisch und funktional aus dem Klangideal westafrikanischer beziehungsweise afroamerikanischer Musik und dem ihm eigenen Wechselspiel von Call und Response hervorgegangen, hat der Blues seine Wurzeln in den Worksongs der schwarzen Sklaven Nordamerikas. Er hat sich im Laufe seiner langen Geschichte zu einer Form entwickelt, die es ermöglicht, zugefügte Schmerzen und erlittene Erniedrigung auf eine ästhetische Ebene zu transzendieren. Darüber hinaus bietet der Blues in musikalischer Hinsicht zugleich eine nahezu unbegrenzte Möglichkeit für melodische Improvisation und individuelle Klangfärbung.

Das Prinzip der zweifachen Anrufung mit folgender Beantwortung, das Drei-Zeilen-Schema der klassischen Bluesform, transportiert eine gewissermaßen erbarmungslose Endgültigkeit. »Kein Zweifel, so ist es, nichts anderes ist mehr möglich!« sagen uns These und Antithese in ruheloser, zugleich auch bestimmender Weise. In der argumentativen und sich selbst bestätigenden Verknüpfung von Call und Response erscheinen alle Themen und Spannungsfelder aufgenommen und aufgehoben, die das Schicksal der schwarzen Bevölkerung Nordamerikas aufgebürdet hat: Verschleppung und Versklavung, die unterschwellige Sehnsucht nach einer besseren Welt, verbunden mit der Gewissheit, diese nie zu erreichen, aus Enttäuschung gewachsenes Misstrauen. Alles zusammen bildet den Versuch, das eigene Elend und das Schicksal anderer Menschen literarisch-therapeutisch zu bewältigen, indem durch die öffentliche Anrufung zwischen dem Ich und dem erlebten Elend eine Distanz geschaffen wird. Das dialektische Prinzip des Blues zeigt daher immer beide Seiten der Medaille auf: Verurteilung und Freispruch, Gefangenschaft und Freiheit, Fluch und Erlösung. Der Blues ist daher nicht Ausdruck sentimentaler Traurigkeit, sondern vor allem der massive und emphatische Aufruf, die Dinge zu ändern. Er ist die nachdrückliche Aufforderung, immer auch den gegenteiligen Standpunkt einzunehmen, indem das Einverständnis zum Zustand des Elends verweigert wird. Darin liegt die kommunikative Kraft des Blues und in dieser Funktion knüpft er am deutlichsten an den afrikanischen Wurzeln der schwarzen Musik Nordamerikas an.

Es ist daher ganz klar, warum der Blues zum persönlichsten Ausdrucksmittel von Janis Joplin werden wird. In direkter Nähe zu ihrem großen Vorbild, der tragischen, genialen und früh verstorbenen Bluessängerin Bessie Smith, ist der Blues für Janis Joplins Suche nach Wahrheit und Authentizität und weniger ein Mittel ästhetisch-poetischer Transzendenz. Wie bei Bessie Smith ist er ihr eigentliches »Lebensmittel« – ein Medium, das es ihr ermöglicht, die unlösbaren Konflikte von Freiheit und Bindung sadomasochistisch zu inszenieren.

Janis Joplins Worte entstammen immer ihre eigene Sprache. Nie versucht sie die Bluessprache anderer Interpreten zu imitieren. Ihre eigene Hysterie ist es, die in ihrem Blues geradezu detoniert. Im Blues herrscht immer blutiger Krieg, er ist für Janis Joplin, wie der von ihr hoch geschätzte B. B. King es ausgedrückt hat, »der Krieg zwischen den Geschlechtern«.

In der Rückschau auf Janis Joplins Kindheit wird deutlich, dass ihre Beziehung zum Blues kaum aus ihrer sozialen Erfahrung her ableitbar, sondern in erster Linie mit ihrer rebellischen Beat-Atitüde verbunden ist. Sie entstammt nun einmal weder der hart arbeitenden Arbeiterklasse, noch ist sie eine durch weißen Rassismus und Ausbeutung verfolgte Afroamerikanerin. Ihr raues, unterschichtorientiertes Hard-Day's-Night-Syndrom und ihre Identifikation mit der schwarzen Kultur beruhen auf Empathie, nicht auf Erfahrung. In der Verbindung ihrer Kindheitserlebnisse als geschmähte Außenseiterin mit der angeeigneten Haltung einer zäh gegen alle möglichen Widerstände von »denen da oben« angehende Einzelkämpferin kreiert die halbwüchsige Janis Joplin bereits, bevor sie überhaupt daran denkt, die Musik zu ihrem Medium zu machen, ihren Mythos und ihre Legende. Ihr Middle-class-Blues ist also kein Aufschrei der Entrechteten, sondern entspringt dem explosiven Drang, aus den regulierten materiellen und moralischen Bedingungen der Mittelschicht auszubrechen.

In den ausführlichen Interviews, die Janis Joplin 1970 vor und während der Tournee mit dem Festival Express gegeben hat, drückt sie selbst es so aus: »Der Blues der Schwarzen basiert auf dem Have-not-Prinzip: Ich habe den Blues, weil ich irgendwas nicht kriegen kann. Ich hab den Blues, weil ich meinen Liebsten nicht kriege. Ich hab den Blues, weil ich keinen Vierteldollar für eine Flasche Wein habe. Ich hab den Blues, weil man mich nicht in diese Bar lässt. Ich bin jedoch eine weiße Mittelschichtstusse aus einer Familie, die mich liebend gerne aufs College geschickt hätte, was ich aber nicht wollte. Ich hatte einen Job, der mir egal war. Ich hatte ein Auto, was mir auch egal war. Ich hatte es wirklich leicht und dann eines Tages, als ich in einer Bar saß, wurde mir schlagartig klar, dass es da keine weitere Entwicklung mehr geben würde – wo irgendwann einmal alles einfach prima sein könnte. Das da *war* schon mein ganzes Leben! Es ist nicht das ›Nichts‹, das dir den Blues gibt, es ist vielmehr der Wunsch danach, etwas zu haben.«

*

Trotz des schwierigen Verhältnisses zu ihren Mitschülern und der ständigen Konflikte im Elternhaus hat Janis Joplin keine gravierenden Probleme, ihren Highschool-Abschluss zu machen. Die Tatsache, dass sie eine gute Schülerin ist und eine schnelle Auffassungsgabe hat, ermöglicht es ihr sogar, relativ häufig zu fehlen und in Cafés zu sitzen, statt sich mit dem für sie langweiligen Unterricht zu befassen. Sie hört viel Musik und fängt nach der »Entdeckung« ihrer Stimme an, regelmässig Nummern von Odetta und Bessie Smith sowie von der Folk- und Blueslegende Huddie Ledbetter, der unter dem Namen Leadbelly bekannt geworden war, zu imitieren. Ihre Fähigkeiten sind verblüffend, so dass man sie immer wieder darum bittet, die eine oder andere Nummer zum Besten zu geben.

Gleichwohl wird ihre Situation an der Thomas Jefferson Highschool im Jahre 1959 dadurch belastet, dass die Kerngruppe des »Quintetts«, Jim Langdon, Grant Lyon und Dave Moriaty, nach deren Highschool-Abschluss nicht mehr in Port Arthur ist. Dadurch fehlt Janis auch ein gewisser Teil des Schutzes. Da sich ihre Reputation in der Zwischenzeit keinesfalls gebessert hat, ist sie in ihrem letzten Highschooljahr verstärkt dem Spott ihrer Mitschüler ausgesetzt. »Nigger lover« nennt man sie nun, weil sie sich offen für die Aufhebung der Rassentrennung einsetzt. Das Eintreten für die Rechte der schwarzen Bevölkerung ist Teil ihrer Beatnik-Philosophie, und zumindest in dieser Frage wird ihre Haltung im Elternhaus immerhin gestützt. Der Umgang mit Janis Joplin nimmt jedoch zunehmend rüdere Formen an. Sie wird in Schmähreden öffentlich herabgesetzt, und es kommt immer öfter vor, dass Menschen, die sie kaum kennt, vor ihr ausspucken. Wie zum Trotz fällt in ihr letztes Highschooljahr auch ihr erster und vorsichtiger lesbischer Kontakt, ein gewagtes Unterfangen in der homophoben Umgebung von Port Arthur.

Silvester 1959 kommt es in Port Arthurs Jazzcafé The Sage zu ihrem ersten gewissermaßen inoffiziellen und spontanen Auftritt als Sängerin. Es ist eine Doppelpremiere, da Janis zugleich einige ihrer Bilder ausstellt.

Im Juni 1960 macht sie ihren Schulabschluss und ist froh, endlich die Möglichkeit zu haben, Port Arthur zu verlassen.

Berichtet wird, dass sie bei der Graduationszeremonie betrunken gewesen sei und bei ihrem Aufruf auf die Bühne einen skandalösen Eindruck hinterlassen habe.

Im selben Sommer noch schreibt sich Janis Joplin am Lamar State College of Technology im nahe gelegenen Beaumont ein. Dort begegnet sie Jim Langdon und Adrian Haston aus ihrer alten Clique, und zu ihrer großen Freude kann sie sich ein Zimmer im Wohnheim mit ihrer alten Freundin Karleen Bennett teilen. Dritte im Bunde ist Gloria Lloreda, mit der sich Janis auf Anhieb gut versteht. Dass sie in das Mädchenwohnheim des Colleges zieht, obwohl sie angesichts der geringen Entfernung von Port Arthur auch hätte zu Hause wohnen können, wirft Fragen auf. Will Janis auf jeden Fall zu Hause ausziehen, um den endlosen Konflikten mit ihrer Mutter auszuweichen, oder ist es gerade umgekehrt so, dass Dorothy Joplin ihr die Übersiedlung nach Lamar nahelegt, um den durch Janis empfindlich gestörten häuslichen Frieden wieder herstellen zu können?

Welche geheimen oder ausgesprochenen Absichten jeweils vorliegen mögen, bleibt ungeklärt. Sicher ist allerdings, dass Janis zunächst einmal den Zuwachs an persönlicher Freiheit zu genießen scheint. Während des Herbstsemesters kommt es in der nunmehr gemischtgeschlechtlichen Clique jedenfalls gelegentlich zu wüsten Partys, die von Laura Joplin in ihrem Buch in etwas manierierter Weise wie folgt kommentiert werden: »Unerhörtes Benehmen war ein Teil des Images, dem die Künstler-Clique sich verpflichtet fühlte«. Janis belegt als Hauptfach Kunst und ist besonders von den Bildern Amadeo Modiglianis begeistert. Modigliani, Maler der École de Paris, tuberkulös und zeit seines kurzen Lebens durch Alkohol und Drogen gezeichnet, passt in seiner Flucht vor den Widrigkeiten des Lebens natürlich genau in das Künstlerkonzept, das von Janis Joplin und ihrer Beatnik-Clique favorisiert wird. Hinzu kommt jedoch, dass sie auch von den zugleich naiven wie ausdrucksstarken und melancholischen Porträts Modiglianis fasziniert ist. Sein expressiver und psychologisierender Realismus, verbunden mit einer klaren Formgebung an der Schwelle zur Abstraktion, motiviert sie zu eigenen Bildern, die eine Begabung für das Metier der Malerei erkennen lassen. Sie kopiert die Bildersprache ihres Vorbildes nicht einfach, sondern verbindet die unsentimentale Traurigkeit der Porträts Modiglianis mit kühler Beatnikatmosphäre und einer an Comics angelehnten Formensprache.

Trotz des verheißungsvollen Beginns ist Janis Joplin von ihrem Studium in Beaumont wenig angetan. An dem Provinzcollege werden vor allem Ingenieure für die Ölindustrie ausgebildet und wie an der Highschool fehlt jegliches künstlerische Flair. Außerdem beherrscht eine spießige und muffige Atmosphäre den Campus und so dauert es nicht lange, bis Janis auch hier angefeindet wird. Das liegt natürlich nicht zuletzt daran, dass sie nicht die Einzige ist, die nach dem Schulabschluss in Port Arthur an das nahe liegende College gewechselt ist. Sie hat zwar die Stadt, aber eigentlich nicht ihr soziales Umfeld gewechselt. Am Ende des Wintersemesters bricht Janis Joplin das freudlose Studium in Beaumont ab und zieht zunächst wieder zurück zu ihrer Familie.

Die folgenden Monate, die erste Hälfte des Jahres 1961, erscheinen im Rückblick als der Beginn eines Zickzackkurses, der Janis Joplin in den nächsten fünf Jahren immer wieder nach Port Arthur und in die geregelte Welt der texanischen Mittelschicht führen wird. Ohne größeren Widerstand, allerdings auch ohne größere Begeisterung zu zeigen, schreibt sie sich am Port Arthur Business College, einer Art Höhere Wirtschaftsfachschule, ein und beginnt eine Ausbildung als Datentypistin und Sekretärin. Ob es ihrer eigenen Überzeugung entspricht, sie brauche unbedingt eine Berufsausbildung, um selbständig und unabhängig zu werden, oder ob es mehr die Idee ihrer Mutter ist, ihre Tochter mit sanftem Druck

In unregelmäßigen Abständen kehrt Janis heim und versucht, sich in äußerer Erscheinung, Stil und Verhalten an das bürgerliche Leben anzupassen. (Cinetext Bildarchiv, Frankfurt)

in die Bahnen einer bürgerlichen Existenz zu lenken, sei dahingestellt. Nicht wenig pikant ist jedenfalls, dass Dorothy Joplin zu diesem Zeitpunkt an ebenjenem College als Lehrerin tätig ist. Will Janis bei ihrer Mutter etwas »wieder gutmachen«?

Hinsichtlich ihrer äußeren Erscheinung ist Janis Joplin jedenfalls unscheinbar, sie trägt ihre Haare eher kurz und fällt auch mit ihrer Kleidung nicht besonders auf. Offensichtlich haben sich auch ihre Akneprobleme etwas vermindert, oder sie bekämpft die Spuren im Gesicht mit kosmetischen Mitteln. Fotografien aus dieser Zeit zeigen jedenfalls eine unauffällige, vielleicht etwas zur Molligkeit neigende junge Frau, die sich nicht von ihrer Umwelt unterscheidet und die man sich sehr wohl als Büroangestellte in Port Arthur vorstellen kann.

Ist das alles nur Fassade und Verdrängung oder haben die ständigen Querelen mit den Eltern und in der schulischen Öffentlichkeit sie tatsächlich mürbe gemacht? Hat sie sich vom Beatnik-Leben verabschiedet, um, wie ihre Mutter, Kreativität und Freiheitsdrang gegen eine »vernünftige« Lebensperspektive einzutauschen? Wenn es so ist, dass Janis Joplin mit dem Schnellschuss einer typisch weiblich geprägten Berufsausbildung die Strategie verfolgt hat, ihre Eltern zufrieden zu stellen und zugleich eine materielle Basis für ihre Loslösung aus Port Arthur zu schaffen, dann geht die Rechnung tatsächlich auf.

Die viermonatige Ausbildung, die sie intellektuell nicht besonders fordert, macht sie ziemlich halbherzig. An 19 Tagen fehlt sie wegen »Krankheit« und bewegt sich ansonsten weiterhin in ihrer Clique. Ohne besonderen Ehrgeiz, aber auch ohne große Mühe macht sie im Sommer 1961 ihr Sekretärinnen-Diplom. Kaum hat sie ihr Diplom in der Tasche, besteigt sie den Greyhound-Bus, um nach Los Angeles zu fahren. Dort wohnen ihre Tanten Barbara und Mimi, die Schwestern ihrer Mutter, und dort will sie, endlich befreit von den Zwängen der Provinz und von den erlittenen Schmähungen, ein eigenes Leben führen. Im Rückblick erscheint der etwas hastige Wegzug aus Port Arthur auch ein wenig so, als hätten ihre Eltern sie wieder einmal gedrängt. Das emotionale Pulverfass Janis ist ihnen möglicherweise nicht ganz geheuer, jedenfalls benutzen einige Freunde von Janis Joplin aus dieser Zeit durchaus die Vokabel »Verbannung« für die Übersiedlung nach Los Angeles.

Sommer und Herbst verbringt Janis Joplin in Los Angeles. Sie findet eine Anstellung als Datentypistin bei der Los Angeles Telephone Company und wohnt zunächst bei ihrer Tante Mimi. Deren Mann, ein Hobbymaler, hat sich in einem Schuppen im Garten ein Atelier eingerichtet, das Janis bewohnen kann und das ihr zu ihrer Begeisterung auch die Möglichkeit zu malen gibt. Nach einiger Zeit wechselt sie zu ihrer Tante Barbara, mit der sie sich gut versteht und die sich ebenfalls für die Unterbringung ihrer Nichte verantwortlich fühlt. Problematisch wird allerdings das Verhältnis zu Barbaras Tochter. Diese reagiert angesichts der Zuneigung, die ihre Mutter Janis entgegenbringt, eifersüchtig und fühlt sich in den durchaus beengten Verhältnissen der Dreizimmerwohnung durch Janis verdrängt.

Nicht zuletzt wegen der schwelenden Konflikte, aber sicher auch aus eigenem Freiheitsdrang heraus beschließt Janis im Herbst, sich eine eigene Wohnung zu suchen. Ihr Auge fällt dabei zum Entsetzen ihrer Tanten auf die Strandkolonie Venice in der Nähe von Santa Monica. Janis' pragmatisches Argument ist, dass in dieser ziemlich heruntergekommenen und nicht mit dem besten Ruf ausgestatteten Gegend die Mieten niedrig sind. Ihre Tanten wissen aber natürlich, dass Janis von der Beatnik-Vergangenheit dieser Kolonie magnetisch angezogen wird. Zwar ist von der Beatnik-Poesie der fünfziger Jahre zu Janis' Enttäuschung nicht mehr allzu viel übrig geblieben, statt dessen geben nun Kleinkriminelle, Drogenhändler und Zuhälter den Ton an. Allenfalls die Tatsache, dass der Umgang zwischen Schwarzen und Weißen nicht nur im sozialen Leben, sondern auch in sexueller Hinsicht offen und freizügig ist, erinnert sie an die Maximen der Beats. Janis wechselt ihre Arbeitsstelle und arbeitet nun für die Bank of America. Die bürgerliche Fassade und das finanzielle Auskommen sind folglich gewahrt. Wann genau Janis Joplin damit beginnt, ihr stets freizügiges Verhältnis zu ihrem Körper und zu ihrer Sexualität auch auszuleben, ist ungewiss. Sicher ist, dass sie seit ihrer Zeit in Beaumont regelmässige sexuelle Kontakte hat. In der freizügigen Atmosphäre von Venice jedenfalls entwickelt sich ziemlich bald ein reges Sexualleben mit Partnern beiderlei Geschlechts. Eine feste Beziehung geht sie jedoch nicht ein. Es ist zudem sehr wahrscheinlich, dass sie in Venice auch das erste Mal mit Drogen in Verbindung kommt. Ob dies Marihuana, Speed oder gar Heroin ist, bleibt im Verborgenen.

Ihr aus den Büchern Jack Kerouacs, Allen Ginsbergs und William Burroughs' gespeistes Verlangen nach Gleichgesinnten bringt sie im Spätherbst des Jahres 1961 dazu, nach San Francisco zu trampen, um sich die legendäre Beatnik-Szene im Stadtteil North Beach anzusehen. Als sie dort ankommt, muss sie jedoch feststellen, dass auch hier die Poeten des Beat nicht mehr den Ton angeben. Immerhin gibt es den legendären City Lights Book Shop von Lawrence Ferlinghetti, den sie besucht und in dem sie sich regelmäßig aufhält, um in den Büchern zu schmökern und mit den Leuten zu reden.

Ferlinghetti gehört zu den Gründervätern der Beat-Bewegung und tat sich als Verleger von Beat-Literatur hervor. Den Buchladen in San Francisco, dessen Name auf Charlie Chaplins Film *Lichter der Großstadt* zurückgeht, eröffnete er 1953. Noch heute bestimmt Ferlinghetti die Geschicke dieses Unternehmens, in dem es traditionell nur Taschenbücher zu kaufen gibt. Der Verleger und Buchhändler war 1955 in die Schlagzeilen geraten, als er den öffentlichen Vortrag des Gedichtes *Howl* von Allen Ginsberg in seinem Laden organisierte. Die Beschlagnahme des Buches wegen Obszönität und der darauf folgende Prozess gegen Ginsberg waren wichtige Schlachten der Beat-Bewegung gegen das Establishment der amerikanischen Gesellschaft. Ferlinghetti hat 1957 auch den Roman *On the Road* von Jack Kerouac verlegt.

Wie lange Janis Joplin 1961 in San Francisco bleibt, ist unklar. Da sie offensichtlich etwas Geld gespart hat und ansonsten in den Cafés, Szenelokalen und natürlich im City Lights Book Shop mit genügend Menschen zusammenkommt, die ihr eine Übernachtung bieten können, ist es durchaus möglich, dass sie sich mehrere Wochen in der Stadt aufhält. Sicher ist ledig-

17. Juli 1967. Allen Ginsberg, Kritiker an der amerikanischen Gesellschaft und bedeutender literarischer Vertreter der Beatgeneration, während einer öffentlichen Lesung in London. (Deutsche Presseagentur, Frankfurt)

lich, dass sie ihre Beatnikexkursion kurz vor Weihnachten beendet und dann nach Port Arthur abreist.

Darüber, ob sie sich in Los Angeles oder in San Francisco auch musikalisch betätigt hat, ist nichts bekannt. Es ist durchaus möglich, dass sie sich insbesondere in San Francisco Geld durch Auftritte in Kneipen oder als Straßenmusikerin verdient hat. Silvester 1961 tritt sie jedenfalls zum ersten Mal öffentlich in Beaumont auf und im Januar 1962 fährt sie sogar nach Houston, um dort im Purple Onion, einem Lokal, das für

Folkmusik bekannt war, zu singen. Das Purple Onion hat sie bereits währen ihrer Zeit am Lamar College in Beaumont einmal besucht, um die Musikszene kennenzulernen. Nun hat sie offensichtlich genug Mut und Selbstvertrauen, um dort einen Auftritt als Sängerin zu riskieren.

Die Rückkehr nach Port Arthur zeigt Janis Joplin auf eigenartige Weise verändert. Wie schon während ihrer kurzen Zwischenphase am Business College versucht sie nun, sich erneut an das Leben zu Hause anzupassen. Sie kehrt im Frühjahr an das Lamar College zurück, bleibt im Unterschied zu ihrem ersten Semester nun aber in Port Arthur wohnen. Den Zwiespalt, der sich zwischen ihren Ausbrüchen in die Boheme und der Eingliederung in das bürgerliche Leben, zwischen moralischer Freizügigkeit und wenigstens äußerer Anpassung an die Normen und Werte der Mittelschicht bildet, empfindet auch sie als immer schmerzlicher, zumal sie die Wechsel der Gefühle und die Ängste, die sowohl das eine als auch das andere Leben bei ihr auslösen, als bedrohlich erlebt. Mary Friedman, ihre spätere Presseagentin und Freundin, hat mit Janis Joplin häufig über diese Zeit und diesen Konflikt gesprochen: »Sie sorgte sich, so sagte sie, wegen der unweiblichen Dinge, der Derbheit, die sie manchmal heimsuchten und die sie nicht verstand – und einige der Dinge, die sie außerdem tat. Sie hatte keine Ahnung, warum es geschah und was sie tun musste, um dies zu unterbinden.«

Laura Joplin betont, dass es Janis keineswegs leicht gefallen sei, in die Enge von Port Arthur zurückzufinden. Was Janis Joplin offensichtlich versucht, ist, einen Weg zu finden, um die verschiedenen Seiten ihres Wesen in ein Gleichgewicht zu bringen, ohne sich dabei vollkommen zu verbiegen. Ihr Studium betreibt sie ohne größere Energie, zugleich orientiert sie sich stark an Jim Langdon, ihrem alten Kumpel aus dem »Quintett«, der als vielseitiger Musiker ihr Interesse für Musik weiter fördert.

Sie übernimmt verschiedene Jobs, arbeitet auf einer Bowling-bahn und als Serviererin und verbringt sehr viel Zeit mit ihrer Freundin Patti Skaff, die sie während ihres ersten Aufenthaltes am Lamar College kennen und schätzen gelernt hatte. Patti ist mittlerweile mit Dave McQueen, einem gemeinsamen Freund aus der wilden Partyszene dieser Zeit, verheiratet. In der Dreiecksbeziehung kommt es zu einem verhaltenen lesbischen Kontakt zwischen Janis und Patti. In der homophoben Atmosphäre von Südosttexas führt dies zu großer Verunsicherung der beiden Frauen, aber auch des ratlos und ungehalten reagierenden Ehemannes. Wie sich pikanterweise bald herausstellt, ist Daves theatralischer Auftritt Teil eines Verdrängungsprozesses in Bezug auf seine eigenen homosexuellen Erfahrungen.

Im Verlauf des Sommers unternimmt Janis auch wieder viele Ausflüge»über den Fluss« in die Bars von Louisiana. Und wieder ist sie überwiegend mit Jungencliquen unterwegs und kontrastiert so ihr zumindest vordergründig ordentliches Leben mit heftigen Saufgelagen und nächtelangen Poolbillard-Orgien. Sie hört viel Musik, tritt aber selbst nicht auf beziehungsweise lässt sich allenfalls auf spontane Sessions ein. Musik ist wichtig in ihrem Leben, sie ist jedoch noch weit davon entfernt, sich als ausübende Musikerin zu empfinden.

Im Verlauf einer Tour über die Grenze nach Louisiana kommt es erneut zu einem schweren Unfall. Bei einem Ausweichmanöver überschlägt sich der Wagen mehrmals. Das Auto ist nur noch Schrott, alle sieben Insassen bleiben jedoch auf wundersame Weise unverletzt.

Trotz der wilden Partys, über die immer wieder berichtet wird, erscheint Janis Joplin in ihrer Umgebung gleichzeitig als eine sehr verletzliche, in plötzliche Traurigkeit verfallende Person. Ganz im Kontrast dazu steht das raue, männlich-harte Auftreten in der Öffentlichkeit, mit dem sie heftige Gefühle von Einsamkeit offensichtlich zu überdecken versucht.

Ein neuer Anfang steht an. Das Studium in Beaumont betreibt Janis nur noch pro forma. Die Möglichkeiten, im »Goldenen Dreieck« von Osttexas soziale Anerkennung zu finden und eine berufliche Zukunft zu entwickeln, die ihren intellektuellen und künstlerischen Ambitionen gerecht werden kann, sind minimal. Dem Rollenklischee von einer Südstaatenfrau konnte und wollte sie nicht entsprechen, zumal die Gefühle, die ihr entgegenschlagen, nach wie vor von geradezu feindlicher Atmosphäre bestimmt sind.

*

»Sie mochten mich nicht«, sagt sie später einmal einem englischen Reporter, der sie 1969 anlässlich ihres Konzerts in der Londoner Albert Hall interviewt. »Sie wissen ja, wie Kleinstädte so sind: Man heiratet, wenn man aus der Highschool kommt, und hat dann einen Haufen Kinder. Vor allem muss man den Mund halten. Heute hat sich die Gesellschaft ein wenig geändert. Obwohl die angepassten Typen immer noch in der Mehrheit sind.«

Ellis Amburn, der 1992 in den USA eine materialreiche und akribisch recherchierte Biografie über Janis Joplin herausgebracht hat, berichtet von seinen Recherchen, dass viele Einwohner von Port Arthur auch heute noch kritisch gegenüber Janis Joplin eingestellt sind. Trotz ihrer Berühmtheit haben es manche eben nicht verziehen, dass sie die Atmosphäre in ihrer Heimatstadt und im ganzen Staat stets heftig kritisierte und für ihre erlittenen Verletzungen kollektiv verantwortlich machte. Ein Mensch mit diesem Lebensstil habe dazu einfach kein Recht, so heißt es.

Heute hat die Stadt Port Arthur sich dem Leben und Werk ihrer neben dem Maler Robert Rauschenberg vielleicht berühmtesten Einwohnerin übrigens durchaus zugewandt. Es gibt eine nicht gerade geschmackvolle Janis Joplin Statue und ein jährliches Gedenkkonzert. Auch die Zweigniederlassung der Lamar University in Port Arthur hat mittlerweile eine ständige Janis-Joplin-Ausstellung. Vielleicht entspricht diese merkwürdige Janis-Joplin-»Pflege« den Ambivalenzen, denen sie selbst ausgesetzt war oder die sie provozierte. Zum einen vereinigt sie eben viel von der anarchischen Freiheit und der Courage – den Eigenschaften also, die mit den Pioniermythen des Südens aufs Engste verbunden sind – in sich. Zum anderen sprengt sie zugleich die engen, vorurteilsbeladenen moralischen und religiösen Grenzen, auf denen die bürgerliche Gesellschaft der amerikanischen Provinz nun einmal beruht.

Im Sommer 1962 schreibt Janis Joplin sich an der University of Texas in Austin ein, schließlich kann »man nicht einfach nur hier herumhängen und Partys feiern«.

4. KAPITEL

Move Over:
Ein Beatnik im Ghetto

Austin, die Hauptstadt des Bundesstaates Texas, zwischen sanften Hügeln und Seen am Colorado River gelegen, bildet die Schnittstelle zwischen den Great Plains, den großen staubigen Weideflächen, und dem Hill Country mit seinen zahlreichen Kiefern und Lupinenwiesen. Nach außen hin zumindest hat Austin nicht den extremen Boomtown-Charakter der anderen texanischen Zentren wie etwa Dallas/Fort Worth oder Houston. Die Stadt macht einen insgesamt provinzielleren und biedereren Eindruck. Auch der Anteil, den die schwarze Bevölkerung einnimmt, ist deutlich geringer als in anderen Städten. Größere Rassenunruhen hat der liberal-konservative Geist dieser maßgeblich auch durch die Universität und die Technologiezentren geprägten Stadt nicht hervorgebracht. Die Tatsache, dass Austin durchaus als kulturelles Zentrum von Texas gelten kann, hat auch eine andere

Seite. Denn gerade dadurch prallen die Welten texanischer Provinzialität und geistiger Regsamkeit besonders schroff aufeinander: »hier die abgeschirmte Welt der Nuklearforscher – dort der Zirkus polternder Politiker im Staatshaus, hier die empfindsamen Flaubert-Interpreten – dort die ›cowhands‹, die am Samstagabend über die 6. Straße stampfen«, charakterisiert der Journalist Klaus Harpprecht das geistige Klima von Austin.

Die University of Texas ist heute die größte öffentliche Hochschule Amerikas. Bereits 1958 wurde das sogenannte Computation Center eröffnet, das sich als wahrer Talentschuppen der Software-Generation erweisen sollte. Heute gilt Austin nach dem Silicon Valley in Kalifornien als Nummer zwei in Sachen elektronischer Kommunikation.

Auch die Country-Musik-Szene von Austin, die einen eigenen progressiven Country-Rock-Stil, den Austin-Sound, hervorgebracht hat, machte die Stadt zu einem national bedeutsamen Zentrum der populären Musik. Das war allerdings nicht immer so. In den sechziger Jahren ist Rockmusik im stockkonservativen und provinziellen Austin verpönt und veranlasst viele Musiker dazu, die Region zu verlassen, um nach Kalifornien, insbesondere nach San Francisco, überzusiedeln.

Als Janis Joplin 1962 in Austin eintrifft, ist von der viel gerühmten Liberalität der Texaner im Allgemeinen und dieser Stadt im Besonderen nicht viel zu spüren. Die Situation auf dem Campus ist geradezu extrem polarisiert zwischen einer angepassten, konservativen Mehrheit und einer kleinen, rebellischen, äußerst aktiven Minderheit. Janis Joplin, so viel ist klar, wird nicht lange überlegen müssen, zu welcher Seite der Studentenschaft sie sich mehr hingezogen fühlt.

Die durch Traditionsbewusstsein und gesellschaftliche Exklusivität gekennzeichneten Studentenverbindungen haben eigene, sowohl offen als auch versteckt gehandelte Kleidungs- und Verhaltenscodes entwickelt, über deren Einhaltung die

»öffentliche Meinung«, ein reges System verschiedener Studentenzeitungen, ein strenges Regiment führt. So gilt vielen selbst das Tragen von Schnurrbärten als unanständig. Es wird berichtet, dass Absolventen mit Schnurrbärten nicht eingestellt werden oder ihnen gar die Kündigung droht, falls sie sich einen Bart zulegen. Studentinnen tragen Faltenröcke, hoch geschlossene Blusen, weiße Kniestrümpfe und Turmfrisuren, während bei den Studenten Anzüge und schwarze Wildlederschuhe zum guten Ton gehören. Austin in den sechziger Jahren ist wie ein Druckkessel, bei dem äußere Contenance und vorgebliche Intellektualität die psychischen und physischen Triebkräfte moralischer Repression nur mühsam im Zaum halten können.

»Ist es so erstaunlich«, fragt Klaus Harpprecht daher in seinem *Merian*-Artikel über Austin, »wenn sich die Spannung in dieser und jener verschatteten Seele bis zur Unerträglichkeit steigert?« Und dann berichtet er von einem Vorfall im August 1966, bei dem der Student Charles Whitman mit einem Schnellfeuergewehr auf den Turm der Universität stieg: »Der 25jährige Student, der den Namen des größten amerikanischen Lyrikers trug, wusste genau, was er tat. In der vorhergehenden Nacht hatte er seine Frau und seine Mutter getötet. Eine Notiz besagte, dass er die beiden Frauen nicht den Peinlichkeiten aussetzen wollte, die seiner Tat unvermeidlich folgen müssten. Er handelte nicht planlos. Er forderte eine Autopsie seiner Leiche. Neunzig Minuten lang schoss er vom Turm auf jedes Geschöpf, das ihm ins Visier geriet. Sechzehn Menschen verloren ihr Leben, einunddreißig wurden verwundet. Endlich drangen vier Polizisten und ein Zivilist zur Plattform des Turmes durch. Ein Schuss aus einer Schrotflinte beendete die Tragödie. Die Autopsie ergab, dass Whitman an einem Gehirntumor litt. Der Zugang zum obersten Stockwerk des Turmes ist seitdem aus Furcht vor Wiederholungstätern nur mit einer Genehmigung des Kanzlers gestattet.«

Das Zentrum der studentischen Subkultur von Austin befindet sich in den ehemaligen Armeebaracken in der Nueces Street 2812 1/2, kurz und bezeichnend »The Ghetto« benannt. Die Bewohner des Ghettos, von denen sich Janis sofort magisch angezogen fühlt, sind stadtbekannte Provokateure, deren Hauptziel darin besteht, die verlogen-spießige Oberfläche konformistischen studentischen Lebens mit aktionistischen Späßen zu unterlaufen. Die Ghetto-Leute malen daher vor allem Graffiti mit Fäkalausdrücken oder sexuellen Anspielungen an die Wände und ziehen in der Öffentlichkeit des Campus durch »unangemessene« Kleidung oder betont ungehobeltes Benehmen die feindselige Aufmerksamkeit der gar nicht so sehr schweigenden Mehrheit auf sich. In einem Land, in dem auch heute noch jedes »Fuck you« in einem MTV-Videoclip zu einem unbarmherzig übertönenden Piepser führt, wird gerade die Provokation auf dem Gebiet der Sexualität als ein unerhörter Angriff auf die persönliche Integrität betrachtet.

Das Ghetto, als »Epizentrum« der chaotisierenden Rebellion, ist natürlich häufiger Gegenstand polizeilicher Ermittlungen. Die öffentliche Ordnung vermutet – nicht ganz zu Unrecht –, dass Drogen eine gewisse Rolle spielen könnten, außerdem gibt es regelmäßig Probleme mit lauter Musik und ausschweifenden Partys. Politisch aktiv auf dem Campus ist jedoch weder die Mehrheitsfraktion der Konformisten noch die studentische Subkultur des Ghettos, die sich, der Beat-Tradition folgend, nicht als politische Gruppe empfindet. Dieser Sachverhalt erscheint aus heutiger Sicht erstaunlich, da die beginnenden sechziger Jahre eine hochpolitische Zeit darstellen, deren Hauptstichworte Kubakrise und Rassenkonflikte lauten.

*

1960 wird John F. Kennedy, der sich im Wahlkampf gegen Richard Nixon durchsetzen konnte, zum Präsidenten der Vereinigten Staaten gewählt. Entgegen seinem posthumen Ruf als Präsident der Bürgerrechte konzentriert sich Kennedy zunächst ganz auf die angesichts des Kubakonfliktes komplizierte außenpolitische Situation. Sein grundsäzliches Verhältnis zu Fragen der Innenpolitik bleibt während seiner kurzen, durch das Attentat von Dallas beendeten Amtszeit merkwürdig blass. Immerhin hatte er während des Wahlkampfes gegen die Verhaftung von Martin Luther King protestiert.

Seine aus der kritischen Weltlage resultierenden Entscheidungen hingegen folgen dem bekannten Muster: steigende Ausgaben in der Rüstungsindustrie, Ausbau der konventionellen Streitkräfte und Gründung von Spezialeinheiten. Letztere, die Green Berets, sollten im eskalierenden Vietnamkrieg zu berüchtigter Bedeutung gelangen.

Bei allem Anknüpfen bei seinen Vorgängern hinsichtlich der militärischen Stärke und der Dominanz der Außenpolitik liegen Kennedys Akzente jedoch ein wenig anders. Seine weltpolitischen Vorstellungen sind weniger vom Kolonialismus bestimmt, sondern eher vom Ideal der Freiheit und der Selbstbestimmung. Seine Politik besteht nicht allein in militärischer Präsenz, sondern auch in vergleichsweise generösen Wirtschaftshilfen.

In der zunehmend eskalierenden Frage der Rassentrennung bleiben die allgemein erwarteten politischen Konsequenzen jedoch weitgehend aus. Auch der reformorientierte Justizminister und Bruder des Präsidenten, Robert Kennnedy, hält sich nicht nur in Bezug auf Gesetzesinitiativen zurück, sondern fordert die Freedom Riders, die gemeinsame Busfahrten von Schwarzen und Weißen organisieren, sogar öffentlich zur Mäßigung auf. Auch gegen den reaktionären McCarthy-Anhänger und FBI-Chef, der die Polizei zu rigidem Durchgreifen aufstachelt und umfangreiche Dossiers über vermeintliche politische Dissidenten anlegen lässt, setzen sich die Kennedys nicht durch. Die innen- und außenpolitische Lage der USA hätte also genügend Themen zu bieten, die zumindest im studentischen Milieu Interesse und Widerstand hervorrufen könnten.

*

Janis Joplin kann zu ihrer eigenen Enttäuschung und zur Beruhigung ihrer Eltern, die sich in dieser Frage einem erneuten Konflikt gegenübersehen, nicht im Ghetto, der Zentrale der provokanten Uni-Außenseiter, wohnen, da die Universitätsverwaltung ihr, wie allen Studienanfängern, einen Platz im Wohnheim zuweist. Wie oft schließlich Janis tatsächlich im Mädchenwohnheim anzutreffen ist, ist nicht bekannt. Jedenfalls wird das Ghetto, die Partyzentrale der studentischen Subkultur und der Ort, an dem sie recht bald wichtige und gute Freunde findet, ihr zumindest heimlicher Lebensmittelpunkt. Offiziell allerdings wohnt sie während des knappen halben Jahres, das sie in Austin zubringt, in einem Apartment im Mädchenwohnheim, für das ihre Eltern auch die Miete bezahlen.

Im Unterschied zu den Kniestrümpfen, Lackschuhen und Faltenröcken, die Janis auf dem Campus vorfindet, bleibt sie ihrem Beatnikoutfit treu. Sie trägt viel Schwarz, außerdem Herrenoberhemden über Jeans statt Blusen und Röcke sowie als ihr persönliches Markenzeichen eine Bomberjacke mit nach außen gewendetem Lammfell, von der sie wegen der ständigen und schwülen texanischen Hitze die Ärmel abgerissen hat. Besondere Aufmerksamkeit erregt sie dadurch, dass sie in einem Umfeld, in dem selbst das Tragen von Sandalen ohne Strümpfe als ungehörig gilt, häufig barfuß geht. Absolut schockierend schließlich ist, daß sie unaussprechlicherweise gar auf das Tragen eines BHs verzichtet.

Wie schon zuvor in Port Arthur oder in Beaumont reagiert Janis Joplin auf die ihr entgegenschlagende Feindseligkeit polarisierend, so dass sie bald den Ruf hat, extrem streitsüchtig, »radikal« und »feindselig« zu sein. Ihr lautes, von einem ununterbrochenen Gebrauch des Wortes »Fucking« durchzogenes provokantes Auftreten und ihre aufreizenden Tanzbewegungen führen insbesondere bei ihren weiblichen Zeitgenossen zu geradezu aufgebrachten und wütenden Reaktionen. Diejenigen, die ihr unsympathisch sind, stößt sie rüde vor den Kopf, Angriffe gegen ihre Person erwidert sie mit Aggressivität. In ihrem näheren Umfeld zeigt sich jedoch, dass sie auch zu ganz anderen Empfindungen fähig ist. Im geschützten Raum ihrer Clique äußert sie zuweilen eine kindlich-naive Freude über die kleinen Dinge des Alltags, sie wirkt eher zurückhaltend und verlegen, fast möchte man sagen schüchtern. »Sie war sich selbst der größte Feind«, fasst Myra Friedman es zusammen. Wenn sie Widerstand spürt, legt sie einfach ihren »Leg-dich-nicht-mit-mir-an«-Panzer an.

Bereits am 27. Juli, also relativ kurz nach ihrer Ankunft in Austin, ist sie der Studentenzeitung *The Summer Texan* bereits einen Bericht wert. Unter dem Titel »Sie wagt es, anders zu sein!« erscheint ein Artikel, dessen Tenor eine Mischung aus ungläubigem Staunen und bewundernder Abscheu darstellt. »Sie geht barfuß, wenn ihr danach ist, trägt Levi's im Seminar, weil sie bequemer sind«, heißt es dort. »Ihr Name ist Janis Joplin, und sie sieht aus wie ein Mädchen, das ein Spießer einen Beatnik nennen würde. Sie macht sich nicht die Mühe, jede Woche zum Friseur zu gehen oder die neuesten Modefetzen zu tragen, und wenn sie Lust hat zu singen, dann singt sie mit einer vibrierenden Altstimme.« Im weiteren Verlauf des Artikels kommt die studentische Reporterin auch auf das Ghetto zu sprechen: »Das Kennwort im Ghetto ist ›hemmungslos‹. Wenn jemand nicht hemmungslos ist, ist er bescheuert. Wann immer jemand den Drang ver-

spürt, aufzustehen und einen kleinen Spontantanz hinzule-
gen, steht er auf und tut es. Und wenn er plötzlich Lust hat, ein
Stück moderne Kunst abzusondern, tut er das.« Nachdem sie
schließlich noch eine Reihe von anderen Verhaltensweisen
der Beats heraushebt wie die Tatsache, dass sie »stundenlang
Folkmusik« hören und sich den Freizeittätigkeiten der studentischen Mehrheit, dem Bowling oder dem Twisttanzen,
verweigern, zieht sie ein vielleicht etwas plumpes, aus ihrer
Sicht aber wohl treffendes Fazit: »Kurz gesagt, die große
Mehrheit der Studenten mit der Minderheit der Beatniks zu
vergleichen, hieße, einen großen Sack Kartoffeln mit einem
kleinen Sack Zwiebeln zu vergleichen. Die Zwiebeln mögen
ein wenig schärfer sein, aber dennoch sind es nur Zwiebeln.«

Janis Joplin wird in dem studentischen Artikel nicht nur als
aufmüpfige Studentin vorgestellt, sondern auch in ihrer
Eigenschaft als Folksängerin, die dabei ist, ihre Karriere zu
starten. Dabei wird der aus heutiger Sicht vielleicht etwas
überraschende Standpunkt deutlich, dass Folkmusik mit einer
antibürgerlichen Haltung verbunden sei.

Zwischen dem subkulturellen Milieu der Folkmusik und dem
in Texas omnipresenten Countrysound läuft eine dünne, aber
dennoch deutliche Trennlinie, die freilich gerade von der Seite
prominenter, eher der Gegenkultur verhafteten Folkbe-
rühmtheiten wie Joan Baez oder Bob Dylan zuweilen über-
sprungen wird. Zu Joan Baez hält Janis eine ziemliche Distanz,
grenzt sich geradezu überdeutlich von ihr ab, während Bob
Dylan zumindest in dieser Zeit zu ihren erklärten Vorbildern
und Idolen gehört.

Die Folkwelle begann im Jahre 1958 mit dem Hit *Tom Dooley*
des Kingston Trios und erfasste seitdem das ganze Land.
Odetta, Bob Dylan sowie Peter, Paul and Mary – alle im Übrigen durch Janis Joplins späteren Manager Albert Grossmann
betreut – haben für die Entwicklung der Folkmusik eine große

Bedeutung. Insbesondere Odetta dient Janis als Vorbild, durch deren Stimme und Stil wird sie maßgeblich beeinflusst. Hinzu kommt natürlich der Stil von Bessie Smith, durch den sie die lyrischen Folktöne mit der Farbe des Blues ergänzt.

Folk ist zu Beginn der sechziger Jahre nicht zuletzt durch Bob Dylan und Joan Baez zu einer national erfolgreichen Kategorie der Popularmusik geworden. Überall im Land entwickeln sich eigene Spielarten und Stilverbindungen zu anderen Genres, so dass die Folkmusikszene bereits bald ein sehr differenziertes Bild zeigt. In Country-Hochburgen wie Austin zum Beispiel ist der Trend zu beobachten, einen anspruchsvollen, bluesorientierteren, sich vom einfacheren Hillbilly absetzenden Stil zu kreieren.

Wie die Beatphilosophie und später die Hippie-Bewegung umfasst Folkmusik als gegengesellschaftliche Kulturerscheinung nicht nur die Elemente des Subversiven und Anarchischen, sondern zugleich auch Elemente, die im konservativen Amerika einen hohen Stellenwert haben. Naturverbundenheit, Patriotismus, die Geschichten und Lieder der einfachen Menschen in den Bergen sowie Distanz zu Hierarchien und Bürokratien kennzeichnen – durch Religion und Moral jedoch ideologisch fixiert – zum einen große Teile der Mehrheitsgesellschaft. Zugleich bilden diese »amerikanischen Tugenden« aber auch den Ausgangspunkt für die Lebenskonzepte der Gegenkultur. Zwischen dem viel beschworenen Pioniergeist des »Go West« und dem freien, auf Selbstimmung basierenden Leben der Beatniks und der Hippies besteht eine grundsätzliche Seelenverwandtschaft. Niemand verkörpert die Ambivalenz zwischen radikalem Eintreten für Bürgerrechte einerseits und Verwurzelung im reaktionären und rassistischen Ambiente der Country-Hochburg Nashville/Tennessee stärker als Joan Baez.

Mit zwei Freunden, dem Maler und Musiker Powell St. John und Lanny Wiggins, gründet Janis Joplin die Waller Creek

Boys. Aufschlussreich ist, dass Janis auch hier, wie seinerzeit in Bezug auf das »Port-Arthur-Quintett«, keine Probleme damit hat, zu den »Boys« gezählt zu werden. Zwar hatten sich die beiden Musiker den Namen schon zuvor gegeben, erst mit Janis Joplin als Sängerin erreicht die Gruppe jedoch ein eigenes stilistisches Profil und sehr schnell auch einen ziemlichen Bekanntheitsgrad in Austin. »Ich bin halt einer von den Jungs!« sagt Janis knapp und ganz ihrer Linie entsprechend, als man sie auf die männliche Dominanz im Namen der Band anspricht. In das Umfeld der Waller Creek Boys gehört im übrigen auch ein gewisser Travis Rivers, ein Mann, der mit der ungewöhnlichen Verbindung von Holzfällererscheinung und Intellektualität Janis nachhaltig fasziniert. Für Travis, der vor kurzem erst geheiratet hat, ist Janis Joplin die zweite Frau, mit der er überhaupt sexuellen Kontakt hat. Der One-Night-Stand, zu dem ihn Janis verführt, treibt ihn daher in erhebliche Gewissenbisse seiner Frau gegenüber. Janis fühlt sich durch sein Verhalten wiederum so missachtet und verletzt, dass sie lange Zeit nicht mehr mit Travis spricht. Ziemlich genau vier Jahre später wird eben dieser Travis Rivers noch eine äußerst wichtige Rolle spielen, und zwar im Zusammenhang mit der Entscheidung von Janis Joplin, Texas definitiv zu verlassen und ihre Karriere in San Francisco zu starten.

Während der gesamten Zeit, die Janis in Austin verbringt, bleibt das Trio zusammen. Mit Powell St. John hat sie eine kurze Sommeraffäre, es kommt danach aber nicht zu einer Trennung, vielmehr bleibt sie ihm auch in Zukunft freundschaftlich verbunden. Von ihm stammt der wunderschöne Song *Bye, Bye, Baby,* den Janis Joplin 1966 auf ihrer Debüt-Platte mit Big Brother & the Holding Company veröffentlichen wird.

Die Waller Creek Boys treten regelmäßig in verschiedenen Studentenclubs in Austin auf. Janis Joplin entfaltet nach und nach eine rege musikalische Tätigkeit, wobei sie erfinderisch ist, wenn es darum geht, Probleme zu lösen, die mit ihrer mangelnden musikalischen Vor- und Ausbildung zusammenhängen. Um sich auch selbst begleiten zu können, entdeckt sie für sich ein einfaches, aber funktionales Instrument der Volksmusik, die Autoharp. Es handelt sich dabei um eine griffbrettlose Akkordzither mit einer begrenzten Anzahl vorgegebener Harmonien, die mit einem Plektrum oder mit einer Schlagbewegung der Hand zum Klingen gebracht werden können. Dieses Instrument, das im 19. Jahrhundert in der europäischen Volksmusik verbreitet war und mit den Auswanderern den Weg nach Amerika fand, ist nicht solistisch einsetzbar, sondern hat lediglich die Funktion, eine Melodie harmonisch und rhythmisch zu stützen. Da keine Akkorde gegriffen werden müssen, ist die Autoharp deutlich leichter zu spielen als die Gitarre, so dass Janis Joplin, die über eine eher instinktive Musikalität verfügt, ohne großes Üben eine brauchbare Stütze ihres Gesangs erreichen kann. Janis liebt dieses Instrument, das sie überall mit hinnimmt und das in Austin neben ihrer Bomberjacke zu ihrem Markenzeichen wird. Später, als sie leidlich Gitarre spielen kann und auch wieder Klavierstunden nimmt, wird ihre Erinnerung an die Zeit in Austin immer mit der Autoharp verbunden bleiben. Janis' Umgang mit diesem eher für sanfte Klänge gebauten Musikinstrument ist, Berichten nach zu urteilen, recht robust. Zarte Töne sind ihre Sache nicht.

Die Zuwendung zur Musik, die plötzlich ganz von Janis Joplin Besitz zu ergreifen scheint, führt dazu, dass sie sich von der Malerei zunehmend abwendet. Später beschreibt sie diesen Vorgang als eine Art Coming-out: Sie habe sich durch die Musik »nach außen« gewandt, während die Malerei eher ein persönlicher, »innerer« Vorgang sei.

Der Erfolg von Janis Joplin und der Waller Creek Boys hängt maßgeblich mit einem Menschen zusammen, dem sie sich ihr Leben lang verbunden fühlt. Es ist Kenneth Threadgill, Bar-

93

besitzer, Countrymusik-Fan und zudem erster Besitzer einer Alkohollizenz nach der Aufhebung der Prohibition. Threadgill, der selbst einmal ein umtriebiger Countrysänger war, hat eine ehemalige Tankstelle zu einer Musikkneipe umfunktioniert und diese mittlerweile zum Mekka der Folkmusik in Austin gemacht. Das Ambiente ist einfach, es gibt keine Bühne und keine Musikanlage. Manche Musiker bringen ihre primitiven elektrischen Verstärker mit. Überwiegend jedoch wird die Country-und-Western-orientierte Musik »unplugged«, also rein akustisch, aufgeführt. Auch Janis und die Waller Creek Boys besitzen keine Verstärkeranlage. Hin und wieder tritt auch Threadgill selbst als Interpret von Country Songs auf, wenn ihn die anwesenden Studenten zur späten Stunde genügend bedrängt haben.

Janis gegenüber entwickelt Threadgill geradezu väterliche Gefühle. Er mag dieses ungepflegte, nicht unbedingt weibliche, melancholische und zugleich energiegeladene Mädchen, das zudem eine so überzeugende, starke Stimme hat. Die Musikszene, in der sich Janis Joplin bewegt, ist strikt weiß, und daher regiert hier die Countrymusik. Schwarze und deren Musik haben bei aller Sympathie, die Threadgill für die langhaarigen Beatniks und ihr anarchisches Lebenskonzept hat, in seinem Lokal nichts verloren, zumindest – soviel lässt sich sagen – sind keine Schwarzen zugegen. Es ist das Jahr 1960, und in der konsequent segregierten Stadt Austin wird die Existenz von schwarzen Amerikanern weder thematisiert noch gar problematisiert. Allein mit der Autoharp oder zusammen mit ihren beiden Partnern singt Janis Joplin hier vor allem Folk- und Countrytitel und wird so bald zum lokalen Star der Sessions am Mittwochabend. Gelegentlich »erlaubt« Threadgill, der zumindest kein offener Rassist ist, ihr auch, einen Blues zu singen.

Ein frühes Zeugnis ihrer Beschäftigung mit dem Blues ist der *Black Mountain Song*, der zwar nicht aus dieser Zeit, aber in einer Aufnahme aus dem Jahre 1965 erhalten ist, als Janis diesen Titel mit der Dick Oxtot Jazz Band aufnimmt. Nicht zuletzt wegen der mangelhaften Aufnahmetechnik erinnert diese Einspielung verblüffend an die große Bluesikone Bessie Smith: der nasale Ton, das vibrierende Volumen in der Stimme, alles klingt beinahe so, als sei die Aufnahme bereits in den zwanziger Jahren entstanden. Im Vergleich zu den späteren Aufnahmen von Janis Joplin fehlen die typischen geräuschhaften Brüche in der Stimme, der Song ist beinahe in einem einzigen Register gesungen, voller Tiefe und Leidenschaftlichkeit. Auch der Text behandelt bereits ein typisches Joplin-Thema. Es geht um gewalttätige Missachtung von Menschen, insbesondere von Frauen durch Männer.

Das Auftreten als Musikerin ist für Janis Joplin zu diesem Zeitpunkt noch durch Unsicherheit und Unklarheit über ihren künstlerischen Weg gekennzeichnet. Auffallend ist allerdings der ungeheure Ehrgeiz, mit dem sie etwas »Besonderes«, ja »die Beste« in ihrem Bereich werden will. Immer wieder betont sie, dass sie keinesfalls vorhabe, eine zweite Joan Baez zu werden.

Joan Baez, als »Muse des Folksongs« apostrophierte politische Agitatorin in der Bürger- und Friedensbewegung, veröffentlicht nach ihrem Sensationserfolg auf dem Newport Folk Festival 1960 ihr Debütalbum, das bald zur meistverkauften Folklore-LP in den USA avanciert. Ihre fundamentale Opposition gegen die amerikanische Politik – »in Amerika«, so sagt sie einmal »ist nur die Erdnussbutter in Ordnung« – führt sie wie ihren Mann, den Kriegsdienstverweigerer David Harris, sogar zeitweise in das Gefängnis. Ihr Verhältnis zu Bob Dylan, dessen Songs sie in ihren Auftritten bekannt macht, der sich später aber nie deutlich zu ihr bekennen wird, bleibt problematisch. Der Klang ihrer Stimme hat die sechziger Jahre geprägt, wenngleich immer wieder auch die allzu große Gleichförmigkeit ihrer Melodien kritisiert wird. Politische

Korrektheit, stilistische Gradlinigkeit, moralisches Gewissen der Popkultur, ein Leben ohne Drogen und Ausschweifungen sind Stichworte zum Charakter und zur Musik der Joan Baez. Aus der Aufzählung geht jedoch zugleich hervor, dass Janis Joplins Lebenskonzept und künstlerische Identität, bei aller Sympathie für die Ideale der Joan Baez, in eine andere Richtung weisen werden. Hinzu kommt ein anderer, weniger inhaltlicher Aspekt. Die Baez ist in ihrem spezifischen Folkstil, ihrer Musikalität und ihrem bereits vorhandenen Ruhm nicht mehr einzuholen. Und Janis will nicht Zweite sein, sie will an die Spitze. Das ausgeprägte Konkurrenzdenken, das im übrigen eher ihrer Mittelschichtssozialisation entspringt als einer vom Aussteigertum gekennzeichneten Beatphilosophie, richtet sich nicht nur gegen Joan Baez, den zwei Jahre älteren Star des Folk, sondern, wie mehrfach berichtet wird, mit äußerster Heftigkeit gegen alle musikalisch versierten und dazu noch gut aussehenden Konkurrentinnen in ihrer Umgebung.

Das Leben mit den Ghetto-Leuten ist schnell und exzessiv. Da die Szenen von Austin, Beaumont und Port Arthur vielfältig miteinander verbunden sind, spielen Partybesuche und Sauftouren nach Louisiana eine große Rolle. Auf einer dieser Fahrten zum Mardi Gras, dem Südstaatenkarneval in New Orleans, ereignet sich ein beklemmender und auch bezeichnender Vorfall. Janis Joplin wird unvermutet mitten in New Orleans in eine heftige Auseinandersetzung mit ihren Kumpels verwickelt, in deren Verlauf sie aus dem Auto geworfen wird, ohne jedoch ihre Geldbörse noch mitnehmen zu können. Alles Bitten und Fluchen ist zwecklos, sie bleibt sich selbst überlassen und muss sehen, wie sie den weiten Weg zurück nach Austin schafft. Travis Rivers ist es, der sie dort vom Busbahnhof abholt und fragt, wie sie es denn geschafft habe, ohne Geld ein Busticket zu bekommen. Janis Joplins Antwort ist glasklar und überzeugt Travis sofort: »Ich hab das gemacht, was jedes Mädchen tun würde. Ich hab zwei Nummern geschoben.« Möglicherweise ist auch diese Geschichte erfunden. Sie könnte jedoch auch wahr sein. Travis Rivers zumindest hat sie geglaubt.

In Austin beginnt Janis Joplin nicht nur, sich als Sängerin und Musikerin zu sehen und eine professionelle Karriere aufzubauen. Austin steht auch am Beginn ihrer ersten systematischen Drogenerfahrung. In Los Angeles und San Francisco hatte sie bereits Kontakt mit Halluzinogenen und möglicherweise sogar mit Heroin, jedoch ist der Umgang mit Drogen bis zum Sommer 1962 noch nicht Teil ihres alltäglichen Lebens geworden. Mit Alkohol, der im Unterschied zum Heroin ihr eigentliches und permanentes Drogenproblem darstellen wird, geht sie seit ihren regelmäßigen Touren »über den Fluss« nach Louisiana bereits regelmäßig und exzessiv um. Alkohol hat für Janis Joplin einen anderen Stellenwert als Speed und Heroin. Den Genuss und den gesellschaftlichen Stellenwert harter Drinks und insbesondere des Whiskys Marke Southern Comfort verbindet sie direkt mit einer Art »texanischer Outlaw-Kultur«, die mehr mit dem männlich besetzten Rollenklischee zu tun hat als mit Realitätsflucht oder gar psychedelischer Erfahrung.

Der Umgang mit halluzinogenen und aufputschenden Drogen ist zu Beginn der sechziger Jahre in Texas und in vielen anderen Bundesstaaten der USA von einer geradezu schizophrenen Situation gekennzeichnet. Während der Besitz und der Genuss von Marihuana streng verfolgt wird – für einen einzigen Joint hätte man bis zu zehn Jahre ins Gefängnis gehen können –, ist Peyote legal. Das unter dem botanischen Namen Lophophora williamsii bekannte Kakteengewächs ist in den Wüstengebieten von Texas bis Mittelmexiko heimisch. Die immergrüne Pflanze wächst staudenförmig bis über einen Meter hoch und hat einen charakteristischen viereckigen Stängel. In den Blättern der Pflanze ist ein Wirkstoff enthalten, der als Meskalin bekannt ist. Der Gebrauch von Peyote, das roh, gekocht als Mus oder als Tee verzehrt werden kann, geht auf die Aztekenkultur zurück. Seine Anwendung erzeugt vielfarbige Visionen sowie Veränderungen im Bereich des Gehör-, Geschmacks- und Tastsinns. Da die Peyotepflanze für etwa 20 Cents pro Pflanze überall zu haben ist, ist sie im studentischen Milieu von Austin außerordentlich populär. Dem Vernehmen nach hat sich Janis Joplin nicht sehr für das gängige Peyote interessiert, sondern – vielleicht allein durch den Reiz des Verbotenen provoziert – ausgerechnet das Rauchen von Marihuana im Ghetto eingeführt. Psychedelika interessieren sie jedoch nicht sehr, da Bewusstseinserweiterung oder Steigerung der Phantasie – Eigenschaften die in der Regel mit dem Konsum von Halluzinogenen verbunden werden – für sie nicht durch Drogen erfolgen, sondern in der kreativen Arbeit. Ihr »psychedelisches« Mittel sind ihre Musik und ihre Stimme. Drogen außerhalb des Alkohols haben für Janis Joplin nur zwei Funktionen: Sie sollen entweder aufputschen oder sedieren, manchmal auch beides.

Das Verhältnis der amerikanischen Öffentlichkeit zu Speed ist jedoch vollkommen anders. Diese Droge ist nicht nur legal, sie ist vielmehr zu Beginn der sechziger Jahre in den USA ein gesellschaftlich akzeptiertes Aufputschmittel. Speed, eine Kombination von Amphetamin und Methamphetamin, wird in der Regel als weißes Pulver angeboten und war in den dreißiger Jahren unter dem Handelsnamen Benzedrin als Asthmamittel bekannt geworden. Der Konsum von Speed führt zu einer Aktivierung von Atmung, Blutdruck und Puls und begünstigt gesteigerte Aufmerksamkeit, erhöhtes Selbstbewusstsein und ein Gefühl von Zufriedenheit. Auch als Appetitzügler ist seine Wirkung nachgewiesen.

Bei hoher Dosierung kommt es zu starkem Gewichtsverlust, Magenschmerzen und Herzrhythmusstörungen. Regelmäßig hoch dosierende Speedkonsumenten neigen zum Ausführen ständig wiederholter, sinnloser Tätigkeiten. Bei Janis Joplin, die bis zum Frühjahr 1965 fast ununterbrochen Speed einnimmt, äußert sich dies beispielsweise darin, daß sie stundenlang riesige Mengen von Glasperlen aufreiht. Speed erhöht die Aggressivität und hat durch die allgemeine Aktivierung der Körperfunktionen auch eine sexuell stimulierende Komponente. Die extremste Form des Speedkonsums ist die intravenöse Injektion. Speed führt jedoch nicht zu körperlicher Abhängigkeit. Nach dem Absetzen verstärken sich jedoch die unterdrückten Bedürfnisse wie extremes Schlafbedürfnis, Hunger, Depression und allgemeine Gereiztheit. In der Wirkung ist Speed dem Kokain ähnlich und wird daher häufig als Ersatzdroge dafür konsumiert. Besonders problematisch ist die nicht seltene Kombination von Speed mit Heroin, das als Komplementärdroge die erforderlichen Ruhezeiten unterstützen soll. Geraucht nennt man Speed auch »Ice«.

Die aufputschende und leistungssteigernde Wirkung dieser Droge begleitet gleichsam die von Geschwindigkeit, Speed, geprägte Zeit wirtschaftlichen Wachstums und steigenden Konkurrenzdrucks seit der Roosevelt-Ära. Im ungebremsten Glauben an die Möglichkeiten des wissenschaftlichen Fortschritts wird Speed unbedenklich zum kleinen und unverzichtbaren Helfer bei den vielen Problemen des täglichen Lebens. Ambivalent, wie die amerikanische Kultur nun einmal ist, wird Speed zugleich auch ein ideales Mittel der Beatniks, ihre kreativen Schübe zu optimieren. Von Jack Kerouac ist bekannt, dass seine nahezu manischen und automatisierten Schreibanfälle unter dem Einfluss annähernd toxischer Mengen von Kaffee und Speed entstanden. Auf diese Weise sollte eine experimentelle Literatur entstehen, die möglichst direkt aus dem inneren Erleben abgeleitet war und nicht durch rationale Kontrolle kanalisiert wurde. Insofern ist diese Droge einerseits Symptom der Leistungsbezogenheit der Mehrheitsgesellschaft, die Aufputschmittel benutzt, um besser mit den

psychischen und physischen Dauerbelastungen des Berufsle-
bens fertig werden zu können. Zum anderen wird ein Mittel,
das vorrangig zur Disziplinierung der Leistungsgesellschaft
herangezogen wird, zum Medium für eine möglichst hemmungslose und ungehinderte Erlebnisfähigkeit. Für Janis
Joplin hat Speed aufgrund ihrer Bewunderung von Kerouac
und Ginsberg die Faszination der »Beatdroge«. Rastlose Aktivität, kreativer Overkill, aggressive Lebenslust, naive Sorglo-
sigkeit und überdrehtes Selbstbewusstsein sind die Signale
eines Weges, der, so scheint es, fast zwangsläufig die Drogen
zum ständigen Begleiter werden lässt.

Auch Janis Joplins Verhältnis zur Sexualität erfährt in diesem
halben Jahr in Austin eine Zuspitzung. Die sexuellen Kontakte mit Männern und Frauen unterliegen einem häufigen
Wechsel, längere Liebesbeziehungen sind kaum zu verzeich-
nen. Neben der etwa zweiwöchigen Affäre mit dem Waller
Creek Boy Powell St. John hat sie zumindest zu einer Frau,
Julie Paul, eine intensivere Beziehung. Ansonsten ist Janis
Joplin so sehr in ihre Musik und in das Leben der Ghetto-Leute eingebunden, dass sie eine echte Liebesbeziehung wohl
auch nicht sucht.

Ein reges und freizügiges Sexualleben, Drogenerfahrungen,
Gründung einer Band und erste Erfolge als Folk- und Bluessängerin kennzeichnen die Austin-Zeit. Man vergisst darüber
beinahe, dass es auch die Studentin Janis Joplin gibt. Einge-
schrieben ist sie mit dem Hauptfach Kunst. Ihr Interesse an
den Lehrveranstaltungen nimmt jedoch schnell ab. Einige
ihrer ehemaligen Kommilitonen berichten allerdings, dass sie
bei ihren seltenen Besuchen in den Seminaren als engagierte,
brillant argumentierende und kritische Studentin auftritt.

Im Sommer 1962, etwa zu dem Zeitpunkt also als die Studentenzeitung *The Summer Texan* ihren Bericht über Janis Joplin
bringt, ereignet sich ein Vorfall, dessen genauer Hergang nicht
ganz einfach zu klären ist. Janis Joplin wird nämlich, so ist es

in jeder biografischen Notiz über sie zu lesen, zum»hässlichsten Mann des Campus« gewählt. Unstrittig an der Geschichte ist einzig, dass es einen solchen Wettbewerb gegeben hat. Seinen Ursprung hat er in einer Aktion der satirischen Studentenzeitung *Texas Ranger*, die im Umfeld der Ghetto-Leute angesiedelt ist und die offensichtlich ein parodistisches Pendant zu den vielen, durch die konservativen Studentenverbindungen getragenen Universitätswettbewerben hat, in denen es, wie einst in der Highschool, vor allem um soziale Anerkennung und Einübung in gesellschaftliche Rituale geht. Die eine Version der Geschichte geht dahin, dass sich Janis Joplin, in Erinnerung an ihre verletzenden Erfahrungen mit Wettbewerben an der Thomas-Jefferson-Highschool in Port Arthur, selbst nominiert hat, um den Nonsense-Charakter der Sache zu unterstreichen und um dabei selbst ihren Spaß zu haben. Diese Möglichkeit passt an sich gut zum derben satirischen Flair des Texas Rangers und natürlich auch zu den provozierenden Auftritten von Janis Joplin. Andere wiederum sagen, dass sie aus dem Gefühl persönlicher Rache heraus von einem Mitglied einer konservativen Studentenvereinigung nominiert worden sei. Wie auch immer es gewesen ist, vieles spricht dafür, dass Janis die Angelegenheit zunächst von der satirischen Seite nimmt, um so selbst ihren berüchtigten Ruf zu festigen. Sie merkt möglicherweise erst spät, dass die Aktion auch eine sie verletzende Komponente hat und sie daher unmerklich von einer Täter- in eine Opferrolle überwechselt. Janis Joplin hat diese Geschichte später häufig erwähnt, sie aber ausschließlich als gegen sich gerichtetes Symbol der kollektiven Ablehnung ihrer Person interpretiert. Dies entspricht jedoch möglicherweise mehr ihrer Neigung zur retrospektiven Mythisierung ihrer Biografie als der historischen Wahrheit.

Alice Echols geht sogar so weit zu behaupten, dass Janis Joplin diesen Wettbewerb überhaupt nicht »gewonnen« habe. Dass die Geschichte jedoch so hartnäckig als Wahrheit angenommen wird, liege nur daran, so Echols, dass Janis sie so oft erzählt habe. Zu welchem Schluss man auch immer kommen mag, die nicht eben glückliche Aktion hat ihre inneren Gefühle gegenüber dem konservativen Lager sicher verstärkt und sie möglicherweise mehr verletzt, als sie es in der konkreten Situation zugeben will. 1970 in der Dick-Cavett-Show sagt sie mit einem nachdenklichen Ton in der Stimme: »Ich wurde aus meinem Staat hinausgelacht.« Ob sich dieser Satz auf den Vorfall in Austin bezieht, bleibt unklar. Wenn sie die Wahl im Sommer 1962 tatsächlich selbst provoziert haben sollte, so ist doch anzunehmen, dass die unkontrollierte und ungeheure Häme, die der Studentenjux auslöste, sie zutiefst und nachhaltig schockierte.

In jedem Fall steht Ende des Jahres fest, dass sie Texas verlassen wird. Ihre Studieninteressen sind an einem Nullpunkt angekommen. Zudem hat sie als Folksängerin in der Enge von Austin, zwischen dem Campus und der Bar von Kenneth Threadgill, kaum eine Chance auf eine professionelle Karriere. Zufälligerweise trifft sie Chet Helms, einen ehemaligen Studenten der Universität von Austin, der jetzt in San Francisco lebt. Was er über die Szene in North Beach berichtet, interessiert Janis. Am 23. Januar trampen sie zusammen in die Stadt ihrer gemeinsamen Träume und Hoffnungen.

5. KAPITEL

Just A Little Bit Harder:
Flucht und Absturz

Chet Helms, Texaner wie Janis Joplin und ehemaliger Student der University of Texas in Austin ist ein schmaler, rotblonder Freak mit dem Ohr an der Szene und dem Gespür für neue Trends und Sounds. Obwohl selbst nicht ausübender Musiker, ist er als Insider der Musikszene, intellektueller Idealist und umtriebiger Organisator ein Mann der ersten Stunde, dem es gelingt, die produktiven Kräfte zu bündeln und Projekte anzuschieben. So versucht Chet Helms seit seiner Übersiedlung von Texas nach Nordkalifornien, eine musikalische Szene zu etablieren und sich selbst zugleich als Veranstalter und Manager ein Berufsfeld zu schaffen, für das es im Bereich der jungen Popularmusikszene – außer Stars wie dem berühmten New Yorker Musikagenten Albert Grossman –, kaum professionelle Vorbilder gibt. Chet Helms' Aktionsradius richtet sich nicht auf den Mainstream der vorherrschenden Country- und Folkszene oder des erfolgreichen Rock 'n' Roll, vielmehr versucht er, in den Relikten der absterbenden Beatkultur San Franciscos Ansätze für einen neuen Sound zu entdecken und zu formen. Da ihm das in Hinblick auf die Folkmusikszene experimentelle Ambiente von Austin vertraut ist, hegt er, als er im Winter 1962 dorthin zurückkehrt, die Hoffnung, interessante Musiker zu entdecken und diese für eine Auffrischung des stagnierenden Musikbetriebs in San Francisco gewinnen zu können. Janis Joplin, die er mit ihrer wilden Mischung aus Blues, Country und Folkmusik in Threadgills Bar erlebt, entspricht daher genau den Erwartungen, die Helms hat. Er ist sofort davon überzeugt, dass es ihm nicht zuletzt durch sie gelingen wird, in San Francisco einen neuen Stil zu etablieren. Tatsächlich wird Chet Helms maßgeblich mit dafür verantwortlich sein, dass die Stadt am Golden Gate im Laufe der sechziger Jahre zu einem der wichtigsten internationalen Zentren der Popmusik werden wird.

Den erfolgreichen Aufstieg in die Musikszene San Franciscos, den er in den kommenden Jahren vollziehen wird, und konsequenterweise auch seinen späteren Rückzug aus dem Geschäft, verdankt Chet Helms nicht zuletzt seiner Fähigkeit zur Empathie. Stets versteht er sich eher als Teil der Projekte und Bands, die er fördert und betreut, weniger wichtig erscheint ihm dabei der kommerzielle Erfolg. Er genießt daher, ganz anders als sein Gegenpart Bill Graham, die andere Größe im aufstrebenden Geschäft mit der Rockmusik in San Francisco, das Vertrauen der Szene, die sich gegenüber dem Profitdenken der Musikbranche, wie es sich etwa in den Zentren Los Angeles oder New York etabliert hat, skeptisch bis ablehnend verhält. Gleichwohl verdankt Chet Helms seine Erfolge in San Francisco ab etwa 1964 ebenjenem Musikveranstalter und Produzenten Bill Graham und dessen Fillmore Club. Hier organisiert er an alternierenden Wochenden Veranstaltungen mit seinen Entdeckungen. Da Graham jedoch die Konkurrenz im eigenen Haus nicht länger unterstützen will und es zum Bruch zwischen den beiden kommt, eröffnete Chet mit dem Avalon Ballroom schließlich seinen eigenen Club.

Janis Joplin hat, auch in Zeiten ihres großen Erfolges, stets die qualitativen Unterschiede zwischen Helms und Graham betont. »Ins Avalon geht man wegen der Musik, ins Fillmore, um einen Matrosen abzuschleppen«, sagt sie einmal. Größere Gegensätze als zwischen dem streitbaren und autoritären Graham und dem vermittelnden, verständnisvollen und sanften Helms sind kaum vorzustellen. So ist es auch nicht verwunderlich, dass Janis Joplin mit Graham, auf den sie gleichwohl in San Francisco angewiesen ist, immer wieder in Konflikt gerät. Eines Tages wird sie sogar von ihm handgreiflich aus dem Fillmore hinausgeworfen. Dieser Vorfall ereignete sich immerhin nach Janis' fulminantem Erfolg in Monterey, also zu einem Zeitpunkt, als Janis Joplin zumindest in der regionalen Szene bereits ein wirklicher Star war. Graham stellt jenen Typ des frauenbeherrschenden Machos dar, mit denen Janis ständig im Konflikt liegt, während Helms als verständnisvoller Freund und Partner auftritt, der stets ein offenes Ohr für Sorgen und Nöte hat und zudem auch in künstlerischer Hinsicht ein kompetenter Berater ist. Sam Andrew, Gitarrist und langjähriger musikalischer Partner von Janis Joplin bei Big Brother & the Holding Company und in der Kozmic Blues Band hat mit dem auf der LP *Cheap Thrills* veröffentlichten Song *Combination of the Two* den beiden wohl wichtigsten Persönlichkeiten in der Musikszene von San Francisco der frühen sechziger Jahre ein musikalisches Denkmal gesetzt: die »Kombination der Zwei« ist nicht mehr und nicht weniger als die Dialektik des San Francisco Sounds, Helms und Graham verkörpern gleichsam idealtypisch die Extreme von Spiritualität und Geschäftssinn.

Mit dem massiven Einzug des Big Business in die Szene der Bay Area am Ende des Summers of Love stehen Charaktere wie Chet Helms zunehmend auf verlorenem Posten. Heute ist Helms, der sich immerhin einige Rechte aus seiner Zeit mit den San Francisco Bands sichern konnte, ein erfolgreicher Galerist, der sich gelegentlich auch wieder in der Musikpromotion betätigt.

*

Von alledem ist am 23. Januar 1963, als Chet Helms und Janis Joplin sich als trampendes Paar auf den Weg nach San Francisco machen, noch nichts zu spüren. Chet hat Janis erzählt, dass die Beatzeit in dieser Stadt nun endgültig der Vergangenheit angehört, dass es aber zugleich auch vielversprechende Ansätze dafür gibt, etwas Neues entstehen zu lassen. Das idyllische Bild zweier Freaks, die nach Westen trampen, die moralische Enge, den Druck der Familie und die künstlerische Begrenztheit Austins hinter sich lassend, beherrscht die Gefühle von Janis Joplin. Weniger ausgeprägt sind Vorstellungen darüber, wie und womit sich das Leben dort am Golden Gate konkret gestalten soll.

Auf der ganzen Reise erlebt Chet seine Lebensgefährtin als sehr weiblich und anlehnungsbedürftig. Jetzt, wo sie allein mit ihm unterwegs ist, zeigt sie nicht eine Spur des harten und verletzenden Macho-Verhaltens, für das sie in Austin so bekannt war. Der einzige Zwischenfall, den das Paar auf seiner romantischen Reise über Amarillo, Albuquerque, Phoenix und Los Angeles nach San Francisco erlebt, passiert bei Chets Eltern in Fort Worth, der ersten Station auf der Reise. Die abstinent und zurückgezogen lebende Lehrerfamilie Helms ist von Janis' ungepflegtem Äußeren – den Blue Jeans, der Bluse mit den abgerissenen Knöpfen, unter der sie noch nicht einmal einen BH trägt – und ihrer ungezügelten, mit Flüchen durchsetzen Sprache so schockiert, dass sie dem Paar eine gemeinsame Übernachtung verweigert. Die beiden lassen sich durch Chets Bruder an den nächsten Highway bringen und müssen dort erfreulicherweise nicht lange warten, bis sie ihre Reise fortsetzen können.

Der erste Eindruck von Janis Joplin nach der Ankunft in San Francisco ist zwiespältig. Dort, wo einst das alternative Leben getobt hatte, beschwören allenfalls noch ein paar Stadtführer in den Touristenbussen die legendäre Zeit der Beatniks von North Beach. Statt Musikcafés und Szenelokalen bilden nun eher Oben-Ohne-Bars und Pornokinos die Attraktionen. Gleichwohl ist Janis sofort fasziniert vom lockeren und, wie es scheint, vorurteilslosen Umgang der Menschen miteinander. Insbesondere in Fragen der Rassentrennung erlebt sie eine im Vergleich zu Texas liberale und tolerante Atmosphäre. War ihr lockerer Umgang mit Menschen schwarzer Hautfarbe in Port Arthur eher provokant, manchmal vielleicht sogar gefährlich, so kann sie in San Francisco zumindest in dieser Hinsicht ein echter Beatnik sein und an ihre Erfahrungen aus der Zeit in Venice/Los Angeles anknüpfen. Janis hatte sich bereits in Texas als »ersten weiß-schwarzen Menschen« bezeichnet, wobei sie sich dabei in erster Linie auf ihre musikalischen Erfahrungen im Bluesmilieu bezieht. Sie empfindet jedoch ebenso eine generelle, emphatische Identifikation mit den Lebensbedingungen und den historischen Wurzeln der schwarzen Bevölkerung. Janis Joplins Antirassimus ist eher emotional und persönlich, weniger politisch motiviert. Ihre Angehörigen und ihr soziales Umfeld in Port Arthur konnte sie schon dadurch schockieren, dass sie sich angeregt mit Schwarzen unterhielt oder gar mit ihnen zusammen im Bus saß.

Probleme wie Wohnen und Essen löst Janis sehr pragmatisch. Chet Helms, der die lokale Szene natürlich bestens kennt und mit dem sie eine Zeit lang glücklich zusammenlebt, führt sie in verschiedenen Kneipen ein, um sie bekannt zu machen. Tatsächlich gelingt es Janis auch, in kuriosen Lokalen wie dem

Coffee and Confusion oder dem Anxious Asp – was wohl so viel heißen könnte wie »Zitternde Espe« oder »Furchtsame Natter« – als Straßen- und Kneipenmusikerin erfolgreich zu sein. Ein Lokal, das fast zu einer Art ständigem Wohnort von Janis Joplin wird, ist die *Coffee Gallery*. Hier lernt sie auch zwei Frauen kennen, die auf unterschiedliche Weise große Bedeutung in ihrem Leben haben werden. Es ist dies zunächst Pat Nichols, in der Szene unter dem Namen »Sunshine« bekannt, die in der Coffee Gallery bedient und die sich schnell mit Janis anfreundet. Die beiden verbringen sehr viel Zeit miteinander, teilen nicht nur Gespräche, sondern bilden bald eine ständig den Konsum steigernde Drogengemeinschaft. Janis und »Sunshine« verschmelzen zu einer Schicksalsgemeinschaft, die bis zu Janis Joplins Tod reichen wird.

Die andere Frau, die Janis in der Coffee Gallery kennenlernt, ist Linda Gottfried. Mit Linda Gottfried, Tochter einer jüdischen Emigrantenfamilie aus Osteuropa, fühlt sich Janis sofort seelenverwandt. Linda leidet, ähnlich wie Janis, unter der moralischen und kulturellen Enge ihrer Familie, die sich in der Nähe von Los Angeles niedergelassen hat. In Linda Gottfrieds Familie, die knapp dem Holocaust entgangen war, herrscht ein drückendes Gefühl der Depression und der Fremdheit, das sich auf beklemmende Weise in der jungen Frau niedergeschlagen hat. Einsamkeit und das Gefühl, nicht dazuzugehören, sind Kindheitserfahrungen von Linda Gottfried, die denen von Janis Joplin sehr ähnlich sind.

Die Begeisterung, die Janis in der kleinen Szene auslöst, ist impulsiv und fulminant. Angeregt durch den Erfolg ihrer meist spontanen Gesangsdarbietungen, beginnt sie sich nun systematisch mit der Musik von Leadbelly, Billie Holliday und Bessie Smith zu beschäftigen. Sonntags besucht sie regelmäßig schwarze Gottesdienste, um die faszinierende Show des Black Gospel zu studieren. Begleitet wird sie dabei häufig von Linda Gottfried, die sich in ihrem Bewusstsein als Emigrantin den Emotionen der Schwarzen nahe fühlt.

Wie ein Schwamm saugt Janis Joplin das musikalische Leben San Franciscos auf und verfügt schon bald über ein regelrechtes Repertoire musikalischer Kenntnisse und Erfahrungen. Die Kunde von dem Beatnik aus Texas mit der ungewöhnlichen Stimme und dem merkwürdigen Stilmix aus Folk und Blues spricht sich schnell herum. Linda Gottfried berichtet, dass andere Sängerinnen nun häufiger sogar resigniert die Lokale verlassen, in denen Janis Joplin auftaucht. Recht bald tritt sie übrigens mit Peter Albin und James Gurley auf, den maßgeblichen Gründungsmitgliedern der Band, die ein gutes Jahr später auf Anregung von Chet Helms unter dem Namen Big Brother & the Holding Company entstehen sollte. Zunächst funkt es jedoch noch nicht zwischen den musikalischen Zufallspartnern, und zwar nicht zuletzt deswegen, weil Janis als Frau den beiden smarten Jungs wenig attraktiv erscheint. Sie ist nach deren Einschätzung ein bisschen zu füllig und außerdem von Aknepickeln übersät. In ihrem weiten, häufig aufgeknöpften Männerhemd wirkt sie derb und abweisend. Janis Joplin ist keine Frau, auf die man sich so ohne weiteres einlassen möchte.

Es ist übrigens nicht die Musik allein, mit der Janis Joplin ihren Lebensunterhalt verdient. Den anarchistischen Maximen ihrer Beat-Philosophie entsprechend hat sie keine Probleme damit, Ladendiebstähle zu begehen – was sie im Übrigen auch in Austin hin und wieder getan hatte. Am 2. Februar 1962 wird sie jedoch erwischt und landet für kurze Zeit im Gefängnis. Fast hat man das Gefühl, Janis habe es auf die Verhaftung angelegt, denn Ladendiebstahl ist gewissermaßen eine Art »Ehrendelikt« der Beatszene. »Jeder von uns hat mal bei Safeway ein Steak geklaut«, sagt Chet Helms später. Von Chet trennen sich im übrigen ihre Wege zu Beginn des Frühjahrs. Offensichtlich fühlt sie sich von ihm, der sie zumindest

zeitweise als »seine Freundin« betrachtet, zu stark eingeengt. Zugleich ist es ebenso gut möglich, dass Chet Helms
wegen ihrer lesbischen Affären ein wenig auf Distanz geht.
Ihre freundschaftlichen und kollegialen Gefühle füreinander
bleiben durch die Beendigung der Beziehung jedoch unbe-
rührt.

Schon in Venice und später in Austin hatte Janis Joplin Erfahrungen mit Speed gesammelt. Da das Aufputschmittel weiterhin frei erhältlich ist und zudem nicht zuletzt durch Timothy
Learys Drogenforschung an der Harvard-Universität allgemein
als kreativitätssteigernd gilt, ist für Janis die Einnahme von
Speed keine Sache, die es zu hinterfragen gilt. Der unerschüt-
terliche Glaube an den wissenschaftlichen Fortschritt, der ja
nicht nur Janis Joplin innewohnt, sondern der für das gesamte
Weltbild der fünfziger und sechziger Jahre gilt, ist so prägend,
dass selbst die Intensivierung der Speedeinnahme durch intravenöse Injektion allenfalls als ein wenig übersteigert gilt.
Keineswegs jedoch gibt es zu diesem Zeitpunkt eine ernsthafte
Diskussion über die gesundheitliche Gefährdung durch Speed.
Durch Gewöhnung an den regelmäßigen Konsum rutscht
Janis schleichend, aber deutlich in eine Drogenfalle, die sich
dadurch allmählich zur unausweichlichen Katastrophe zu-
spitzen wird, dass sie ihren steigenden Speedkonsum mit dem
Genuss immer größerer Mengen hochprozentiger Alkoholika
verbindet. Mag sein, dass sie ihre Ängste vor den Auftritten
und vor dem möglichen Versagen ihrer spontanen Kreativität
zu den Drogen treibt. Zu einem grossen Teil ist in dieser
Zeit bei ihr wie bei vielen anderen der unmäßige Genuss von
Aufputschmitteln und Alkohol jedoch nichts anderes als die
Kehrseite einer zugleich leistungsorientierten und repressiven
Gesellschaft. Allgemeine Unsicherheit vor Abweichungen von
der schmalen Spur der »Normalität« wird als Gefahr betrachtet, aus der die kleinen chemischen Wohltäter leicht heraus-
helfen können. Unbemerkt bleibt dabei, dass die kurzfristige

Hilfe nur allzu oft in ein viel größeres psychisches und physisches Desaster führt.

Die künstlerische Entwicklung von Janis Joplin im Jahre 1963 ist zweifellos beachtlich. Dennoch ist die Zeit noch nicht reif dafür, dass sie sich wirklich durchsetzen kann. Der von Chet Helms und anderen erhoffte »San-Francisco-Sound« ist noch nicht in Sicht, und so bewegt sich der allgemeine Trend dieser Zeit noch stark im Folkstil von Joan Baez oder des noch ganz stilreinen, nicht elektrifizierten Bob Dylan. Auch Janis' Entwicklung in Richtung auf eine eigenständige künstlerische Identität hat noch etwas Zufälliges und Suchendes, obwohl dieser Prozess, wie man ihren vielfältigen Aktivitäten entnehmen kann, keineswegs völlig planlos verläuft. Hinzu kommen eine Reihe unglücklicher Umstände, die mit ihrem zeitweise desolaten psychischen und physischen Zustand und ungünstigen äußeren Bedingungen und Ereignissen zusammenhängen.

Im Sommer des Jahres 1963 nimmt Janis Joplin am Monterey Folk Festival teil. Allerdings tritt sie nicht im Hauptprogramm auf, als Nachwuchssängerin wird ihr ein Platz im Rahmenprogramm auf einer Nebenbühne zugewiesen. Gleichwohl erreicht sie eine erstaunlich hohe Aufmerksamkeit, so dass die renommierte Plattenfirma RCA Victor aus Los Angeles auf sie zukommt und erwägt, mit ihr einen Plattenvertrag abzuschließen. Dazu kommt es allerdings nicht, da Janis unter dem Einfluss großer Mengen Alkohol von ihrer Vespa stürzt und sich erhebliche Beinverletzungen zuzieht. Während Janis noch in Behandlung ist und sich allmählich von dem Unfall erholt, hat der Agent der Plattenfirma jedoch bereits das Interesse verloren und sich schon wieder anderen Projekten zugewandt. Zu etwa der gleichen Zeit wird sie auf dem Nachhauseweg von einer offensichlich unter Speed stehenden Bande junger Männer überfallen und brutal sexuell missbraucht. Janis Joplin nimmt dies zumindest äußerlich gelassen hin. Fast scheint es, ihr ist die Opferrolle so vertraut, dass sie auch jetzt im Alter von zwanzig Jahren sofort in die äußerliche harte Abwehrhaltung verfällt, die sie aus ihrer Jugendzeit kennt.

Janis Joplin empfindet sich offensichtlich immer noch so stark in der Rolle des aus dem bürgerlichen Leben ausgestiegenen Beatniks, dass sie sich trotz steigenden Erfolgs als Sängerin nicht um eine Karriere kümmert. Auftritte sagt sie kurzfristig ab, wenn sie zu sehr damit beschäftigt ist, Partys zu feiern. Janis genießt das Leben »on the road«, freut sich, trotz herber Erlebnisse und Rückschläge darüber, dass sie in einem Umfeld lebt, in dem sie toleriert und verstanden wird. Sie hat Freundinnen und Freunde, ein leidliches Auskommen und verschwendet weder einen Gedanken an ihre Zukunftsplanung noch an die politischen Erosionen, die Amerika allmählich erschüttern.

*

Trotz der Gewichtigkeit der außenpolitischen Themen, den Atomteststopps und der sich abzeichnenden Ostasienkrise, richtet sich die Aufmerksamkeit der Öffentlichkeit um das Jahr 1963 eher auf die innenpolitische Situation und dabei insbesondere auf die Rassenfrage. Dr. Martin Luther King, seit dem Montgomery-Streik 1955 unübersehbar an der Spitze der schwarzen Bürgerrechtsbewegung, initiiert eine Reihe von gewaltlosen Protesten. Seine erneute Verhaftung in Birmingham, Alabama, ruft ein ungeheures Medieninteresse hervor und führt schließlich zu Massendemonstrationen im ganzen Land, an denen sich insgesamt 75 000 Menschen beteiligen. Im Konflikt zwischen der antirassistischen Politik der Bundesregierung einerseits und dem konservativen Gouverneur von Alabama George Wallace andererseits unterbreitet John F. Kennedy schließlich eine Gesetzesinitiative zum Verbot der Rassentrennung in öffentlichen Gebäuden.

Den Höhepunkt der Mobilisierung in der Rassenfrage bildet schließlich im August 1963 der Marsch auf Washington, an dem sich nicht weniger als 250 000 Protestierende beteiligen und den Martin Luther King mit seiner berühmten »I have a dream«-Rede krönt. Während King an Gewaltlosigkeit glaubt und für Versöhnung plädiert, zeichnet sich zugleich ab, dass nicht alle Schwarzen diesen Weg gehen wollen oder können. Malcolm X – der mit dem Buchstaben X die Verweigerung des Namens seiner ehemaligen Sklavenherren ausdrückt und damit zugleich auf seine abgeschlagene afrikanische Wurzel verweist – geht über die Forderung nach bloßer legaler Gleichstellung hinaus und fordert auch soziale und wirtschaftliche Gleichberechtigung. Der daraus entstehende Kern der Black-Power-Bewegung führt im Jahre 1966 zur Gründung der Black Panthers und der Black Muslims, die Ende der sechziger Jahre bereits 50 000 Mitglieder zählen. Mit der Polarisierung zwischen dem gemäßigten und gewaltfreien Flügel einerseits und der militanten Black-Power-Bewegung andererseits gefährdet die Bewegung auch die positive Resonanz der Bürgerrechtler in der weißen Mehrheitsbevölkerung. Die Sympathien für die Forderungen der schwarzen Amerikaner reichen allenfalls bis zur Akzeptanz einer prinzipiellen legalen Gleichstellung. Die Zubilligung einer wirtschaftlichen, sozialen oder kulturellen Integration oder gar Autonomie, wie dies von den Black Panthers gefordert wird, ist damit nicht verbunden.

Das explosive Jahr 1963 findet seinen dramatischen Höhepunkt am 22. November mit der Ermordung John F. Kennedys in Dallas/Texas, einer Hochburg ultrakonservativer Aktivisten. Das Reformwerk Kennedys bleibt dadurch ein Torso, der allerdings durch das behutsame und beständige Bemühen des Kennedy-Nachfolgers und Texaners Lyndon B. Johnson fortgesetzt wird. Umfangreiche Gesetzesvorhaben zur Gleichstellung schwarzer Bürgerinnen und Bürger werden verabschiedet. Es folgen Reformen im Gesundheitswesen, in der Sozialversicherung und im Bildungswesen. Innerhalb eines Jahres bringt Johnson mehr Gesetzesvorlagen durch als Kennedy in drei Jahren. Sein Wahlsieg gegen den konservativen Barry Goldwater, der die weißen Südstaatler hofiert, ist daher fulminant. Der Präsident hat die Vision einer »Great Society«, die an Roosevelts New Deal anknüpfen und zugleich die Bürgerrechtsbewegung in das Reformwerk integrieren soll.

Das verheißungsvolle Programm scheitert schließlich am Vietnamkrieg, der Johnson immer mehr in die Defensive zwingt. Für die ehrgeizigen Sozialprogramme wird ihm aufgrund der massiven Kosten, die das militärische Engagement der USA erfordert, vom zunehmend kritischer eingestellten Kongress immer weniger Geld bewilligt. Zugleich radikalisiert sich neben der Bürgerrechtsbewegung ab 1965 auch die Friedensbewegung, die den Widerspruch zwischen den Friedensbeschwörungen des Präsidenten und der unglaublichen Brutalität des Krieges in Fernost nicht mehr akzeptiert. Für die zweite Hälfte der sechziger Jahre bedeutet dies, dass sich die einstigen Anhänger des Demokraten Johnson immer stärker von ihrem Leitbild abwenden und zu den Republikanern überlaufen. Die »Great Society« ist im Strudel der außen- und innenpolitischen Verwicklungen nur noch schemenhaft zu erkennen. Statt dessen macht sich unter der Führung des Kennedy-Antipoden George Wallace ein rechter Populismus breit, der ungeniert behauptet, eine Ausweitung des Bürgerrechtsprogramms führe zu mehr Kriminalität. Im Fahrwasser der pauschalisierenden und wahllosen Attacken gegen Intellektuelle und gegen die Bundesregierung, gegen Kommunisten, Liberale, Atheisten und Studenten gewinnen auch religiöse Erneuerungsbewegungen mit radikal-moralischen Programmen große Bedeutung.

Im Wechselbad zwischen den Reformversuchen, dem Vietnamkrieg und innenpolitischen Niederlagen eskaliert die innere Situation in den USA schließlich immer mehr. Krawalle in Los Angeles fordern 1965 vierundzwanzig Tote und Tausende von Verletzten. Die von Johnson eingesetzten Untersuchungskommissionen fördern zutage, was viele bereits seit langem vermuteten: Ein nicht geringer Teil des Gewaltpotenzials stammt direkt aus den Reihen der Polizei.

Mit Hilfe des Obersten Gerichtshofes erkämpft die Bürgerrechtsbewegung bis zum Ende der sechziger Jahre große Siege. So schafft etwa ein Drittel der Schulen des Südens bis 1970 die volle Integration. Zum ersten Mal werden Schwarze in hohe politische Ämter gewählt, es gibt schwarze Senatsmitglieder und in Cleveland wird ein Schwarzer sogar erstmals zum Bürgermeister einer Großstadt gewählt. Zugleich wird die Forderung nach Aufhebung der Rassentrennung auf wirtschaftlichem und sozialem Gebiet immer stärker artikuliert. Die Bürgerrechtsbewegung hat gesiegt und zugleich die amerikanische Bevölkerung erneut polarisiert. Ab jetzt ist immer häufiger von der »umgekehrten Diskriminierung« der Weißen durch die Schwarzen die Rede.

Die ab 1963 einsetzende Umbruchsituation hat in den folgenden Jahren auch andere wichtige Schauplätze. Betty Friedan veröffentlicht ihre feministische Schrift »Feminine Mystique« (»Der Weiblichkeitswahn«) und der militante Verbraucheranwalt Ralph Nader kämpft für die Umsetzung des Prinzips der Produkthaftung. Auch Umweltbewegung und Anti-Raucher-Kampagnen haben ihre Ursprünge in den frühen sechziger Jahren.

*

Während sich die Welt außerhalb der Cafés und Kneipen San Franciscos um die Bürgerrechtsbewegung und die Folgen des nuklearen Wettrüstens dreht, sucht Janis Joplin händeringend nach einem Gitarrenbegleiter für ihre immer zahlreicher werdenden Auftritte. Mit der Autoharp kam sie zwar im studentischen Milieu von Austin ganz gut zurecht. In der professionelleren Musikszene San Franciscos jedoch hat sie mit dem merkwürdigen Relikt aus der Volksmusik kaum eine Chance, ernst genommen zu werden. Außerdem eignet sich der begrenzte harmonische und klangliche Rahmen der Autoharp nicht für differenziertere melodische Floskeln, wie sie für Bluesnummern notwendig sind. Gitarristen gibt es in der Stadt in der Tat genug, nur ist kaum einer bereit, als ständiger musikalischer Begleiter von Janis Joplin aufzutreten. Kaum jemand will sich auf die Funktion des Mannes im Hintergrund beschränkt sehen. Andere fühlen sich durch Janis' wenig »weibliches« Benehmen und ihre permanente »Fuck off«-Tonlage abgeschreckt. Janis Joplin besinnt sich daher auf die wenigen Akkorde, die sie in der Bar von Threadgill aufgeschnappt hatte, und lernt nun autodidaktisch Gitarre zu spielen. Sie übt mit der ihr eigenen Beharrlichkeit, betrachtet das Instrument, wie ihre Autoharp, aber lediglich als reines Arbeitsutensil. Eine Meisterin auf der akustischen Gitarre will und wird sie nicht werden.

Ungeklärt sind die näheren Umstände eines kurzen Trips nach New York am Ende des Jahres 1963. Es handelt sich immerhin um eine weite und nicht gerade eben billige Reise, so dass sich die Frage erhebt, ob sie wie ihre Beatnikvorbilder einfach getrampt ist, oder ob sie den vergleichsweise kostspieligen Greyhoundbus genommen hat. Wir nehmen einmal an, dass sie eventuell mit wechselnden Reisegefährten auf eigene Faust losgefahren ist. Der Weg von San Francisco nach New York war ja durch Jack Kerouacs *On the road* gewissermaßen »beattouristisch« erschlossen, und so kann man sich gut vorstellen, dass sie sich mit der Beatnikbibel im Rucksack und einer Reihe von Adressen für Anlaufstellen auf die Reise begibt. Warum will sie nach New York? Vielleicht will sie, wie vor etwas mehr als einem Jahr in Venice, zur Geburtsstätte der

Beats pilgern, um in Greenwich Village etwas von dem zu finden, was in San Francisco bereits stark verblasst ist.

Während der Rückreise aus New York fährt sie nach Port Arthur, um ihre Familie wieder zu sehen und um Freunde zu treffen. Viele von ihnen haben bereits den Weg in ein bürgerliches Leben eingeschlagen, sind verheiratet oder engagieren sich in örtlichen Vereinen, Verbänden und sozialen Einrichtungen. Das bürgerliche Leben hat von den meisten Menschen aus ihrer alten Umgebung Besitz genommen, so dass mit wilden Partys oder Sauftouren »über den Fluss« nicht mehr zu rechnen ist. Nach dem Weihnachtsfest im Kreis der Familie drängt es sie daher schnell, Port Arthur wieder zu verlassen. Ihre Schwester Laura zieht in ihrem Buch ein Fazit über das Jahr 1963, das mehr über ihre eigene Traurigkeit verrät als über die Gefühle ihrer Schwester: »Janis pendelte zwischen Venice, San Francisco und New York. Sie hatte männliche und weibliche Geliebte, und ihr Leben war offensichtlich davon bestimmt, ihre künstlerische Ausdrucksfähigkeit weiter zu entwickeln. Ich frage mich, wie sie sich fühlte, als sie nach Hause kam. Die meisten Frauen, die sie in Port Arthur kannte, waren keine Vorbilder für sie, nicht mal mehr Freundinnen oder Vertraute. Oft waren sie nur Anhängsel des wahren Mittelpunktes der Gruppe, der Männer mit ihrem jovialen und intellektuellen Gerede.«

Wo und wie Janis Joplin in der ersten Hälfte des Jahres 1964 lebt, ist aus dem biografischen Material nicht eindeutig zu ersehen. Vieles spricht dafür, dass sie relativ bald nach ihrem Weihnachtsaufenthalt in Port Arthur wieder nach San Francisco aufbricht. Dass Laura Joplin über diese Zeit ebenfalls nichts schreibt, legt nahe, dass Janis wohl kaum in Port Arthur bleibt. Wir nehmen also an, dass sie wieder nach San Francisco getrampt ist und dort überlegt, wie ihre nächsten Schritte aussehen sollen. Es drängt sie zurück nach New York, der Stadt, in der sie glaubt, ihr Glück machen zu können. Diesmal will sie jedoch offensichtlich nicht wieder ins Blaue fahren, sondern sich ein kleines Kapital ansparen, um für die ersten Schritte auf dem harten Pflaster des Big Apple gerüstet zu sein.

Wenn man also ein halbes Jahr lang so gut wie gar nichts über sie erfährt, so könnte dies daran liegen, dass sie sich, den bereits bekannten Wechselbädern ihrer Lebensführung gemäß, fast vollständig aus der Szene zurückgezogen hat, um vielleicht in einem Bürojob zu arbeiten. Für diese These spricht, dass sie sich nach Ablauf dieses Halbjahres einen Gebrauchtwagen kauft und mit einer Freundin nach New York fährt.

Auch in New York arbeitet sie vorübergehend und zunehmend unregelmäßig in einem Büro. Ihre Freizeit verbringt sie mit der Lektüre von Hermann Hesse und Friedrich Nietzsche. Sie wohnt in einem billigen Hotel in der Lower East Side und lebt ein Beatnikleben zwischen gelegentlichen Jobs und Nächten beim Poolbillard. Ihre Beatnik-Attitüde unterstreicht sie durch das Tragen schwarzer Kleidung und durch den verstärkten Konsum von Speed, das sie nun auch regelmäßig intravenös injiziert. In einem Brief nach Hause berichtet sie von ihren Erfolgen als Sängerin, so dass ihre Mutter ihr ein Kleid zuschickt, damit sie in der Metropole des guten Geschmacks und des Geldes eine gute Figur macht. Janis trägt das Kleid nicht. Ihre Begründung erscheint aus späterer Sicht befremdlich: Sie findet es viel zu auffällig.

Alles in allem führt Janis Joplin in New York ein Leben wie in den Romanen von Jack Kerouac und Allen Ginsberg. Sie vertreibt sich die Zeit mit Leuten, die sie aus San Francisco kennt oder denen sie in New York begegnet, trinkt jede Menge Alkohol, steigert ständig ihren Speedkonsum, diskutiert, liest und profiliert sich als geschickte und erfolgreiche Poolbillardspielerin. Ob sie, wie sie ihrer Familie gegenüber durchblicken lässt, regelmäßig als Sängerin auftritt, ist unbekannt und daher wohl auch eher unwahrscheinlich.

Im Spätsommer macht sich Janis Joplin wieder auf den Weg zurück nach San Francisco. Wieder fährt sie über Port Arthur und schenkt bei dieser Gelegenheit ihrer Schwester Laura ihre Gitarre. Laura erinnert sich, dass Janis mächtig wegen ihrer New Yorker Erfahrungen angegeben habe. Ihre Eltern kann sie damit allerdings nicht beeindrucken. Im Gegenteil: Seth Joplin ist mittlerweile ernsthaft wegen seiner älteren Tochter besorgt und beschließt, sie bald in San Francisco zu besuchen.

Bis jetzt hat sich Janis nur wenig um ihre Familie gekümmert. Nur selten schreibt sie eine Postkarte oder einen kurzen Brief nach Hause, ihre Besuche sind kurz und unspektakulär. Seth Joplin schiebt daher einen geschäftlichen Vorwand vor, um Janis gegenüber seine väterliche Sorge zu kaschieren. Man würde die Situation jedoch auch missverstehen, wenn man unterstellt, Seth Joplin trete als Abgesandter der Familie auf, der seine abtrünnige Tochter wieder auf den rechten Weg zurückholen soll. Janis' Vater, enttäuscht vom Leben und eingesponnen in den privaten Kokon seiner Garagen-Trinker-Existenz hat im Gegenteil viel Verständnis für die Stimmungswechsel seiner Tochter. Wenn sie es nach außen hin nicht zeigt – auch in dieser Hinsicht ist sie ihm ähnlich –, spürt Seth Joplin doch hinter der aufgekratzten Fassade eine tiefe, ihm sehr vertraute Traurigkeit, die sich zur Hoffnungslosigkeit entwickeln könnte. Ihr scheint, wie ihm, nichts von dem zu gelingen, was sie sich für ihre Zukunft erhofft. Der Ausbruch aus Port Arthur führt, so sieht es der Vater, über die Hinterzimmer von Kneipen und über alkoholvernebelte Monologe nicht hinaus. Die speedbedingte Hyperaktivität, die Janis an den Tag legt, kann ihn über die Leere dieses Lebens nicht hinwegtäuschen. Wie schon früher in Port Arthur spricht Seth Joplin in diesen Tagen viel vom großen »Samstag-Abend-Betrug«, dem unangemessenen Verhältnis zwischen einer Woche harter Arbeit und dem einen Tag, an dem man sein Leben genießen soll. Aber ist das Glück des Lebens nicht mehr als die kurze und betäubende Befriedigung, die Kneipen und Partys zu bieten haben? Und wieder empfiehlt er Janis und ihrer Mitbewohnerin Linda Gottfried das Allheilmittel der Familie Joplin: das *Time*-Magazin als Quelle moralischer und politischer Orientierung.

Bis auf die Tatsache, dass Janis und Linda nun tatsächlich regelmäßig und sorgfältig das *Time*-Magazin lesen, bleibt der Besuch aus Port Arthur folgenlos. Im Gegenteil, Janis Joplin entwickelt sich zu einem regelrechten Speedfreak, denn die konsumierten Mengen nehmen mittlerweile gewaltige Ausmaße an. Um den großen Bedarf zu decken, dealt sie mittlerweile selbst damit. Tag und Nacht denkt sie an nichts anderes als an diese Droge. Auch wenn Speed nicht zu körperlicher Abhängigkeit führt, im psychischen Sinn sind Janis und ihre Freundin Linda Gottfried längst zu Süchtigen geworden. Es ist daher auch nur noch eine Frage der Zeit, dass die überaktive Angespanntheit und die ständige Ruhelosigkeit, die auch einen entspannenden Schlaf zunehmend unmöglich macht, sie zum Heroin bringen. Heroin bildet das Pendant zu den Aufputschmitteln, die Aktivität und Lebendigkeit allenfalls vortäuschen, um die innere Leere zu übertünchen. Heroin ist im wahrsten Sinne des Wortes das passende Gegengift: Es erzeugt träge Apathie, führt zum Ausschalten aller Reize und lässt endlich einen Zustand der Ruhe einkehren – eine Ruhe, die zugleich den Vorteil hat, dass sie nicht zum Denken zwingt.

Solange es der nordkalifornische Spätsommer noch erlaubt, lebt Janis Joplin inmitten der Drogenszene auf den Straßen und in den Parks von San Francisco. Ihr ungepflegtes Äußeres, das dunkle und schäbige Beatnikoutfit, ihre rüden Umgangsformen, ihr von Planlosigkeit und Unentschlossenheit geprägtes Wesen und schließlich die immer deutlicher werdenden Spuren des unmäßigen Speedkonsums führen dazu, dass durchaus vorhandene Ansätze für eine musikalische Karriere wie Seifenblasen zerplatzen. Da sie die Möglichkeiten, die sich aus dem Monterey-Folk-Festival ergaben, nicht zu nutzen weiß, verpasst sie nun im Herbst des Jahres 1964 auch die Chance, bei den Charlatans, einer Folkrockband, einzusteigen. So begeistert die Band zwar von Janis' stimmlichen Möglichkeiten ist, so sehr schreckt sie die äußere Erscheinung von Janis Joplin ab, die so gar nicht zu dem gelackten Country-Image der Charlatans passt.

Janis Joplins Verhältnis zur Sexualität mit dem Schlagwort von der »sexuellen Befreiung« zu etikettieren, hieße, ihre Promiskuität mit einer feministischen Programmatik in Verbindung zu bringen, die für sie allenfalls ansatzweise von Bedeutung ist. Janis hatte zum Leidwesen ihrer Eltern schon als Kind eine ausgesprochen lebhafte sexuelle Phantasie, und ihre Haltung in Fragen der Sexualität wird von allen, die sie näher kannten, als völlig frei von irgendeinem Schamgefühl beschrieben. Etwa ab ihrer Zeit in Austin geht sie regelmäßige sexuelle Verhältnisse mit wechselnden männlichen und weiblichen Partnern ein, ohne dass sich aus diesen Begegnungen immer auch Liebesbeziehungen ergeben. Janis Joplin hat einfach Spaß am Geschlechtsverkehr, es verlangt ihr danach wie nach Mahlzeiten oder nach einem Drink. Nach außen hin ist dies die souveräne Haltung einer selbstbestimmten Frau, die damit auch zu einer Pionierin der modernen Frauenbewegung werden konnte. Sexualität hat jedoch bei Janis Joplin immer auch eine nach innen gerichtete und durchaus bedrohliche Seite, denn im Vollzug des Geschlechtsverkehrs fühlt sie sich vollends anerkannt, spürt sie Nähe und Vertrautheit. Die hohe Frequenz ihrer Sexualkontakte, ihre Wutausbrüche im Falle der Verweigerung des Beischlafs sowie ihre Lügengeschichten für den Fall, dass ihr einmal kein Partner zur Verfügung steht, machen deutlich, dass Sex für sie auch etwas

Zwanghaftes hat. »Sie versuchte allen weiszumachen, dass sie es praktisch mit jedem trieb, doch tatsächlich war die Anzahl der Leute, mit denen sie es wirklich brachte, weitaus kleiner«, erinnert sich Myra Friedman. Für dieses inszenierte physische Gefühl der Nähe nimmt sie auch schlechten Sex mit miesen Partnern in Kauf, zumal der Ruf ständiger sexueller Verfügbarkeit sie bei Männern zudem weniger begehrenswert macht. Im Double-Bind der Ängste vor Bindung und vor sozialer Isolation fungiert Sex, ähnlich wie Speed und Heroin, als überdeckende Droge der Verdrängung. Was dabei zu kurz kommt, und was ihr offensichtlich immer stärker ins Bewusstsein rückt, ist die Tatsache, dass das Gefühl von Liebe, das sie unaufhörlich beschwört, zugleich in immer unerreichbarere Ferne rückt. »Ich glaube, dass sie nur jemanden suchte, den sie lieben konnte, aber dass es nicht in ihrer Natur lag, zufrieden oder glücklich zu sein«, fasst es ihr alter Waller Creek Boy und Weggefährte Powell St. John zusammen.

Trotz einer Fülle von überwiegend sehr kurzen Affären mit Männern, die in der Regel über einen One-Night-Stand kaum hinausführen, ist Janis Joplin in der Zeit um 1963/64 fest in lesbische Kreise integriert. Da ihre Freundin Linda Gottfried heterosexuell ist, kommt sie als Sexualpartnerin jedoch nicht in Frage. Diese Rolle übernimmt für eine längere Phase 1963 und 1964 die Schwarze Jae Whitaker, die Janis im Frühjahr 1963 in einer Schwulen- und Lesbenbar kennengelernt hat.

Für Jae, eine selbstbwußte schwarze Lesbe, ist das Zusammensein mit Janis nicht einfach. Zum einen stellt Janis' Promiskuität eine ständige Herausforderung für die Beziehung dar – eine Herausforderung, die durch die Tatsache gesteigert wird, dass bei den häufigen One-Night-Stands vorwiegend Männer im Spiel sind. Für eine langfristige Beziehung, egal, ob nun zu Männern oder zu Frauen, so stellt es sich für Jae Whitaker dar, ist Janis Joplin ebensowenig bereit, dauerhaft Verantwortung zu übernehmen wie für sich selbst: Janis verschwindet einfach nach New York und kommt Monate später unversehens wieder, Janis beklagte sich in Gegenwart von Jae in aller Öffentlichkeit darüber, dass »wirklich niemand« mit ihr schlafen wolle – und setzt damit im Übrigen ein verbales Ritual in Gang, das sich im Laufe der nächsten Jahre im Zusammenhang mit anderen Beziehungen ständig wiederholen und steigern wird. Auch wenn Außenstehende Janis' hochemotionale Klage über mangelnden Geschlechtsverkehr als Bühnengag auffassen sollten, für die daneben stehenden Partnerinnen und Partner bedeutet es jedes Mal eine öffentliche Brüskierung und Verletzung. Immerhin hält die Beziehung zu der äußerst verständnisvollen Jae Whitaker fast ein ganzes Jahr.

Entweder schon im Herbst des Jahres 1964 oder doch erst im Frühjahr des darauf folgenden Jahres gerät Janis Joplin in den Strudel einer Liebesaffäre, die wohl zu den rätselhaftesten Ereignissen ihres Lebens gehört. Geheimgehalten bleibt bis heute sogar die Identität dieses smarten Drogendealers, dem Janis Joplin eines Tages begegnet. In Myra Friedmans Buch über das Leben von Janis Joplin ist er daher ein Namenloser, Laura Joplin benutzt für ihn das Allerweltspseudonym »John Smith«, während Alice Echols den mysteriösen Mann an der Seite von Janis aufgrund dessen vermeintlich französischer Abstammung »Michel Raymond« nennt. So soll diese nebulöse und dennoch leibhaftige Gestalt im Folgenden kurz und bündig »John-Michel« genannt werden. Das Bild, das sich aus den verschiedenen Quellen über den Mann zusammenfügen lässt, den Janis Joplin heiraten will, ist facettenreich, aber wenig schmeichelhaft.

Der Drogendealer John-Michel ist ein gut aussehender, freundlicher und gut gekleideter Gentlemantyp mit den besten Manieren. Die Biografie, die er sich zurechtgelegt hat, und die er durch seine elegante Kleidung sowie sein selbstbewusstes Auftreten offensichtlich glaubhaft verkörpert, weist ihn als Angehörigen der gesellschaftlichen Oberschicht der Ostküste aus. Er entstamme, so John-Michel über sich selbst, einer reichen Familie mit französischen Wurzeln. Er selbst habe auch in der französischen Armee gedient oder auf der Seite der oppositionellen Algerier, wie er in einer andere Version seiner Lebensgeschichte glaubhaft machen will. Ob dieser nicht ganz unerhebliche Unterschied im von der Algerienkrise weit entfernten Kalifornien überhaupt jemand auffällt, sei einmal dahingestellt. Nach seiner militärischen Laufbahn habe er sich mit Elektronik beschäftigt und in diesem Fach an einer renommierten Universität der Ostküste ein Masterdiplom erworben.

In Wirklichkeit, so stellt sich allmählich heraus, entsprechen nicht einmal Spuren dieser Geschichte der Realität. Seine aufwendige Kleidung finanziert er nicht aus seinem familiären Vermögen, sondern ausschließlich aus den Gewinnen, die er im Drogengeschäft macht. John-Michel stammt aus schwierigen sozialen Verhältnissen, seine Wurzeln liegen in einer Kleinstadt im Staat New York. Ein College hat er nie besucht und natürlich erst recht keine Universität. John-Michel, dies wird nach und nach erkennbar, ist ein psychotischer Traumtänzer und Frauenheld, ein notorischer Lügner mit Verfolgungsangst und Wahnvorstellungen, ein Mensch ohne jeden Bezug zur Realität. Janis Joplin merkt nicht oder will nicht merken, dass die glänzende Fassade ihres Lovers ein einziges Luftschloss ist. Mit aller Kraft klammert sie sich an ihn, sucht Nähe und Geborgenheit und zeigt zugleich viel Verständnis in Bezug auf die immer häufigeren paranoiden Schübe, denen ihr Lebensgefährte ausgesetzt ist.

Im Laufe des Frühjahres 1965 verschlechtert sich der Gesundheitszustand des Paares geradezu dramatisch. Sie wirken apathisch, ihre Gesichter sind aufgrund häufiger Zusammenbrüche des Kreislaufs bläulich verfärbt. Im Mai wird John-Michel schließlich mit der Diagnose »Speed-Paranoia« ins San-Francisco-General-Hospital eingeliefert und dort zwölf Tage lang stationär behandelt. Janis' gesundheitliche Verfassung stuft die Notaufnahme jedoch nicht als lebensbedrohlich ein. Mit dem Hinweis darauf, dass eine sofortige stationäre Behandlung nicht notwendig sei, wird ihr eine von ihr gewünschte Aufnahme in das Krankenhaus verweigert. Für verwahrloste Drogenabhängige, so scheint es, ist die Klinik nur zuständig, wenn akute Lebensgefahr besteht. Ob die Ärzte den richtigen Blick für die Situation haben, ist aus der Distanz nicht zu beurteilen. In physischer Hinsicht jedenfalls ist Janis Joplin tatsächlich von einer geradezu erstaunlichen Robustheit, wenn man sich vergegenwärtigt, was sie ihrem Körper alles zumutet. Fast hat man das Gefühl, dass sie sich selbst für unverwundbar hält. Auf die gesundheitlichen Gefahren ihrer Exzesse angesprochen, äußert sie später einmal mit einer Mischung aus Stolz und Selbstüberschätzung, sie entstamme einer alten Pionierfamilie und sei daher von äußerst zäher Natur.

Gleichwohl verschlechtert sich ihre Verfassung in diesen Tagen weiterhin rasant. Chet Helms beschreibt sie als »völlig ausgemergelt« und berichtet davon, dass ihr Körpergewicht lediglich knappe 40 Kilo betrage. Völlig unbegreiflich ist, wie sie dennoch in der Lage ist, mit der Dick Oxtot Jazz Band zu arbeiten und sogar einige Aufnahmen zu machen. Es sind dies die frühesten Tondokumente ihres Gesangs. Die auf dem Sampler *Janis* erhaltenen Aufnahmen mit Blues-Stücken sind bewegende Zeugen eines noch ganz dem Stil von Bessie Smith nachempfundenen Kolorits, das jedoch bereits das typische Joplin-Timing erkennen lässt. Hier zeigt sich wiederum ein bemerkenswerter Zug ihrer Persönlichkeit, denn auch später wird sie, wie etwa auf dem Woodstock-Festival, selbst in der abenteuerlichsten physischen Verfassung immer noch zu künstlerischer Höchstform auflaufen.

Angesichts der massiven Bedrohung ihrer psychischen und physischen Gesundheit muss Janis Joplin schließlich selbst erkennen, dass der Aufbruch in die Freiheit, der im Januar

1964 so verheißungsvoll und so romantisch begonnen hatte, gescheitert ist. Auf den für sie selbst beängstigenden Kontrollverlust, mit dem sie sich an den Abgrund ihrer Existenz manövriert hat, reagiert sie fast panisch mit dem einzigen Mittel, das ihr noch zur Verfügung steht. Es ist dies die Regression in das Lebenskonzept ihrer Mutter und die Rückkehr nach Texas. Eine Heirat, so berichtet sie der nicht wenig überraschten »Sunshine«, würde einfach alle ihre Probleme lösen. Der Ehemann an ihrer Seite, und dazu noch einer, den sie sogar stolz ihren Eltern präsentieren konnte, war bereits gefunden. Es ist John-Michel, der geradezu begierig ist, seinen bisherigen Rollen die des perfekten Schwiegersohns hinzuzufügen.

Die Freunde in San Francisco bereiten Janis eine rauschende Abschiedsparty, auf der Geld für das Ticket nach Port Arthur gesammelt wird. Janis Joplin verschenkt alle ihre persönlichen Dinge, die sie nicht in ihr neues-altes Leben mitnehmen möchte. Sie hat beschlossen, nie mehr nach San Francisco zurückzukehren. Zunächst geht es aber in den Norden nach Seattle, da sie ein letztes Mal einer spontanen Idee folgend den Wunsch verspürt, dort mit John-Michel eine bürgerliche Existenz aufzubauen. Es dauert jedoch nur wenige Tage, bis sie begreift, dass der gemeinsame Ausstieg aus der Drogenszene unmöglich ist, zumal ihr »Verlobter«, wie sie John-Michel nun nennt, einen weiteren und diesmal vollständigen seelischen Zusammenbruch erleidet und in eine psychiatrische Klinik eingeliefert wird. Janis Joplin fährt von Seattle aus direkt nach Port Arthur. Ein einziges Projekt beherrscht ihre Gedanken. Es ist die Vorbereitung einer stilvollen texanischen Hochzeit mit John-Michel, der ihr, so glaubt sie ganz fest, bald in ihre Heimatstadt folgen würde.

6. KAPITEL

Women Is Losers:
Das Phantom einer Ehe

Davon überzeugt, dass sich dadurch ihr Leben vollständig zum Positiven verändern würde, ist Janis Joplin wie besessen von der Idee zu heiraten. Alle ihre bisherigen Probleme würden sich dadurch lösen, zumal sie mit dem gut aussehenden und den besten gesellschaftlichen Kreisen entstammenden John-Michel in Port Arthur großen Eindruck erwecken wird. Auch würden ihre ehemaligen Widersacher aus der Highschoolzeit angesichts dieses modisch gekleideten Mannes mit den perfekten Tischmanieren vor Neid erblassen. Janis, »das Schwein«, hat es geschafft, einen Ehemann zu ergattern, von dem andere in der provinziellen Enge Port Arthurs nur träumen konnten. Selbst wenn dieses Leben nicht ihren ursprünglichen Erwartungen und Träumen entsprach, so sieht sie nach dem unausweichlich gewordenen Eingeständnis, dass ihr Beatnikleben gescheitert ist, definitiv keine Alternative zum kleinbürgerlichen Leben in der Provinz. Und ihr ist klar, dass sie in der Stadt ihrer Kindheit nur als verheiratete Frau sozial überleben kann.

Der Zustand, in dem sie in Port Arthur ankommt, kann bedauernswürdiger und elendiger kaum sein: »Janis hatte etwa sieben Monate seit ihrer Rückkehr von New York gebraucht, um zu einem willenlosen Wesen, einem achtundachtzig Pfund leichten, spastischen Speedfreak zu degenerieren, der sich in eine Ecke verkrochen hatte und verzweifelt versuchte, etwas von der immer noch irgendwie schrecklichen Welt um sich herum zu erkennen«, so beschreibt Myra Friedman die Situation.

Zunächst intensiviert Janis, die zu Hause freundlich, aber sicher zunächst auch ein wenig frostig aufgenommen wird, den Kontakt mit ihrer jüngeren Schwester. »Sie wollte etwas wieder gutmachen und kitten«, kommentiert Laura in der ihr eigenen harmonistischen Sicht die Situation. In der Tat entwickelt sich die immerhin sechs Jahre jüngere Schwester zu einem neuen Leitbild. Laura kommt in der bürgerlichen Welt bestens zurecht und zeigt nie irgendeine Tendenz, aus den Moralvorstellungen ihrer Umgebung so radikal auszubrechen wie ihre Schwester. Heute lebt Laura Joplin als promovierte Pädagogin in Denver/Colorado und widmet einen großen Teil ihres Lebens dem Vermächtnis ihrer Schwester Janis. Laura ist natürlich glücklich, endlich ihre ältere Schwester in ihrer Nähe zu haben, die nicht wie einst auf der Durchreise von New York nach San Francisco gönnerhaft auf sie herabblickt, sondern nun ganz im Gegenteil ihre Hilfe braucht und diese auch zu schätzen weiß.

Zur Restitution ihrer vormaligen Lebensumstände gehört auch, dass sich Janis Joplin wieder am Lamar College in Beaumont einschreibt. Sie interessiert sich nun für Soziologie, Literatur und Sport. Die Malerei hat sie seit ihrer Zeit in Austin vollkommen aufgegeben. Janis trägt nun wieder unauffällige

Kostüme und steckt ihr wirres Haar häufig zu einem diskreten Knoten zusammen. Zur Verwunderung vieler kleidet sie sich trotz der schwül-heißen Witterung in den ersten Wochen und Monaten nach ihrer Ankunft stets in langärmeligen Blusen. Laura entdeckt schließlich den Grund für diese merkwürdige Vorliebe ihrer Schwester. Janis will vermeiden, dass die vielen Einstiche von den Speed- und Herointrips zu sehen sind.

Mit John-Michel steht Janis Joplin in regelmäßigem Briefkontakt. Er sei fest entschlossen, behauptet er in seinen unregelmäßigen Antwortbriefen und noch selteneren Telefonaten, so schnell wie möglich nach Port Arthur zu kommen. Aber immer wieder gibt er neue und überraschende Hinderungsgründe an, die seine Ankunft verzögern. Eines Tages, Wochen und Monate sind bereits vergangen, ist es erstaunlicherweise doch so weit und John-Michel steht tatsächlich vor dem Haus der Joplins. Was Janis allerdings nicht weiß, ist, dass ihr »Verlobter« keineswegs aus Seattle oder von der elterlichen Familie an der Ostküste aus anreist, sondern in der Zwischenzeit mit einer Bekannten aus San Francisco nach Mexiko gefahren war. Diese Frau, die ihrerseits davon ausgeht, die einzige Frau in John-Michels Leben zu sein, hält sich in New Orleans auf, während ihr Freund nach Port Arthur fährt. Sie nimmt an, dass er lediglich nach Texas reise, um die längst erkaltete Beziehung zu Janis Joplin definitiv und förmlich zu beenden.

Als John-Michel das Haus der Joplins betritt, ist von dieser Absicht allerdings nichts zu spüren. Ganz im Gegenteil spielt der, wie Laura es ausdrückt, »schrecklich saubere« junge Mann mit den ausgezeichneten Manieren den perfekten zukünftigen Schwiegersohn, der ganz konventionell und filmreif bei Seth Joplin um die Hand seiner Tochter anhält. Die Familie Joplin ist vor Begeisterung über das zukünftige neue Familienmitglied gar nicht mehr zu bremsen, zumal John-Michel, der seinen neuerdings modifizierten Berichten nach einer einflussreichen und wohlhabenden Familie aus Detroit entstammt, viel mit der Familie unternimmt und sich als sowohl einfühlsamer als auch unterhaltsamer Gesprächspartner entpuppt.

Ebenso plötzlich, wie er aufgetaucht ist, verschwindet »John-Michel« jedoch bald wieder. Er gibt »dringende familiäre Gründe« an, verspricht jedoch zugleich, bald wiederzukommen, um Janis zu heiraten. Der »Verlobte« schreibt aus der Ferne noch ein paar schwülstige Dankes- und Liebesbriefe, äußert sich in bekannter Weise aber nur vage über den Zeitpunkt seiner Rückkehr. Zu dieser Zeit trifft Janis' Freundin Linda Gottfried in San Francisco zufällig auf eine hochschwangere Frau, die angibt, mit John-Michel verheiratet zu sein. Er sei, so versichert sie glaubhaft, auch der Vater ihres in Kürze zu erwartenden Kindes. Natürlich wird diese beunruhigende Neuigkeit sofort nach Port Arthur übermittelt. Janis, ganz in ihre Hochzeitsvorbereitungen involviert, ignoriert die vernichtende Botschaft. Sie ist entschlossen, eine verheiratete Frau zu werden, und glaubt fest an die Lösung jedes auftauchenden Problems.

John-Michel lebt mittlerweile in New York, und zwar in »fester Beziehung« mit ebenjener Reisegefährtin, die ihn nach Mexiko und New Orleans begleitet hatte. Janis schreibt und telefoniert fast täglich mit ihm. Dass die Frau, die sich ständig am Telefon meldet, vielleicht nicht die »Kusine« ihres Verlobten ist, kann und will sie nicht wahrhaben. Die Illusion der baldigen Eheschließung aufrechtzuerhalten ist für sie jetzt zu einer geradezu überlebenswichtigen Aufgabe geworden. Erst als er seinen fest versprochenen Weihnachtsbesuch absagt, bei dem sie den Verlobungsring erhalten sollte, begreift Janis unter Tränen, dass an eine Ehe wohl nicht zu denken ist. Noch bis zum Frühjahr 1967 hält John-Michel gelegentlichen Briefkontakt zu Janis Joplin. Wie stark sein Realitätsverlust ausgeprägt ist, wird deutlich an der Tatsache, dass er weiterhin von Eheplänen spricht. Später in San Francisco wird Janis einmal die Frau treffen, die sich Linda Gottfried gegenüber als Ehefrau von John-Michel und Mutter eines gemeinsamen Kindes bezeichnet hatte. Es wird ein schmerzhafter Erfahrungsaustausch, in dem Enttäuschung und Lüge die Leitmotive bilden. Janis Joplin gibt sich später nach außen gelassen und spielt in Bezug auf die gescheiterten Ehepläne die lässige Rolle der coolen Zynikerin. In Wirklichkeit ist sie natürlich tief getroffen. Noch nach Jahren reagiert sie aggressiv und verletzt, wenn jemand beiläufig auf ihren ehemaligen »Verlobten« zu sprechen kommt. Die Geschichte des Scheiterns ihrer Ehe wird schließlich zu einem weiteren wichtigen Element ihrer »Man hat mich so verletzt«-Blues-Biografie, aus der sie die Themen und Empfindungswelten ihrer Songs entnehmen wird.

Nachdem Anfang 1966 nicht mehr zu ignorieren ist, dass ihre Ehepläne gescheitert sind, ändert Janis Joplin ihr Leben dennoch nicht. Systematisch und rational beschließt sie, einen Lebensweg zu suchen, auf dem sie sich anpassen kann, ohne dabei allzu unglücklich werden zu müssen. Die Flucht in die alternative Realität ihrer Beatnikphantasien hatte ihr kein Glück gebracht, sondern ganz im Gegenteil sie beinahe psychisch und physisch umgebracht. Die Psychotherapie, der sie sich nun unterzieht, ist in ihren Augen jedoch nicht dazu da, das Problem der Divergenz zwischen den extremen Seiten ihres Wesens zu »lösen«. Janis Joplin ist jetzt genauso wie in späteren Lebensphasen zu wirklicher Selbsterkenntnis offenbar weder bereit noch fähig. Daher ist es zwar erstaunlich, zugleich aber auch zwangsläufig, dass ihr einziges und ehrgeiziges Ziel in den kommenden Monaten darin bestehen wird, konkrete Anpassungsstrategien zu entwickeln und zu erlernen, die ihr ein erträgliches Leben in der Sphäre der amerikanischen Mittelschicht ermöglichen würden. Janis hatte gelernt, auf der Straße und in den Parks zu leben, warum sollte sie nicht genauso gut lernen können, so zu leben wie ihre sechs Jahre jüngere Schwester, die offensichtlich glücklich und zufrieden ist? Ihre radikale Rebellion gegen die Spießermoral mündete in Selbstvernichtung. Ihr unerschütterlicher Lebenswille machte es daher unabdingbar, den zukünftigen Weg in der Adaption von Lebenskonzepten zu finden, mit denen ihre Mutter und ihre Schwester augenscheinlich erfolgreich waren.

In einem atemberaubenden Prozess der Uminszenierung ihres früheren Lebensstiles legt Janis Joplin nun alles daraufhin an, dem Typus einer durchschnittlichen Südstaatenfrau so ähnlich wie möglich zu werden. Statt ihre Haare, wenn überhaupt, im Backofen zu trocken, dreht sie wie jede gepflegte amerikanische Frau ihr Haar täglich auf Lockenwickler. Sie achtet darauf, dass ihre Haut gepflegt erscheint, schminkt sich, trägt Kostüme und Röcke sowie selbstverständlich auch den unvermeidlichen BH und hält ihre Freunde und Bekannte an, nicht so viel zu trinken. Sie lädt zu Dinner-Partys ein, bei denen sie den Tisch liebevoll deckt und mit gepflegtem Small-Talk brilliert. Im Gespräch immer zurückhaltend und freundlich, verbittet sie sich strikt jegliche Flüche in ihrer Gegenwart. Sie spielt im Damenkreis Canasta und fertigt zur verwunderten Befriedigung ihrer Mutter eines Tages sogar eine Art monumentale Sperrholzikone an, auf der die Heilige Familie in Ölfarben verewigt ist. Bei den wenigen Freunden aus ihrer früheren Zeit, als sie noch mit den Jungs in die Bars von Louisiana zog, wird ihr Verhalten jedoch keineswegs nur als positive Veränderung registriert. Bei ihnen hinterlässt Janis Joplin vielmehr den erschreckenden Eindruck eines Mittelschichts-Zombies, den man einer Gehirnwäsche unterzogen hatte. Wie lange kann sie das Spiel durchhalten? Oder ist sie jetzt, wenn nicht gerade glücklich, so doch vielleicht wenigstens nicht mehr so unglücklich wie in den letzten Monaten ihrer Zeit in San Francisco?

In der Tat dauert es nur wenige Monate, bis die tapfer aufrechterhaltene Fassade einer bürgerlichen Existenz langsam, aber stetig zu bröckeln beginnt. Erwartungsgemäß langweilt sie sich bald in den Kursen am Lamar College, zumal sie trotz ihres massiven Anpassungsverhaltens keineswegs sozial integriert wird. Für ihre Mitstudierenden ist Janis Joplin weiterhin eine Außenseiterin, die gemieden wird. Gelegentlich tritt sie auch wieder als Sängerin auf. Sie betrachtet diese Auftritte jedoch nicht mit professionellen Augen, sondern vielmehr als lieb gewonnene Freizeitbeschäftigung.

Der wohl wichtigste Freund aus den früheren Tagen des »Quintetts« ist Jim Langdon. Auch er betrachtet die merkwürdige Metamorphose von Janis Joplin mit Skepsis. Bedauerlich für Langdon, der mittlerweile zum Musikkritiker beim Austin American Statesman avancierte, ist vor allem die Tatsache, dass Janis ihre so vielversprechend begonnene Karriere als Sängerin auf Eis gelegt, wenn nicht sogar für immer beendet hat.

Er beschließt daher, Janis Joplins musikalische Seite zu fördern, und schreibt in seiner regelmäßig erscheinenden Kolumne mit dem Titel *Jim Langdon's Nightbeat* eine Kritik über einen ihrer Auftritte in Beaumont. In einer Mischung aus visionärer Haltung und subjektiver Empathie bezeichnet er sie dort als »beste Bluessängerin im Lande«. Dorothy Joplin ist über das Presseecho in Bezug auf ihre Tochter geradezu erbost und fordert Jim Langdon eindringlich auf, Janis nicht durch gute Kritiken weiter zu »ermutigen«. Ohne sich davon jedoch beirren zu lassen, betreibt Langdon weiterhin eine behutsame Förderung ihrer musikalischen Karriere und verschafft ihr schon bald weitere Auftritte in Houston, Austin und Beaumont.

Unbeeindruckt von ihrem allmählich steigenden lokalen und regionalen Ruhm in der Zeit zwischen Januar und Mai 1966 hält Janis Joplin eisern am bürgerlichen Konzept ihrer

Lebensführung fest. Sie nimmt keine Drogen und trinkt nur wenig Alkohol, sieht weiterhin aus wie eine junge Geschäftsfrau auf dem Weg zur Kundschaft. Manche meinen sich daran zu erinnern, dass sie gelegentlich sogar Stöckelschuhe trägt.

Janis Joplin, die früher bei jeder Gelegenheit fluchte, Jeans und Herrenhemden trug und keinerlei Wert auf ihr Äusseres gelegt hatte, ähnelt nun eher einer Highschoollehrerin als einer Bluessängerin. Irritierend wirkt jedoch, dass ihr Erscheinungsbild in einem geradezu grotesken Kontrast zu der hochemotionalisierten Bessie-Smith-Attitüde steht, mit der sie ihre Songs vorträgt. Janis Joplin schreibt nun auch gelegentlich selbst Bluesnummern, von denen eine, der *Turtle Blues,* später auf der Platte *Cheap Thrills* veröffentlicht wird. Das verstimmte Klavier und die hinzugefügte Kneipenatmosphäre auf der Aufnahme aus dem Jahre 1968 vermitteln einen Eindruck davon, wie der Titel nur zwei Jahre zuvor in Austin geklungen haben mag. In einer Schlüsselstelle des Textes heißt es:

»I guess I'm just like a turtle hiding underneath its horny shell.

But you know I'm very well protected –

I know this goddamn life too well.«

[»Ich glaub, ich bin wie eine Schildkröte, die sich unter ihrem hornigen Panzer versteckt.

Aber weißt du, ich bin da sehr gut beschützt –

Ich kenne dieses gottverdammte Leben nur zu gut.«]

Während der Aufnahmesessions für *Cheap Thrills* singt Janis Joplin diesen Titel gewissermaßen retrospektiv, möglicherweise in einer Mischung aus Erinnerungen an die merkwürdige Zeit als »Psycho-Schildkröte« oder bürgerliche Undercover-Janis und der gleichwohl immer vorhandenen Sehnsucht nach den Regeln und den Werten einer kleinbürgerlichen Existenz. Die Phantasien von der Ehe, von dem weißen Haus mit einem Lattenzaun voller Kletterrosen und der vorherbestimmten Rolle einer Südstaatlerin aus der Mittelschicht waren ja keineswegs nur angelernt, sondern Teil ihrer zerrissenen Identität. An anderen Stellen des Textes verwendet sie mehrfach die Worte »mean« (»gemein, niederträchtig«) und »evil« (»böse«) zur Charakterisierung der autobiografischen Ich-Erzählerin (»Now call me mean, you can call me evil«), um dann fast beschwörend am Schluss in der dritten Person die Feststellung zu treffen, dass sie »gut auf Janis aufpassen werde«. Die öffentliche Selbstkasteiung in der Gestalt einer literarischen Reinszenierung von erlittenen Erniedrigungen fungiert in diesem Blues nicht primär als ästhetische Sublimierung – als musikalische Therapie gewissermaßen –, sondern hat auch die Konnotation von Selbstbestrafung oder Selbstverachtung. »Ich weiß, dass ich zu diesem Leben nicht tauge!«, singt Janis Joplin hier sinngemäß. Nur stellt sich die Frage, welches Leben damit meint gemeint ist: das des Prokrustesbettes ihrer bürgerlichen Maskerade oder das ihrer hochgradig selbstgefährdenden Beatexistenz?

*

Währenddessen gehen in der Musikszene von San Francisco erstaunliche Entwicklungen vor sich. Die Stadt der Beatniks und Heimstätte alternativer Folkmusik entwickelt sich im Zeitalter der Elektrifizierung der Popularmusik zur Hauptstadt des Acid Rock oder, wie es das vielfach strapazierte Modeadjektiv der Hippie-Generation benennt, des »psychedelischen« Rocks. »Psychedelic« oder »psychedelisch« ist schlicht alles, was die Verbindung von Drogen, Bewusstseinserweiterung und Haluzinationserlebnissen in Zusammenhang mit Musik ausmacht. Die Eigenschaft des Psychedelischen bezieht sich jedoch nicht nur auf die multimediale Vielfältigkeit drogeninspirierter Wahrnehmung, sondern auch auf den schöpferischen Prozess selbst. Ganz im Sinne der Beat-Tradition der fünfziger Jahre setzen die psychedelischen Künstler auf das inspirierende und kommunikative Moment der Improvisation und auf die Kraft eruptiver, aus dem Unterbewusstsein gespeister Kreativitätsschübe. Ebenso wie die Poeten des Beat misstrauen sie strukturellen und rationalen Konzepten und der professionellen Deformation durch technische Routine. Die Ära des Acid Rock ist die große Zeit der spontanen Bandgründungen, in der die Begeisterung über die schier unendlichen Möglichkeiten, den elektrisch verstärkten Gitarrensound »psychedelisch« zu modulieren, häufig wichtiger ist als die Fähigkeit, die Instrumente spieltechnisch zu beherrschen. Im Zeichen des Hits Nummer eins des Jahres 1965, *Satisfaction* von den Rolling Stones, bricht eine Welle musikalischer Innovation und Begeisterung aus, die in Kürze auch Janis Joplin erreichen sollte.

Die Musikszene ist zugleich Bestandteil einer allgemeinen Politisierung im studentischen Milieu, deren wohl bekanntestes Aktionsfeld die an der Berkeley-Universität initiierte Free-Speech-Bewegung darstellt. Die Studenten setzten sich mit den aus der schwarzen Bürgerrechtsbewegung bekannten Mitteln gewaltloser Aktionen insbesondere für das Ende rassistischer Segregation in San Francisco ein und erweitern ihre Proteste zunehmend im Zusammenhang mit dem immer weiter eskalierenden Vietnamkrieg.

Vietnam ist seit 1954 entlang des 17. Breitengrades in den prowestlichen Süden und den kommunistischen Norden aufgeteilt. Gegen das in Südvietnam etablierte diktatorische und korrupte Regime hat sich im Laufe der Jahre eine Nationale Befreiungsfront etabliert, die sich in einem zähen Guerillakampf allmählich zu einer ernsthaften Bedrohung entwickelt. Die USA unterstützen zunächst die südvietnamesische Regierung finanziell, bis Ende des Jahres 1962 schließlich 9 000 »Militärberater« nach Vietnam kommen und damit den nie offiziell durch den amerikanischen Kongress erklärten Krieg gegen die Befreiungsfront und gegen das feindliche Militär eröffnen. Ein Zwischenfall im Golf von Tonking, bei dem nordvietnamesische Patrouillenboote Ende 1964 einen amerikanischen Zerstörer beschießen, führt zu massiven Vergeltungsschlägen und damit zu einer drastischen Eskalation des Krieges.

Von Anfang 1965 bis Ende April bringt es die Operation Rolling Thunder zu 3600 US-Bombereinsätzen über Nordvietnam. Zeigten bis jetzt die Meinungsumfragen in der amerikanischen Bevölkerung mit 70 Prozent noch eine relativ hohe Akzeptanz für die Militäraktionen in Vietnam, so formiert sich angesichts der ungeheuren Zerstörungskraft der amerikanischen Bomben eine vorwiegend studentische Friedensbewegung, die sich insbesondere durch die Aktivitäten des SDS (Students for a Democratic Society) bemerkbar macht. Der Vietnamkrieg wird zudem zum ersten »Fernsehkrieg« der Geschichte, so dass die amerikanische Bevölkerung über jede Phase des Krieges genauestens informiert ist. So erfährt die verstörte US-Öffentlichkeit ebenso von der grausamen Verstümmelung vieler Soldaten wie von Drogenexzessen in der Armee.

Die nationale Selbstwahrnehmung, in der Amerika als Hort der Freiheit und antikommunistisches Bollwerk figuriert, bricht damit zusammen. Auf die »neue Linke« reagiert die Regierung Johnson zunächst verschreckt, so dass der Präsident in einer großen Rede vor überwiegend studentischem Publikum Friedensverhandlungen ankündigt. Im scharfen Gegensatz dazu steht allerdings, dass die USA ihren Militäreinsatz in Vietnam bis zum Jahresende 1965 von 75 000 auf 175 000 Soldaten erhöhen. 1966 sollten weitere 100 000 GIs folgen. Ebenso drastisch, wie die Zahl der amerikanischen Soldaten in Vietnam anwächst, steigen auch die Verluste.

1964 verlieren 147 Soldaten in Fernost ihr Leben, 1968 sind es bereits 14 500 Tote, zu denen mehr als 93 000 Verletzte hinzukommen. Die Schätzungen der Gesamtverluste für den Viet-

namkrieg liegen bei unvorstellbaren 900 000 Armeeangehöri-
gen des Nordens, zu denen sich weitere 185 000 des Südens
und 50 000 amerikanische Staatsbürger addieren. Mehr als
eine halbe Million US-Bürger hatten sich durch Verweigerung
oder Desertion gegen den Krieg gestellt, in dem bis 1968 so viel
Bomben auf Vietnam abgeworfen werden wie durch die
gesamten alliierten Luftstreitkräfte im Zweiten Weltkrieg.
1971 hat sich diese Menge bereits verdreifacht.

Nach der angepassten Phase der fünfziger und frühen sechziger Jahre hat um 1964/65 eine Politisierung das Land erfasst,
die gerade in San Francisco mit seiner Nähe zum studentischen Milieu von Berkeley weit in das subkulturelle Leben der
Stadt hineinstrahlt. Partys sind nun nicht mehr nur Anlass
zum Feiern, sondern haben häufig, insbesondere im Anschluss an politische Demonstrationen, einen eminent poli-
tisch-subversiven Charakter. Psychedelische Lightshows, die
allmählich in Mode kommen, sind ebenso Bestandteil von
politischen Manifestationen wie die Auftritte der unzähligen
Rockbands, die in der Stadt fast täglich neu gegründet werden.
Ein wichtiger Ort für die Musikszene ist natürlich das Anfang
1966 eröffnete Fillmore von Bill Graham, dem im April nach
der geschäftlichen Trennung von Graham der nur wenige
Blocks entfernte Chet Helms' Avalon Ballroom folgen sollte.

Unter den vielen jungen Musikbegeisterten in der Bay Area
gehören im Sommer 1965 auch Peter Albin, Sam Andrew,
James Gurley und Chuck Jones. Mitten im neuen In-Viertel
von San Francisco, dem Stadtteil Haight-Ashbury, gründen
sie eine Band, der man nach einigem Überlegen den etwas
umständlich klingenden Namen Big Brother & the Holding
Company gibt. In basisdemokratischer Manier hatte man verschiedene Einfälle auf Zetteln notiert, so unter anderem »Big
Brother« als Hinweis auf den Roman »1984« von George
Orwell und »Holding Company« wegen des darin steckenden
Doppelsinns. Das Wort »Holding« meint nicht nur den Hinweis

auf eine bestimmte Firmenstruktur, der Ausdruck »Are you holding?« bedeutet in der psychedelischen Szene auch so viel wie »Hast du ein paar Drogen?«. Doppelsinnige oder völlig unsinnige Namen für Bands sind sehr beliebt. Bekannte und erfolgreiche Bands in San Francisco sind in dieser Zeit neben Big Brother noch beispielsweise The Grateful Dead (»Die Dankbaren Toten«), Quicksilver Messenger Service oder Jefferson Airplane.

Bereits wenige Monate nach der Gründung, im Dezember 1965, hat die Band ihren ersten offiziellen Auftritt im studentischen Milieu von Berkeley. Schnell wird Big Brother die Hausband des Avalon Ballrooms. Im Frühjahr 1966 ersetzt der Kunsthistoriker und Maler Dave Getz den vollständig in die LSD-Szene abgedrifteten und gesundheitlich angeschlagenen Schlagzeuger Chuck Jones.

Obwohl die Band sich schon von der Besetzung her als geradezu archetypische Rockband versteht und daher voll auf die Möglichkeiten setzt, die die noch verhältnismäßig junge, aus Massivholz gefertigte E-Gitarre zu bieten hat, interessieren sich insbesondere Sam Andrew und Peter Albin auch für klassische Musik, vor allem für Johann Sebastian Bach, und für den Jazz. Für den Stil der Band ist vielleicht das zugleich psychedelische und pseudobarocke Arrangement des Gershwin-Songs *Summertime* programmatisch. Die durchsichtige, polyphone Einleitung der beiden Gitarristen Sam Andrew und Peter Albin, die an Bachs Inventionen denken lässt, verbindet sich mit den expressiven, improvisatorischen Gitarrenglissandi James Gurleys zu einem Spannungsfeld, in das die Bluesstimme von Janis Joplin als drittes Element ergänzend und kontrapunktierend hinzutritt. *Summertime* ist zwar durch die Interpretation von Janis Joplin bekannt geworden, geschrieben hat es Andrew jedoch schon vorher. Die Ausführung des Vokalparts übernahm in den Anfangszeiten der Band Peter Albin.

In einem Rückblick auf die frühe Zeit der 1987 in der alten Besetzung wieder gegründeten Band, die sich auch heute noch als kreatives Kollektiv versteht, beschreibt Sam Andrew die Arbeitsweise der Musiker in der Gründungsphase als instinktiv und bewusst nonprofessional. Niemand kann Noten lesen oder verfügt auch nur rudimentär über musiktheoretische Kenntnisse. Man empfindet diesen Zustand keineswegs als Mangel, sondern, wie in den meisten Bands dieser Zeit, eher als Vorzug, um möglichst nicht in vorgefertigte, »komponierte« Strukturen zu verfallen. Die vom Unbewussten gesteuerte, nicht reflektierte, sondern automatisierte Improvisation als musikalisches Pendant zu den manischen Schreibanfällen eines Jack Kerouac entspricht dem Ideal psychedelischer Musik. Insofern bildet der Amateurcharakter eine geradezu unabdingbare Voraussetzung für die Authentizität der Musik und für die Unabhängigkeit vom großen, kommerziellen Mainstream. Heute betont Sam Andrew, wie wichtig der experimentelle Charakter des Bandprojektes für die Entwicklung von Janis Joplin war. Sie wurde weder in ein Schema gepresst, noch musste sie sich einem bestimmten Stil unterwerfen. Zudem entsprach die aus der Unmittelbarkeit des musikalischen Prozesses abgeleitete Arbeitsweise sehr ihrer eigenen instinktiven Art, Musik zu machen.

Die zentrale Figur von Big Brother ist der 1941 geborene Sam Andrew. Nach einem zweijährigen Paris-Aufenthalt ist er nun nach San Francisco zurückgekehrt, wo er sogleich zu einem wesentlichen Motor der aufstrebenden Musikszene wird. Auf ihn gehen einige der bekannten Joplin-Songs zurück wie etwa *Call on Me* und *Combination of the Two*. Zusammen mit James Gurley gilt er in der Szene als Meister psychedelischer Gitarrensoli. Obwohl oder vielleicht gerade weil er mit Janis Joplin ausser einer kurzen Affäre nach dem Ende ihrer künstlerischen Zusammenarbeit im Jahr 1969 rein platonisch verbunden sein wird, wird ihre Beziehung die menschlich engste in der Band sein. Er ist auch das einzige Mitglied von Big Brother, das später von Janis in die Kozmic Blues Band übernommen werden wird. Auch heute noch, dreissig Jahre nach ihrem Tod, ist sein Denken, so scheint es, fast vollständig von Janis Joplin bestimmt. Er schreibt ihr Internet-Briefe und verfasst Geschichten, in der er als Ich-Erzähler (Janis first person) sich ihre Gedanken und Gefühle zu eigen macht und sich insbesondere mit ihrer jugendlichen Außenseiterrolle identifiziert. Janis Joplin ist für ihn immer ein Beatnik geblieben und gehört daher keinesfalls zu der als vergleichsweise oberflächlich empfundenen Hippie-Generation. »Kennst du den Unterschied?«, fragt er in einem Interview, »Hippies sind Technicolor, voller Hoffnung und naiv. Sie glauben, dass man die Welt verbessern kann, wenn wir uns alle an den Händen halten und für Liebe und Frieden singen. Beatniks sind tiefschwarz, ohne Hoffnung, sie leben zynisch am Rande der Gesellschaft. Sie wissen, was in der Welt abgeht, und sie kümmern sich einen Dreck darum. Bleib auf Drogen und kümmere dich darum, dass die Bastarde dich nicht fertig machen.«

James Gurley, Jahrgang 1939, kommt Anfang der sechziger Jahre nach San Francisco und ist vor allem im Country Blues und in der Bluegrass-Szene bekannt. Nicht zuletzt durch das Poster des bekannten Pop-Fotografen Bob Seidemann, der auch das bekannte »Pin-up«-Foto von Janis Joplin machen wird, wird er schnell zur charismatischen Figur in der Band und zum ersten richtigen Popstar des San Francisco Sounds. Das Porträt von Seidemann zeigt den schlanken James Gurley mit Federn in den langen blonden Haaren und verschiedenen Indianerketten um den Hals. Sein Gesichtsausdruck ist eindringlich, voll melancholischer Tiefe und harmoniert perfekt mit seinen legendären psychedelischen Gitarrensoli. Seine durchdringende Art, jemanden anzuschauen, lässt viele Fans vermuten, dass Gurley der Grund sei, warum sich die Band den Namen Big Brother gegeben hat, zumal sich die Gruppe das Zeichen des göttlichen Auges in einem Dreieck als Logo zulegt. James Gurley steht ständig unter Drogen. Stundenlang spielt er vor tonlos laufendem Fernseher Gitarre, zu seinen Füßen stets eine Schar von Anhängern und Fans, die ihn als eine Art mystischen Guru der Hippie-Bewegung betrachten.

Ganz anderer Natur ist der Bassist Peter Albin, der fünf Jahre jünger als Gurley ist, und mit seiner Frau und seinen beiden Kindern in seiner eigenen hermetischen Hippiewelt lebt. Zu ihm entwickelt Janis Joplin kaum je eine tiefere persönliche Beziehung, zumal er für die Drogen- und Alkoholexzesse der übrigen Bandmitglieder und insbesondere von Janis wenig empfänglich ist. Er ist der Leadsänger der Band vor Janis Joplin. Zusammen mit ihr und zuweilen auch mit Sam Andrew übernimmt er weiterhin einzelne Vokalparts.

Am unauffälligsten schließlich ist der Schlagzeuger David Getz. Er kommt als Seiteneinsteiger in die Musikszene, denn zum Zeitpunkt der Bandgründung ist der bereits bekannte Künstler als Musiker ein weitgehend unbeschriebenes Blatt. Getz besitzt ein Master-Diplom vom San Francisco Art Institute, an dem er gelegentlich auch lehrt, ist Fullbright-Stipendiat und ein bis heute erfolgreicher, Spielarten der Pop-Art verbundener Künstler. Neben Ölbildern fertigt er vor allem Serigrafien, die er heute in einer eigenen Galerie in San Francisco erfolgreich vermarktet.

Die spezifische Komposition der Band aus akademischer Intellektualität, aus Beat- und Hippie-Philosophie, aus basisdemokratischem Denken und Arbeiten im Kollektiv, aus musikalischem Dilettantismus, ungebremster Phantasie und dem Vertrauen auf die inspirierende Kraft der Drogen wird nach kurzer Zeit zu einem Nährboden, der idealer für die Entwicklung von Janis Joplin nicht sein kann.

*

Janis Joplin ist durch die Vermittlung von Jim Langdon mittlerweile zu einem wichtigen Faktor im Musikleben von Austin geworden. Gleich für den Beginn der Sommerferien hat sie mehrere Engagements angenommen und wird sogar von der überregional bekannten texanischen Blues-Rock-Band The Thirteenth Floor Elevators bedrängt, sich ihnen als Sängerin anzuschließen. Während Janis Joplin noch überlegt und eigentlich sehr dazu tendiert, das Angebot anzunehmen, erreicht sie ein Anruf von Chet Helms, den sie ja aus ihrer Austin-Zeit im Jahre 1963 recht gut kennt. Er macht ihr das Angebot, nach San Francisco zu kommen und dort in einer Rockband zu singen, die den etwas merkwürdigen Namen Big Brother & the Holding Company hat. Nähere Details, so Chet Helms in seinem Telefongespräch, möge sie bitte mit dem ihr gleichermaßen bekannten Travis Rivers klären, der auf dem Wege von Kalifornien nach Texas sei und der sie möglichst gleich mitnehmen solle. Während Janis Joplin innerlich wohl schon bereit ist, alle guten Vorsätze fallen zu lassen und dem verlockenden Angebot zu folgen, raten ihre Freunde in Austin dringend davon ab. Insbesondere Jim Langdon, der wohl auch an die Reaktion von Janis' Eltern denkt, befürchtet, dass sie den erneuten Gefahren, die von den Drogen ausgehen, nicht gewachsen sein wird, und empfiehlt ihr, nichts zu überstürzen, sondern ihr musikalisches Talent langsam zu entwickeln. Falls Janis Joplin noch zögerlich sein sollte, so ändert sich dies schlagartig, als sie kurze Zeit später Travis Rivers wieder sieht, mit dem sie ja bereits seinerzeit in Austin eine stürmische und für den damals jung verheirateten Travis nicht unproblematische sexuelle Begegnung hatte.

Das erneute Zusammentreffen von Travis Rivers und Janis Joplin gehört zu den geradezu mythischen Details ihrer Biografie. Die Klärung des historischen Wahrheitsgehaltes dieses Ereignisses wird dabei, wie so häufig, dadurch erschwert, dass Janis Joplin selbst den Start ihrer eigentlichen Karriere im

Sommer 1966 damit erklärt hat, dass Travis Rivers sie »in die Band gebumst« habe. Myra Friedman erinnert sich an eine Situation, in der Janis ihr in einem Lokal von der Begegnung mit Travis Rivers in Austin berichtete: »Gewöhnlich erzähle ich, ich hätte Texas verlassen wollen, aber das trifft nicht ganz zu.« Janis erhob plötzlich die Stimme. »Ich wollte gar nicht weg.« Dann, indem sie die Worte ganz langsam und betont laut aussprach, damit niemand im Restaurant sie überhörte, fügte sie hinzu: »Aber er war so verdammt gut im Bett! Wie konnte ich da nein sagen?« Ein bis zwei Jahre später, schildert Janis Joplin die Geschichte gegenüber dem Journalisten David Dalton, der sie im Sommer 1970 mehrere Wochen lang begleitet und unzählige Tonband-Interviews führt, folgendermaßen: »Er kam einfach rein und schleppte mich ab, warf mich aufs Bett, whoo, Baby! Er hat mich die ganze Nacht durchgefickt! Die ganze Nacht, bis in den Morgen. Mir ging es sooo verdammt gut ... Travis zu mir: ›Worauf wartest du noch, zieh dich an, wir gehen nach Kalifornien.‹ Und erst als ich halb durch New Mexico war, habe ich kapiert, dass ich angeschmiert worden war, und jetzt wegen dieses Typen, der so gut ficken konnte, dabei war ins Rockbusiness einzusteigen.«

Jahre nach Janis Joplins Tod erklärte Travis Rivers, dass die berühmte »Fucked up«-Geschichte, so wie sie gegenüber David Dalton erzählt worden war, maßlos übertrieben ist. Die Gründe liegen dabei, so Travis Rivers, weniger in Janis Joplins Marotte, Sex-Geschichten gelegentlich zu erfinden oder zumindest zu übertreiben. Vielmehr ist die Dalton-Anekdote eine bestimmte und sicherlich skurrile Art und Weise, Travis ihre Dankbarkeit zu zeigen. Der Mann, der sie definitiv nach San Francisco holte und der damit den Grundstein für ihre Karriere legte, sollte durch die Geschichte ihrer Begegnung an ihrem Ruhm teilhaben können. Dass sie dafür den Bereich des Sex wählte, entsprach einfach ihrem Wertekodex: Ein Mann, dessen sexuelle Qualitäten man so lobt, muss sich doch einfach geschmeichelt fühlen. Travis Rivers gesteht heute gerne ein, dass Janis mit dieser Einschätzung richtig lag.

Angesichts der unzähligen sexuellen Begegnungen ist es dennoch verwunderlich, warum die Geschichte mit Travis Rivers bei Janis Joplin einen so hohen Stellenwert einnimmt. Ein Grund liegt möglicherweise darin, dass Travis genau dem Typ Mann entspricht, den Janis begehrt, weil er aufgrund seines imposanten Äußeren Stärke und väterlichen Schutz signalisiert und zugleich auch sexuelles Lustobjekt sein kann. Einen Travis-Rivers-Typ – muskulös, behaart, breitschultrig und kräftig gebaut – idealisiert Janis Joplin vor allem dann, wenn sie sich schutz- und hilflos fühlt. Immer wieder spricht sie später von den Naturburschen, die sich so wohltuend von den anämischen, von Drogen gezeichneten Gestalten abheben, die regelmäßig ihre Garderoben bevölkern. Die Liste ihrer bevorzugten Liebhaber zeigt jedoch, dass sie eigentlich mehr die hübscheren, schmaleren und jungenhaft glatten Männer vom Schlage James Gurleys im Auge hat. Von schönen Männern »geliebt« zu werden, empfindet sie offensichtlich als höhere Kompensation für ihre angekratzte weibliche Selbstwahrnehmung, als von Holzfällertypen »genommen« zu werden.

Ziemlich genau ein Jahr lang hat es Janis Joplin in Texas ausgehalten. Sie ist drogenfrei und zumindest äußerlich sozial besser in ihrer Heimatstadt eingebunden als jemals zuvor. Von Heiratsplänen hat sie sich, ohne dass sie sichtbar darunter zu leiden hat, verabschiedet. Am 30. Mai 1966 verlässt sie zusammen mit Travis Rivers Port Arthur, um nach einer wildromantischen Autofahrt durch Texas, New Mexico und Arizona am 4. Juni erneut in San Francisco anzukommen. Chet Helms und ihre neue Familie, »ihre« Band Big Brother & the Holding Company, erwarten sie bereits mit Spannung.

7. KAPITEL

Walk Right In:
Der Weg zum Großen Bruder

Die Entscheidung von Big Brother & the Holding Company, ausgerechnet Janis Joplin aus Texas zu holen, um mit ihren als Sängerin aufzutreten, ist natürlich keineswegs zufällig entstanden. Chet Helms, der die neue Band managt und dafür sorgt, dass ihr bald ein wichtiger Platz in der jungen Szene von San Francisco zukommt, spürt, dass eine Sängerin der Band ein besonderes Image geben würde. Sängerinnen gibt es zu diesem Zeitpunkt in der männlich dominierten Rockmusik so gut wie überhaupt nicht. Eine exotische Ausnahme bildet Grace Slick, mit der die Konkurrenzband Jefferson Airplane viel Eindruck macht. Außer Chet Helms, der Janis ja schon lange kennt und der die übrigen Bandmitglieder unermüdlich davon zu überzeugen versucht, dass sie die richtige Ergänzung für die Gruppe sei, erinnern sich auch Peter Albin und James Gurley noch gut an ihre gemeinsamen

Spontangigs mit Janis Joplin in der Coffee Gallery. Ihnen ist allerdings auch noch die verheerende Verfassung gegenwärtig, in der sich Janis Joplin seinerzeit befunden hatte. »Okay, sie ist gut, aber sie ist ziemlich daneben. Sie wird der Band ein zu abgedrehtes Image geben«, ist der knappe Kommentar, nachdem man über fünfzig Sängerinnen und Sänger angehört hatte und Chet Helms sich mit seinem Vorschlag endlich durchsetzen kann.

Entgegen der legendären »Fucked up«-Geschichte, nach der Janis Joplin in einem Überraschungscoup nach San Francisco gebracht worden sei, erfolgt ihr Aufbruch keineswegs unüberlegt oder als Kurzschlusshandlung. Statt sie mit seiner sexuellen Potenz zu überzeugen, führt Travis vielmehr lange Gespräche mit Janis, in denen er auch seine Sorge darüber äußert, ob sie diesmal wohl mit den vielfältigen Gefahren, die sie bei ihrem letzten Aufenthalt in San Francisco beinahe umgebracht hatten, fertig werden würde. Sogar mit Janis' Therapeuten nimmt er, ohne indes viel in Erfahrung zu bringen, Kontakt auf und fährt schließlich mit Janis sogar zu ihren Eltern nach Port Arthur.

Was im Hause der Joplins genau passiert, während Travis Rivers im Auto auf sie wartet, wissen wir nicht. Es ist möglich, dass sie in dem sicherlich schwierigen Gespräch mit ihren Eltern verspricht zurückzukommen, um ihr Studium zu beenden, falls es ihr nicht gelingen sollte, die Situation in San Francisco zu meistern. Chet Helms hat ihr zudem eine Fahrkarte nach Hause zugesichert, die sie einlösen kann, wann immer sie will. Außerdem hat er versprochen, im nächsten halben Jahr voll und ganz für Janis zu sorgen. Janis wird ihre schockierten Eltern jedoch kaum in eine offene Erörterung aller möglichen Probleme und Perspektiven einbezogen haben. Vielmehr versucht Janis wohl mit allerlei Entschuldigungen, Abschwächungen und Ausflüchten zu erklären, dass diesmal »alles ganz anders« sein würde. Möglicherweise äußert sie sich in diesem Gespräch auch einfach überhaupt nicht zu ihrer Absicht, nach San Francisco zu gehen, sondern deutet lediglich an, dass sie weitere Pläne als Sängerin hat. Eine letzte Version über den Ablauf dieser Begegnung besagt, dass sie lediglich erzählt habe, sie wolle für eine Woche zu Jim Langdon nach Austin fahren. Warum sie diese harmlose Mitteilung mit einem Besuch zu Hause verbinden sollte, bleibt allerdings rätselhaft. Travis Rivers gegenüber sagt sie jedenfalls kurz und bündig: »Kein Problem, sie sind einverstanden.«

Für Seth und Dorothy Joplin ist Janis' Entscheidung, wie gut sie auch immer über die Details informiert sein sollten, eine einzige Katastrophe. Spätestens durch Jim Langdon, den sie ohnehin für die Situation verantwortlich machen, erfahren sie, dass ihre Tochter tatsächlich nach San Francisco gefahren ist. Es wird Wochen dauern, bis sie einigermaßen darüber hinwegkommen. Auch Janis Joplins schuldbeladene Briefe sprechen ihre eigene, unmissverständliche Sprache über die Kluft, die nun zwischen ihr und ihren Eltern liegt.

Bevor sich Travis und Janis jedoch endgültig auf die lange Autofahrt begeben, fahren sie noch zum Lamar College nach Beaumont. Janis verabredet dort mit ihrem Studienberater eine förmliche Beurlaubung vom Studium für das kommende Semester. Ihr alter Waller-Creek-Weggefährte Powell St. John schreibt ihr noch eine Abschiedshymne. Es ist der Folksong *Bye, Bye Baby*, den Janis sofort lernt und den sie in ihr Repertoire aufnimmt. Es wird der erste Song auf der Schallplatte sein, die sie Ende des Jahres mit Big Brother & the Holding Company in Chicago aufnehmen wird.

Zwei Tage nach ihrer Ankunft in San Francisco rechtfertigt sie sich in einem Brief gegenüber ihren Eltern noch einmal detailliert für ihre Entscheidung. Die Ausführlichkeit und der durchgehende Tenor schlechten Gewissens sprechen dafür, dass sie ihren Eltern anlässlich ihres Abschiedsbesuches kaum die ganze Tragweite ihres Entschlusses mitgeteilt haben wird.

Für ihren Weg zurück nach San Francisco gibt Janis Joplin ausschließlich künstlerisch-professionelle Gründe an. Schon jetzt macht sie deutlich, dass sie eine Karriere beginnen wird, in der sie ihren eigen Stil finden und entwickeln will. Keinesfalls wolle sie sich mit der zweiten Riege begnügen, eine Zukunft als »Cher für Arme«, wie sie sich ausdrückt, sei ihr nicht vorstellbar. Erst gegen Ende wird sie sehr persönlich und beschwört ihre Familie geradezu, sie auf ihrem Weg zu unterstützen: »Es tut mir furchtbar Leid, dass ich solch eine Enttäuschung für euch bin. Ich verstehe eure Befürchtungen, was mein Herkommen angeht, & muss zugeben, dass ich sie teile, aber ich glaube wirklich, die Chancen stehen ziemlich gut, dass ich es diesmal nicht vermassle. Mehr kann ich jetzt wirklich nicht sagen. Ich schreibe lieber mehr, wenn ich Neuigkeiten habe, bis dahin richtet bitte alle Vorwürfe an die oben stehende Adresse. Und bitte glaubt mir, dass ihr mich unmöglich noch lieber auf der Gewinnerseite sehen wollen könnt als ich.

Love, Janis
Sobald ich aufhöre, mich schuldig zu fühlen, schreibe ich einen langen, glücklichen & enthusiastischen Brief ... ich hab euch so lieb, es tut mir leid ...«

Der versprochene »Erfolgsbrief« folgt kurze Zeit später: »Ich habe ein Zimmer in einer Pension gefunden. Sehr nettes Plätzchen mit Küche, einem Wohnzimmer & sogar einem Bügeleisen & Bügelbrett«, heißt es dort sicherlich etwas schönfärbend. Im gleichen Brief kündigt sie auch an, auf jeden Fall zum College zurückkehren zu wollen.

*

Bis zum Sommer 1966, in dem sie ihre bürgerliche »Schildkröten«-Existenz in Port Arthur beendet, um sich Big Brother & the Holding Company anzuschließen, waren die Kontakte zur Familie während ihrer verschiedenen Aufenthalte in Los Angeles, Austin, San Francisco oder New York eher spärlich gewesen. Jetzt, nach dem von der Familie als verhängnisvoll empfundenen definitiven Bruch mit ihrem Leben in Texas, bleibt Janis Joplin bis zu ihrem Tod in einem beinahe ständigen brieflichen und telefonischen Kontakt mit ihren Eltern und ihren beiden Geschwistern.

Die Motive, die sie nun dazu treiben, in ihren zumeist nicht ganz ehrlichen Briefen die Familie an ihren Plänen und Empfindungen teilhaben zu lassen, sind wohl nur ganz zu Beginn im Sommer 1966 von schlechtem Gewissen und Schuldgefühlen beherrscht. Im Laufe der Zeit wird vielmehr deutlich, dass Janis stolz auf sich ist und sich ganz sicher darin fühlt, dass ihre Eltern und Geschwister sie wegen des gelungenen sozialen und materiellen Aufstiegs bewundern würden. Auch wenn eine Reihe von Briefen ihrer Mutter durchaus Anerkennung und Wohlwollen erkennen lassen, so wird im Kontakt mit den Eltern zunehmend deutlich, dass Janis' Aufstieg und Janis' Image – ihre »Man hat mich so verletzt«-Attitüde, aus der sie ihre künstlerische Authentizität schöpft – direkt mit den Konflikten in ihrer Kindheit und ihrem unglücklichen Leben in Port Arthur und Texas verbunden sind. »Texas ist okay, wenn man seine Ruhe haben und so vor sich hin wursteln will, aber für Ausgeflippte ist das nichts, und ich bin schon immer ausgeflippt gewesen. Ich bin sehr schlecht behandelt worden in Texas«, äußert sie sich beispielsweise im Jahre 1968 gegenüber der Presse. Es sind Aussagen wie diese, die im patriotischen Ambiente ihrer Heimat sehr wohl und dauerhaft sehr negativ registriert werden.

Je mehr Janis Joplin Texas und Port Arthur zu Metaphern ihres Seelenschmerzes stilisiert, umso mehr vergrößert sie dabei auch de facto die Distanz zu ihrer Familie, die sich als Teil dieser Ächtung empfindet. Hinzu tritt der Umstand, dass Janis

Joplins wirtschaftlicher und sozialer Aufstieg mit einer öffentlichen und drastischen Preisgabe von Moralvorstellungen verbunden ist, die von den Joplins und ihrem vertrauten bürgerlichen Umfeld als im höchsten Maße diffamierend betrachtet werden. Der unausgesprochen eskalierende Konflikt zwischen ihr und ihren Eltern und zunehmend auch zwischen ihr und ihrer Schwester Laura kulminiert schließlich in offenem Streit und tiefer Verletzung bei ihrer unglückseligen, von Provokationen, Missverständnissen und falschen Erwartungen erfüllten »Heimkehr« nach Port Arthur anlässlich ihres zehnjährigen Highschooljubiläums im August 1970.

Der briefliche und telefonische Kontakt zu ihrer Familie, den Janis Joplin seit dem Sommer 1966 pflegt, ist dennoch zu einem großen Teil von ehrlichem Interesse für ihre Geschwister und am Wohlergehen der Eltern und der Verwandten geprägt. Auffallend ist, dass sie, die nach außen hin als Beatnik mit Hippie-Image agiert, ihre beruflichen Unternehmungen stets mit Kriterien einer Aufsteigermentalität der Mittelschicht beschreibt. Immer geht es ihr um wirtschaftlichen Erfolg, Professionalität, die Notwendigkeit, sich bekannt zu machen oder bekannt zu werden, um das Etikett harter Arbeit, um Probleme mit unprofessionellen Begleitumständen. Dass sie sich in ihren Briefen so stark auf diese Aspekte ihrer Existenz bezieht, hat sicher auch den taktischen Grund, dass sie damit ihre Entscheidung, Port Arthur zu verlassen, rechtfertigt und ihr, ohne inhaltlich auf ihre Arbeit einzugehen, Respekt entgegengebracht werden kann. Das Denken in Kategorien bürgerlichen Erfolgs entspricht jedoch ganz offensichtlich auch einem Wesenszug, der genauso Teil ihrer Persönlichkeit ist wie die tiefe und zugleich unerfüllbare Sehnsucht nach der Geborgenheit einer Ehe.

Die Ambivalenz zwischen Rechtfertigungscharakter und Stolz ist insbesondere auf die frühen Briefe an die Familie bezogen, daher das inhaltliche Leitmotiv. Janis betont beinahe zwanghaft und in geradezu unglaubwürdiger Beharrlichkeit, dass es ihr gesundheitlich und materiell gut gehe. »Beatniks machen heutzutage richtig Geld!«, schreibt sie und berichtet darüber, dass viele Freunde von ihr im Hippie- und Rock-'n'-Roll-Business erfolgreich seien. An einem nicht unwesentlichen Detail wird auch schon bald deutlich, dass sie ihren beruflichen Erfolg nicht an das der Acid Szene in San Francisco anhängende Image subkultureller Autonomie gebunden sieht. Sie spricht in einem Brief davon, dass sie ein Bühnenkostüm in Goldlamé möchte: »Sehr einfach, aber richtig nach Showbiz soll es aussehen. Ich will, dass das Publikum mich als echte Künstlerin betrachtet.« Ein Jahr nach ihrer Ankunft in San Francisco, auf dem Popfestival in Monterey, wird sie dann tatsächlich einen solchen Goldlamé-Hosenanzug und die dazu passenden goldfarbenen Schlappen tragen. Inmitten der bunten Hippiewelt des Festivals wirkt sie mit dieser Kleidung auf merkwürdige Weise deplaciert und entrückt. Beim Nachmittagsauftritt in Monterey hatte sie noch Jeans und ein unauffälliges Top getragen. Obwohl Janis Joplin noch nicht wissen kann, dass es dieser Abendauftritt sein wird, der ihren Ruhm begründen würde, trägt sie bereits eine Kleidung, die genau dieses signalisiert. Bezeichnend dafür ist, so berichtet Sam Andrew, dass sie das Wort »lamé« immer englisch ausspricht, damit es sich auf »fame« reimt. Die Kleiderfrage bewegt sie an diesem Tag in Monterey so sehr, dass sie deswegen extra ein Ferngespräch mit ihrer Freundin Peggy Caserta, einer Boutiquebesitzerin aus San Francisco, führt.

Dorothy Joplin ist erstaunlicherweise die Erste, die von Janis' Zweifeln an der musikalischen Qualität von Big Brother erfährt: »Ich bin nicht sicher, ob der Rest der Band überhaupt bereit ist, hart genug zu arbeiten, um gut genug zu werden. Im Moment tun wir das jedenfalls meiner Meinung nach nicht!«, schreibt sie nach Hause.

Die Eltern geben sich im Kampf um die Chance auf eine bürgerliche Existenz ihrer Tochter nur schwer geschlagen. Sie fordern eine definitive Entscheidung von Janis in Bezug auf die Fortsetzung des Studiums. Kurz darauf, Janis Joplin ist mit Big Brother für einige Zeit in Chicago, wird aber deutlich, dass sie sich offensichtlich mit Janis' Entschluss abgefunden haben, und wünschen ihr resigniert kurz und knapp »all den Erfolg, den Du Dir erhoffst«. Janis hatte zuvor in einem sehr argumentativen und fast beschwörenden Brief ihre Entscheidung, nicht mehr auf das College zu gehen, gerechtfertigt und in Bezug auf ihre neue Lebenswelt festgestellt, dass sie »hier ein größeres Gefühl der Wahrheit« habe. Zugleich denkt sie auch recht detailliert über ihre Marktchancen und ihr qualitatives musikalisches Umfeld nach und bezieht dabei nüchtern auch die Möglichkeiten und Grenzen ihrer Verbindung mit Big Brother & the Holding Company in ihre Überlegungen mit ein: »Weil es nicht reicht, dass ich gut bin, brauche ich ein gutes Vehikel«, schreibt sie.

Wie stark Janis Joplins Wertekodex von den Idealen insbesondere ihrer Mutter geprägt ist, macht ein Brief an ihre Familie vom Januar 1970 deutlich. Janis macht zu diesem Zeitpunkt das erste und letzte Mal in ihrer Karriere ein paar Monate Urlaub, den sie zum Teil in ihrem kurz zuvor erworbenen Haus in Larkspur bei San Francisco verbringt. Deutlich wird hier nicht nur, dass Janis Joplin, die mittlerweile zu den Großverdienern der Musikbranche gehört, sich weiterhin skrupulös den Kopf zerbricht, wie ihre Karriere wohl weitergehen wird. Mindestens so aufschlussreich ist, wie sie ihren beruflichen Ehrgeiz in einen direkten Zusammenhang mit der Frage nach Liebe stellt: »Wenn man ein Niemand & arm ist, macht es einem nichts aus – man kann sich einfach treiben lassen, aber wenn man eine gewisse Position & ein bisschen Geld hat, tut man alles, um mehr davon zu kriegen, & dann, wenn man Numero uno ist, muss man sich den Arsch aufreißen, damit einen niemand mehr einholt! Einholt?! Vor zwei Jahren hat mich das alles noch nicht interessiert! Nein, das stimmt nicht. Ich hab mich umgeschaut & mir ist etwas aufgefallen. Wenn man ein gewisses Talent bewiesen hat (& nur wenige haben dieses Talent), ist der entscheidende Faktor Ehrgeiz, oder, wie ich es sehe, wie viel man wirklich braucht. Wie sehr man es braucht, geliebt zu werden & stolz auf sich zu sein... & ich glaube, das ist es, was den Ehrgeiz ausmacht – das ist nicht der skrupellose Kampf um eine Position oder Geld, sondern eher vielleicht um Liebe. Viel Liebe!«

Die übergroße Rolle, die Dorothy Joplin im Leben ihrer ältesten Tochter spielt, wird mit dem endgültigen Wegzug aus Texas nur noch deutlicher. Dabei ist es keinesfalls nur der Ehrgeiz, das Temperament, die Disziplin und die Beharrlichkeit, die Mutter und Tochter verbinden. Janis Joplin versucht in der Tat beinahe alles, um ihre Mutter wirklich lieben zu können. Als ihre Mutter sie einmal besucht, bringt sie, nicht nur in der typischen Aufgeregtheit einer Tochter, die befürchtet, den Ansprüchen ihrer Mutter nicht genügen zu können, ihr Apartment in Ordnung, sondern deckt sorgfältig den Tisch und präsentiert eine liebevoll zubereitete Mahlzeit. Zuvor hatte sie nicht etwa versucht, Dorothy Joplin von dem Plan, sie zu besuchen, abzubringen. Ganz im Gegenteil fordert sie ihre Mutter dazu auf, bald zu kommen und sie zu verschiedenen Konzerten und Partys zu begleiten: »Du kannst uns auftreten sehen! Oh, bitte, bitte komm!«

Häufig gilt der erste Gedanke nach einem künstlerischen Erfolg ihrer Familie: »Ich muss einfach ein bisschen angeben«, schreibt sie voller Stolz, als sie die Presseberichte über ihr New Yorker Debüt mit Big Brother nach Port Arthur schickt. Es scheint fast so, als ob das Verhältnis, insbesondere zu ihrer Mutter regelrecht harmonisch wird. Zwar sind zumindest unterschwellig die Spannungen hinsichtlich der nach Auffassung von Dorothy Joplin in jeder Hinsicht verwerflichen Lebensführung von Janis spürbar. Ihre künstlerische Professionalisierung und der materielle Erfolg bleiben jedoch nicht ohne Echo. Kaum jemals wird dies so deutlich wie in einem Brief, den Janis' Mutter 1968 schreibt. Es ist die Zeit einer erneuten Weichenstellung in ihrer Karriere. Die Trennung von Big Brother & the Holding Company steht an:

»Gute Nachrichten, zu hören, dass Singen für dich Glück ist und die Erfüllung deines Traumes! Zwar wissen wir nicht, welche Teile der vielen Zeitungsartikel Zitate etc. sind, aber wir wissen, dass du ungeheuren Erfolg bei etwas hast, das du dir selbst ausgesucht hast, und dass jeder einzelne Schritt, den du gemacht hast, das ermöglicht hat. Deshalb beglückwünscht dich deine Familie zu deinem Erfolg und deinem sich entwickelnden Geschäftssinn und auch zu deinem Bewusstsein der Notwendigkeit, in deinem selbst gewählten Beruf zu wachsen...Wir würden gerne regelmäßig über jeden der Schritte, Pläne, Wege, Formen, Stile und andauerndes Glück von dir hören.«

In dem Maße jedoch, indem die Joplins Janis' Auftreten in der Öffentlichkeit als skandalös und desavouierend wahrnehmen, wird auch die Haltung des Vaters frostiger. Als die Eltern im September 1969 ein Konzert von Janis in Houston besuchen, treffen sie ihre Tochter in einer Verfassung an, die sie als außerordentlich peinlich empfinden: Janis mit der Southern-Comfort-Flasche auf offener Bühne, Janis mit ihren die intimsten Bereiche ihrer Seele nicht aussparenden Psychomonologen, Janis fluchend und mit schlechten Manieren. Dass ihre Tochter ein berühmter Star und wohl auch eine bedeutende Künstlerin in ihrem Metier ist, kann über die Tatsache nicht hinwegtäuschen, dass das Anstandsgefühl der Mittelschichtsfamilie, deren Wertekontext in den engen Grenzen zwischen Time-Magazin und baptistischer Moral angesiedelt ist, auf unerträgliche Weise verletzt wurde. »Wir haben sie zweimal in Houston gesehen, im Coliseum und in der Music Hall«, ist daher der äußerst knappe und indignierte Kommentar von Seth Joplin, als er in Port Arthur auf den künstlerischen Erfolg seiner Tochter angesprochen wird.

*

Am 5. Juni 1966, einen Tag nach ihrer Ankunft in San Francisco, trifft sie erstmals bei einer Probe auf ihre neue Band Big Brother & the Holding Company. Die ersten Versuche, miteinander klarzukommen, gestalten sich jedoch zunächst als ein wenig schwierig, denn Janis Joplin hat bis jetzt noch nie mit einer elektrisch verstärkten Rockband, die zudem noch einen Schlagzeuger hat, gesungen. Auch der Stil von Big Brother hat, so scheint es ihr zumindest, wenig mit dem Bessie-Smith-Sound zu tun, dem sie bis jetzt nacheifert. Der einigermaßen fatale Eindruck dieser Erstbegegnung, der sich sowohl bei der Band als auch bei Janis Joplin selbst einstellt, wird nicht zuletzt dadurch gesteigert, dass sie immer noch ihre biedere College-Kleidung trägt und über irgendwelche bühnentauglichen Kleidungsstücke offensichtlich auch gar nicht verfügt. Doch die Anfangsschwierigkeiten verflüchtigen sich schnell, denn die Band ist vom musikalischen Potenzial ihrer neuen Leadsängerin alsbald überzeugt. Ferner begreifen sich die Musiker von ihrem Selbstverständnis her als experimentierendes Kollektiv, dem professionelle Arroganz fremd ist. In dem ihr eigenen Ehrgeiz überwindet Janis ihre Schüchternheit und lernt schnell, ihrer Stimme mit Hilfe des Mikrofons neue Ausdruckswelten zu entlocken, zumal sie mit den Bandmitgliedern, die sie bald als Freunde empfindet, nach den Anfangsschwierigkeiten musikalisch und menschlich bestens harmoniert.

Allen Menschen in ihrer unmittelbaren Umgebung wird jedoch klar, dass die vermeintliche Schüchternheit von Janis Joplin mit ihrem tatsächlichen Wesen nichts gemein hat. Denn recht bald nach der ersten Probe mit der Band trifft sie

Spontan und enthusiastisch hatte sich Janis Joplin die Kleider vom Leib gerissen und wurde mit diesem Foto von Bob Seidemann das erste Hippie-Pin-up-Girl der Welt. Gleichzeitig drückt das Motiv aber auch ihre Verletzlichkeit und Empfindsamkeit aus. (Interfoto Pressebild-Agentur, München)

den bekannten Szene-Fotografen Bob Seidemann, der bereits das überall zu bewundernde ausdrucksstarke Hippie-Foto von James Gurley gemacht hatte. Im Verlauf der Fotosession, die noch am selben Tage stattfindet, entsteht das berühmte Foto von Janis Joplin, das sie nur mit Perlenketten bekleidet zeigt. Seidemann erzählt, dass er überhaupt nicht vorgehabt habe, Janis unbekleidet zu fotografieren. Von der Lust gepackt, sich nackt zu zeigen, zieht sie sich in Gegenwart des gleichermaßen verdutzten und verlegenen Fotografen schnell die Kleidung aus und präsentiert sich in poetischer Delikatesse der Kamera des Fotografen. »Ich bin das erste Hippie-Pin-up-girl der Welt!« lautet ihr enthusiastischer Kommentar über das Poster, das Seidemann schließlich aus dem Foto herstellen lässt. Für Janis Joplin bildet die durch dieses Poster dokumentierte Anerkennung ihrer körperlichen Schönheit eins der wichtigsten Elemente einer wieder gefundenen Selbstachtung. Der Körper von Janis, in Port Arthur bespuckt und verlacht, wird nun zum erotischen Emblem der neuen Generation. Janis Joplin hat es auch auf diesem Feld geschafft, Anerkennung zu gewinnen und, mehr noch, auch hier nicht Nachahmerin, sondern Pionierin zu sein.

Die Verbindung mit Travis Rivers überdauert die romantische »Entführung« aus Texas erstaunlich lange. Sie lebt in einer Art loser Beziehung mit ihm zusammen und schätzt – wie sie stets offen zugibt – insbesondere seine Qualitäten als Sexualpartner. Travis Rivers, der keineswegs nur der kraftvolle Holzfällertyp ist, sondern auch ein feinsinniger und belesener Intellektueller, wird durch die Legendenbildung von Janis Joplin für immer mit der Rolle des potenzstrotzenden Bettkumpans verbunden sein. Nach einiger Zeit macht Travis ihr einen Heiratsantrag, den sie allerdings sehr bestimmt unter Hinweis auf ihre Karriere, an die sie nach einigen Wochen bereits fest glaubt, ablehnt. Auch mit Bob Seidemann hat sie im übrigen eine kurze sexuelle Affäre. Retrospektiv beschreibt er ihr erstes Mal im Bett als »eine Art Alligatoren-Ringkampf«. Sie sei »im wörtlichen Sinne unersättlich« gewesen.

Bereits am 10. Juni, lediglich fünf Tage nach ihrer Ankunft in San Francisco, tritt Janis Joplin erstmals im Avalon Ballroom zusammen mit Big Brother & the Holding Company öffentlich auf. Chet Helms ist nicht nur Chef des Avalon, sondern betreibt zugleich eine alternative Musikagentur mit dem Namen Family Dog. In dieser Eigenschaft managt er auch die Band, versteht sich dabei jedoch weniger als Geschäftsmann, sondern als »geistiger Vater« und sechstes Mitglied von Big Brother.

Die Aussagen über die Rezeption ihres Debüts beim Publikum sind uneinheitlich. Manche Zeitzeugen behaupten, sie sei trotz ihrer Unerfahrenheit und ihrer merkwürdigen Garderobe – einer unbeholfenen Mischung aus College- und Beatnik-Kleidung – sofort hervorragend beim Publikum angekommen. Andere beurteilen ihren offiziellen Start als Sängerin in San Francisco kritischer. Der Band sei sogar empfohlen worden, so heißt es, sich doch bald wieder von ihrer Sängerin zu trennen. Offensichtlich ist es außerordentlich schwer, angesichts der Mythisierung, der die geradezu emphatische Resonanz ihrer späteren Bühnenauftritte unterliegen, zu einem realistischen Bild ihrer ersten Auftritte zu gelangen. Die technischen und akustischen Verhältnisse im Avalon sind zudem recht bescheiden und ihre mangelnden Erfahrungen mit den Tücken der Mikrofonierung sowie den klanglichen und dynamischen Problemen beim Auftritt mit einer Rockband tun ihr Übriges. Bis jetzt war sie beinahe ausschließlich »unplugged«, das heißt rein akustisch, aufgetreten.

Konzerte mit Rockmusik sind 1966 noch eine recht junge Einrichtung, für die es im Prinzip keine Vorbilder gibt. Wesentlich ist vor allem, dass die soziale Konstruktion des Konzertes mit einem hierarchischen Verhältnis zwischen Künstler und Publikum in den frühen Rockmusikveranstaltungen weitgehend aufgehoben ist. Im Zuge dieser grundsätzlichen Veränderung der Sozial- und Kommunikationsstruktur hat auch das Avalon unter dem Management von Chet Helms die Trennung zwischen Bühne und Zuschauerraum, wie sie für die konventionelle Organisationsform des Konzertes auch im Bereich der Popularmusik weiterhin Gültigkeit besitzt, aufgehoben. Die Band spielt daher nicht »oben«, von den Zuhörern getrennt, sondern nur leicht erhöht auf einem Podest, so dass die direkte Verbindung zu den Musikern, sogar unmittelbarer Körperkontakt jederzeit möglich sind. Auch die Rollen zwischen Produzenten und Rezipienten sind keinesfalls strikt festgelegt. Es ist durchaus keine Seltenheit, dass ein Zuhörer einfach auf die Bühne springt und ein paar Sätze ins Mikrofon rappt. Der Beat-Poet Neal Cassidy war für diese Art von Einlagen gleichermaßen berühmt und berüchtigt.

Für die zumeist im alkoholisierten oder angeturnten Zustand auftretenden Musiker der alternativen Szene sind der Beziehungsaspekt der Musik und die Freisetzung spontaner und interaktiver Kreativität in der Tat weitaus wichtiger als ein optimales, aber auch rational geplantes Klangergebnis. Daher besitzen die frühen Bands des San Francisco Sound ein dezidiert dilettantisches und basisorientiertes Selbstverständnis, so dass man sich weder über die Qualität der Instrumente noch über korrektes Stimmen und Intonieren größere Gedanken macht. Natürlich sind auch Roadies, die für den Auf- und Abbau sowie den Transport der Musikanlagen zuständig sind, nicht vorgesehen. Die Vorstellung, die Musiker könnten abhängig Beschäftigte zur Erledigung einfacher und körperlich anstrengender Arbeiten einsetzen, widerspricht grundsätzlich der pragmatischen Philosophie von Freiheit und Klassenlosigkeit in der Szene. Selbst nach dem fulminanten Monterey-Auftritt tragen Janis Joplin und ihre Band daher Instrumente, Mikrofone und Verstärker noch selbst zum Wagen und kümmern sich um logistische Fragen im Zusammenhang mit ihrem Auftritt. Für Big Brother, weniger jedoch für Janis, bleibt der Amateurstatus ein wichtiges Indiz subkultureller Authentizität. Perfektion und Professionalität gelten als verräterische Etikette der als entfremdet empfundenen Produktionsbedingungen in der Musikindustrie.

Die technische Ausstattung der Auftrittsräume ist in dieser frühen Phase des Rockkonzertwesens sehr reduziert. Der psychedelische Sound erfordert allerdings auch nicht die raumakustischen, dynamischen und insbesondere klanglichen Differenzierungen, die für die gegenwärtige Popmusik geradezu stilbildend sind. Auch die karge Beleuchtung von Räumen wie dem Avalon Ballroom gehört zum gewünschten soziokulturellen Klima der Szene. Viele Bands lehnen es ab, im Scheinwerferlicht aufzutreten, da die dramaturgische Separierung durch das Licht die Idee der Einheit zwischen Künstler und Publikum unterlaufen könnte. Selbst die gelegentlich erwähnten Lightshows in den Konzerten sind in dieser Zeit eher psychedelisches Stimmungselement als ästhetisches Konzept. Alles, was auch nur den Anschein von »Show« erwecken könnte, fällt der Philosophie der Glaubwürdigkeit zum Opfer. Die Musiker probieren daher auch zwischen den einzelnen Sets auf offener Bühne ihre Instrumente aus, spielen gelegentlich mit dem Rücken zum Publikum und bemühen sich insgesamt darum, alles zu vermeiden, was die Musik oder den Auftritt potenziell zur Ware degradieren könnte.

Von Anfang an wird jedoch klar, dass Janis Joplin in die Rolle einer von dilettantischem Understatement geprägten Szenephilosophie nicht so recht passen will. Janis liebt und genießt die Show und schafft es durch ihre rauhe, unangepasste Art, zugleich glaubwürdig zu bleiben. Sie kommuniziert im wörtlichen und ideellen Sinn auf Augenhöhe mit ihrem Publikum, überlässt zugleich aber ihre Bühnenwirkung und ihre Gesangseffekte nie dem Zufall, sondern probt und plant diese sorgfältig. Ihre die ganze Karriere durchziehende Abneigung, als »Star« gehandelt zu werden, fußt in der durch zahlreiche Kneipenauftritte und schließlich durch das Avalon geprägten Erfahrung der Unmittelbarkeit. Zugleich jedoch hasst sie in musikalischer Hinsicht den Szene-Dilettantismus, den sie als künstlerische Unaufrichtigkeit empfindet. Aufmerksame Beobachter registrieren schon in den ersten Tagen der Zusammenarbeit zwischen Janis Joplin und Big Brother & the Holding Company die Elemente für die späteren Konflikte: ein professioneller Anti-Star im Dilemma zwischen Beziehungskultur und musikalischer Qualität.

In der Frage des Geldverdienens gibt es jedoch keinerlei Differenzen. Nicht nur Janis, sondern auch ein großer Teil der alternativen Szene Mitte der sechziger Jahre entstammt der bürgerlichen Mittelschicht. Das Feindbild ist die Plastikwelt des Showbusiness, nicht das Geld. In den Anfangszeiten verdienen Janis und Big Brother, die nun zu der erfolgreichen Hausband des Avalon Ballroom avanciert sind, jedoch nicht mehr als zusammen 250 Dollar die Woche. Die Ausgaben für die Lebensführung müssen daher stark begrenzt werden, so dass Janis froh ist, gelegentlich von David Getz, dem freundlichen und respektvollen Schlagzeuger der Band, in die kleine Spaghetteria eingeladen zu werden, in der er einen Job hat. Janis hat ein winziges und malerisches Ein-Zimmer-Apartment in der Pine Street. San Francisco ist berühmt für seine bunten, reich verzierten viktorianischen Holzhäuser, die überwiegend in der zweiten Hälfte des 19. Jahrhunderts entstanden sind. Das kleine, bald liebevoll mit allerlei Nippes ausgestattete Reich in dem gemütlichen alten Haus unterscheidet sich für Janis wohltuend von den improvisierten Schlafplätzen ihres letzten Aufenthaltes in San Francisco.

Die Beziehung zu Travis Rivers ist nach dessen Heiratsantrag recht schnell erkaltet, und so dauert es nicht allzu lange, bis Janis Joplin eine Beziehung mit James Gurley, dem nach allgemeiner Auffassung attraktivsten Mann von Big Brother,

Janis brach immer wieder aus der Enge Port Arthurs aus und ließ sich schließlich in San Francisco nieder. Hier steht sie vor dem Apartmenthaus in der Pine Street, San Francisco, in dem sie sich zu Hause fühlte.
(Cinetext Bildarchiv, Frankfurt)

beginnt. Gurley trennt sich wegen Janis sogar vorübergehend von seiner Frau Nancy und seinem kleinen Sohn, um zusammen mit Janis in dem kleinen Apartment in der Pine Street zu wohnen. Die Rolle als Sängerin in einer der wichtigsten Rockbands von San Francisco hat nicht nur das Selbstbewusstsein, sondern auch die tatsächliche sexuelle Attraktivität von Janis Joplin bei Männern erhöht. Gerade James Gurley, der extravagante Beau der »Beautiful People«, ist bald von Janis' authentischer Ausstrahlung und Lebendigkeit fasziniert. Er kennt sie ja bereits aus den gelegentlichen gemeinsamen Auftritten in früheren Zeiten in der Coffee Gallery. Weder ihr von unzähligen Speed-Trips ausgehöhlter Körper noch ihre in seinen Augen unweibliche und fordernde Art konnten ihn damals für Janis Joplin einnehmen. Auch bei ihrer ersten Begegnung mit Big Brother war er von der aknegezeichneten und insgesamt plumpen, provinziellen Erscheinung, die Janis darbot, zunächst nicht begeistert. Es mag auch sein, dass in dem sexuellen Abenteuer mit Janis Joplin eine gewisse desperadohafte, sexuelle Neugier eine Rolle spielt. Aufgrund seiner strengen, katholischen Erziehung hat James Gurley trotz seines viel gerühmten Sexappeals eher ein verklemmtes Verhältnis zur Sexualität. Janis hat es in ihrem bedenkenlosen Spaß am Sex offensichtlich verstanden, ihn in dieser Hinsicht aus der Reserve zu locken.

Die gut zweiwöchige intensive Liebesaffäre mit James Gurley hindert Janis Joplin nicht daran, mit seiner Frau Nancy ebenfalls gut befreundet zu sein. Zwar erfährt die Beziehung der beiden Frauen in der Zeit, in der James in der Pine Street wohnt, naturgemäß eine Trübung, zumal ihr romantischer Lover nicht nur seine langjährige Lebenspartnerin verlassen hat, sondern auch seinen kleinen Sohn, der den poetischen spanisch-yahiindianischen Hippie-Namen »Hongo Ishi« (»Pilzmann«) trägt. Bei aller tiefen Sympathie und echten Freundschaft, die sie im Laufe der Zeit für Nancy Gurley empfinden sollte, scheint es so, dass sie während dieser Affäre die Konkurrenzsituation auch genießt. Janis selbst schildert einigermaßen dramatisch und wohl nicht ganz der Wahrheit entsprechend, dass es zwischen den beiden Frauen zu einer geradezu boulevardesken Konfrontation gekommen sei. Während Janis sich gerade mit James im Bett vergnügte, sei Nancy mit ihrem Sohn Hongo Ishi und ihrem Hund in das Zimmer eingedrungen, um den beiden eine Szene zu machen. Ein kleinbürgerliches Eifersuchtsdrama nach diesem Muster hätte jedoch zu Nancy Gurleys Hippie-Selbstverständnis überhaupt nicht gepasst. Auch wenn es ihr jetzt angesichts der Beziehung ihres Mannes zu Janis nicht ganz leicht fällt, so glaubt sie grundsätzlich an die freie Liebe und tritt für die Aufhebung enger sexueller Grenzen ein. Sexualität betrachtet sie in ihrem Weltbild daher nicht als Besitzstand ihrer Ehe. Sie fürchtet offensichtlich vielmehr, dass sich ihr Mann dauerhaft emotional von seiner Familie abwenden könnte. Es ist daher wohl eher der Sichtweise von Janis' Freunden aus dieser Zeit Glauben zu schenken, die beobachten, dass Nancy geduldig eine Probe von Big Brother abwartet, um danach allein mit James ein ernsthaftes und sachliches Gespräch zu führen, in dessen Verlauf sie ihn bittet, zu ihr zurückzukehren. Wenig später ist James Gurley wieder mit Nancy und seiner Familie zusammen, womit die Angelegenheit für Nancy auch definitiv erledigt ist.

Am 1. Juli 1966 beginnt für die gesamte Band ein neuer Lebensabschnitt. Da die Probenmöglichkeiten in San Francisco angesichts der ungeheuer angewachsenen Zahl von Rockbands stark eingeschränkt sind und auch das Wohnen in kleinen und nicht eben billigen Apartments mehr Nachteile als Vorzüge hat, beschließt Big Brother & the Holding Company dem Vorbild anderer zu folgen und eine richtige Landkommune zu gründen. Die Wahl fällt auf Lagunitas im nahe gelegenen San Geronimo Valley, wo sich die Band zusammen mit den

Ehefrauen, Kindern, Hund und Katze in ein geräumiges Farmhaus einmietet. Sam Andrew beschreibt das Zusammenleben dort als sehr chaotisch, da sich bald herausstellt, dass die Bedürfnisse der Bewohner sehr unterschiedlich sind. Janis Joplin als einziger »Single« unter den Paaren und Familienverbänden fühlt sich auch nicht richtig wohl, zumal ihre eher von nächtlicher Aktivität und zunehmend auch wieder durch Speed geprägten Lebensgewohnheiten beispielsweise stark mit dem naturverbundenen und auf Ruhe ausgelegten Verhalten der Familie von Peter Albin kollidieren. Die beiden Kinder in der Lebens- und Arbeitsgemeinschaft von Lagunitas, Lisa Albin und Hongo Ishi Gurley, begleiten die Band auch stets und meist schlafend bei den immer zahlreicher werdenden Auftritten. In der kollegialen und kinderfreundlichen Atmosphäre der Musikszene gehört das Babysitten zu den als selbstverständlich betrachteten Tätigkeiten, für die prinzipiell jeder zur Verfügung steht, der gerade Zeit hat oder lediglich auf seinen Auftritt wartet. Berichtet wird, dass auf diese Weise auch der als schwierig und egozentrisch verschriene Jimi Hendrix einmal zu der Ehre kommt, im Hinterraum des Avalon Ballroom auf Hongo Ishi aufzupassen. Der Erinnerung von James Gurley zufolge erledigte Hendrix diese Aufgabe ohne Probleme und mit größter Selbstverständlichkeit.

In Lagunitas werden Janis Joplin und Nancy Gurley zu richtigen Freundinnen. Die anfängliche Eifersucht war im Zeichen des Wassermann-Zeitalters, das nun die Menschheit mit Liebe und Frieden beglückte, einer tiefen Zuneigung gewichen. Der Grund für die Entwicklung, die die beiden Frauen näher bringt, ist jedoch nicht ein vordergründiges Harmoniestreben oder sexuelles Interesse. Nancy Gurley verkörpert vielmehr die Verbindung von Wunschbildern, die Janis im Konflikt zwischen den Projektionen ihrer Mutter und dem anarchistischen Freiheitsdrang in sich trägt: Nancy, die einen Master of Arts in Literatur besitzt, ist eine kulturell gebildete Ehefrau

166

und Mutter. Zugleich ist sie auch eine unabhängige Frau, die sich von konventionellen Moralvorstellungen befreit hat. Unter dem Einfluss von Nancy Gurley verändert Janis auch ihr äußeres Erscheinungsbild. Hat sie bis jetzt überwiegend Jeans und Männeroberhemden getragen, interessierte sie sich nun für modische Extravaganzen aus dem Hippie-Arsenal. Statt der zweckmäßig-herben Beatnik-Kluft finden nun Perlenschmuck, Spitze, Tücher und Umhänge ihre Aufmerksamkeit. Vor allem große Mengen von Perlenketten, die sie zuweilen dutzendweise am Körper trägt, liebt sie sehr. Die unermüdliche, zusammen mit Nancy vollzogene Tätigkeit des Perlenaufziehens nimmt nahezu suchtartige Formen an. Nancy erreicht, dass sich die gegenüber Elementen der Hippie-esoterik eigentlich ziemlich skeptische Janis sogar für Kristallkugeln, Tarot und Astrologie interessiert. Ganz begeistert ist sie auch von Nancys Neigung, mystische Altäre zu installieren und unter Einbeziehung verblühter Blumen und diverser Utensilien, Figuren und Gefäße regelrechte »Hippie-Vanitas-Stillleben« zu inszenieren.

Der Einfluss von Nancy Gurley auf Janis Joplin ist jedoch keinesfalls nur stabilisierend. Sie ist vielmehr nicht unmaßgeblich dafür verantwortlich, dass Janis wieder anfängt, im größeren Umfang Speed zu fixen. Nancy Gurley selbst wird drei Jahre später durch eine Überdosis Heroin ihr Leben verlieren. Während eines Familienausflugs mit ihrem Mann und ihrem Sohn Hongo Ishi setzt sich das Paar einen Schuss. Nancy stirbt inmitten ihrer Kleinfamilie auf einem Ruderboot in den Armen ihres Mannes. Mit dem zarten Hinweis »Dedicated to Nancy G. love« widmet Janis Joplin ihr daraufhin das Album, das sie soeben mit der Kozmic Blues Band aufgenommen hat.

Nancy und andere beobachten, dass Janis, ähnlich der Manie, Perlen aufzuziehen, eine geradezu obsessive Besessenheit im Umgang mit Nadeln entwickelt. Sich selbst und anderen

Injektionen zu setzen, mit einer Nadel in den Körper einzudringen, gerät zu einer Leidenschaft, die manche auch als beängstigend empfinden. Im Zusammenhang mit ihrem späteren regelmäßigen Heroinkonsum riskiert sie dabei immer wieder Überdosierungen, da sie im Überschwang der Begeisterung darüber, anderen einen Schuss setzen zu können, die physischen Folgen, die ihr meist reichlich bemessenes Quantum für ihre Drogenpartner haben könnte, nicht sieht.

Big Brother & the Holding Company spielen nun im Sommer des Jahres 1966 regelmässig im Avalon und gelegentlich auch in Grahams Fillmore. In der Musikszene von San Francisco ist Janis Joplin schnell eine regelrechte Berühmtheit geworden, während die lokale Presse das Joplin-Phänomen noch ignoriert. Als Werbemittel für die Bands spielen die Tageszeitungen allerdings auch keine so bedeutende Rolle. Um den Bekanntheitsgrad der Musiker zu erhöhen, entwickelt der umtriebige Chet Helms daher eine Idee, die für die Verbreitung der Popkultur weltweit eine herausragende Bedeutung haben sollte. Er lässt aus den Promotionfotos der Bands oder einzelner Künstler großformatige Poster drucken, die bald in der ganzen Stadt zu sehen sind. Zu den ersten Kultpostern der Popgeschichte gehören die Abbildungen von James Gurley mit den Federn im Haar und Janis Joplins berühmtes »Hippie-Pin-up-Foto«.

Janis' anfängliche Unsicherheit hat sich, wie sich in den Briefen nach Port Arthur ja auch immer wieder andeutet, im Laufe des Sommers zu einer leistungsbewussten Professionalität entwickelt, die bald zu ernsten Spannungen in der Band führt. Big Brother versteht sich als Kollektiv und nicht als Begleitgruppe für eine publikumssüchtige Bluessängerin. Insbesondere James Gurley empfindet ihre Rolle zunehmend als unangemessen, schliesslich ist das Bandkonzept nicht von Janis Joplin entwickelt worden, sondern von den männlichen Mitgliedern der Gruppe. Bescheidenheit und Dankbarkeit sind jedoch Janis' Sache nicht. Mit harschen Worten kritisiert sie Gurleys Gitarrenspiel, das immerhin, wenn wohl auch zu Unrecht, in einem Atemzug mit dem von Jimi Hendrix genannt wird. Schlimmer noch ist, dass sie sich im Eifer der nun zunehmend häufigeren Verbalattacken einmal zu einer Bemerkung hinreißen lässt, deren Wortlaut mit »Ich bringe jeden um, der sich mir in den Weg stellt« wiedergegeben wird. Sie macht selbst vor Chet Helms nicht Halt, dem sie im Prinzip alles verdankt und der sich ihr gegenüber stets fair und verständnisvoll zeigt. Chet ist für sie zu sehr ein Szenetyp, ein »Hippie-Schmuser«, der niemandem wehtun möchte, wie Janis nicht ohne Hohn und mit dem spöttisch-bösen Lachen in der Stimme feststellt. Chet ist kein Manager, dem es darum geht, dass seine Musiker Karriere machen. Sie fordert daher rigoros die Entlassung von Helms aus seiner Managerverpflichtung für Big Brother und kann sich mit diesem Vorschlag gegenüber dem hilflos und unbeholfen diskutierenden Bandkollektiv auch bald durchsetzen. Chet Helms warnt die Musiker vor falschen Entscheidungen und bedauert die Trennung von der Band. In wirtschaftlicher Hinsicht ist die Entwicklung für ihn sicher unerheblich, da er mit dem erfolgreichen Avalon Ballroom und seiner umtriebigen Firma Family Dog im Bereich der Musikpromotion vollkommen ausgelastet ist. Menschlich bedeutet die auf Janis Joplin zurückgehende Entscheidung, auch wenn er dies seinem Naturell entsprechend nicht zugibt, natürlich eine herbe Enttäuschung.

Dass die Band dem immer stärker formulierten Führungsanspruch von Janis Joplin relativ unwidersprochen nachgibt, findet seine Erklärung auch darin, dass man sehr wohl registriert, wie stark ihre Frontfrau mittlerweile von anderen umworben wird. Ein äußerst verlockendes Angebot erreicht Janis unter anderem von dem aus Harlem stammenden schwarzen Countryblues-Multitalent Henry Fredericks, der unter dem Namen Taj Mahal bekannt geworden ist. Ein weiterer Punkt, der auch die männlichen Mitglieder der Band mit Chet Helms in Konflikt bringt, ist dessen Zurückweisung eines Vertragsangebots, das die Firma Mainstream Records der Band macht. Chet empfindet die Vertragsbedingungen als unfair. Da alle nur im Kopf haben, bald im Studio zu stehen und Aufnahmen machen zu können, kann er sich mit seinen Bedenken jedoch nicht durchsetzen. Im Konflikt mit Helms, der folglich keineswegs nur Janis betrifft, setzen die vier Bandmitglieder nun das etwas schlitzohrige Argument ein, man könne die Sängerin nur durch den Plattenvertrag halten, den Chet verhindern wolle. De facto betreiben auch sie so die Trennung von ihrem Manager, ohne ihr Gesicht dabei verlieren zu müssen. Der Vertrag mit Mainstream, den die Band nun ohne Beratung durch den Manager unterzeichnet, wird zu einer schweren Hypothek für die Gruppe. Niemand hat sich die Mühe gemacht durchzulesen, auf welche abenteuerlichen Bedingungen man sich eingelassen hat.

Ohne dass nähere Bedingungen insbesondere auch in finanzieller und organisatorischer Hinsicht dafür geklärt wären, lässt sich die Band auf ein weiteres Abenteuer ein. Es ist ein vierwöchiges Engagement im Mother Blues in Chicago, das am 23. August beginnen soll. Die Musiker schleppen daher selbst ihre Anlage zum Flughafen und machen sich nach ihrer Ankunft in Chicago bald auf die mühsame Suche nach Hotelzimmern. Im Sommer des Jahres 1966 fallen die langhaarigen Hippies natürlich sehr auf und haben daher große Probleme, überhaupt ein Hotel zu finden. Die amerikanische Mehrheitsgesellschaft reagiert in diesen innenpolitisch unruhigen Zeiten auf Außenseiter äußerst empfindlich. Männer mit langen Haaren stellen eine ungeheure Provokation für die moralischen Werte der Mittelschicht dar, in der Sauberkeit, Rechtschaffenheit und moralisch-religiöser Wertkonservativismus die zentralen Achsen bilden. Bereits minimalste Abweichungen von Kleidungs- und Verhaltensnormen führen zu Abwehr und Aggression. Über die Band Country Joe and the Fish aus San Francisco wird beispielsweise berichtet, dass man sie regelrecht gezwungen habe, Socken in den Sandalen zu tragen. Das Bandmitglied David Cohen sei sogar einmal gebeten worden das Flugzeug zu verlassen, weil er keine Socken trug.

Nachdem die logistischen Probleme einigermaßen geklärt sind, stellt sich bald heraus, dass sich Chicago Big Brother & the Holding Company gegenüber auch in künstlerischer Hinsicht als hartes Pflaster erweist. Die Szene von San Francisco ist bislang noch nicht in die vom Blues dominierte Stadt vorgedrungen. Das Publikum ist daher von der ungewohnten stilistischen Mischung und dem Hippie-Outfit der Bandmitglieder irritiert und verliert auch bald das Interesse an den Auftritten. Abend für Abend nimmt die Zahl der Besucher ab, so dass der Veranstalter schließlich auch die vereinbarte Garantiesumme nicht mehr zahlt. Da die unerfahrene und ohne Manager auch nahezu handlungsunfähige Band ihre noch so berechtigten Interessen nicht durchsetzen kann, entschließt sie sich zur Selbsthilfe. Es gilt, die mageren Abendeinnahmen, die ihnen nun einzig bleiben, aufzubessern, und daher engagiert man eine »psychedelische« Go-go-Tänzerin, die ab jetzt die Attraktion der Auftritte von Big Brother bilden soll. Die atemberaubende Kleidung von »Miss Pronton«, wie man die junge Frau nennt, besteht aus einem schillerndem, mit ineinander laufenden Farben besprühtem Glitzertrikot, zu dem eine seltsame, badekappenähnliche Kopfbedeckung gehört. Später erzählt Janis Joplin einem Interviewer, dass sie vor Peinlichkeit fast zusammengebrochen sei, als sie versucht habe zu singen, während »dieses halbnackte Mädchen direkt vor mir herumtanzte«.

Auch wenn Janis und die Band sich in dieser Situation sicher nicht wohl fühlen und sich in die vertraute Atmosphäre des Avalon zurücksehnen, so sind sie an den Abenden im Mother

Blues häufig viel zu »stoned« und zu betrunken, um die Peinlichkeit ihrer Lage wirklich zu erkennen. Janis Joplin führt zudem in sexueller Hinsicht wieder ein wildes Leben, wobei James Gurley und sie ihre auf Eis gelegte Beziehung nebenbei wieder auffrischen. Nancy ist ja nicht in der Nähe und eine Belastung von Janis' Freundschaft zu Nancy oder der familiären Situation erscheint den beiden nicht gegeben.

Bereits in Chicago beginnen Janis Joplin und die Band auch mit den Aufnahmen für die Platte, die Mainstream Records mit ihnen produzieren will. Den Vertrag, der Big Brother so gut wie keine Ansprüche einräumt – noch nicht einmal die auf eine adäquate Vermarktung der Platte – und der Mainstream dafür jegliche finanziellen und rechtlichen Freiheiten auch für zukünftige Produktionen lässt, wird später von Columbia, für den horrenden Betrag von insgesamt 275 000 Dollar aufgekauft werden. Das Mainstream-Album mit dem schlichten Titel *Big Brother & the Holding Company* wird erst nach dem triumphalen Monterey-Erfolg im folgenden Jahr veröffentlicht werden. Die Aufnahmen entstehen teils in Chicago und teils in Los Angeles. Zur Endabmischung des Sounds wird die Band nicht zugelassen.

An vielen Details merkt man, dass die Debütveröffentlichung von Janis Joplin und Big Brother im eigentlichen Sinn noch keine Rockmusikplatte ist, sondern am ehesten ein Dokument avancierter Folk- und Bluesmusik darstellt. Erstaunlich ist allerdings die große stilistische Breite. Neben am Sound der Beatles angelegten Songs wie *Caterpillar* gibt es den feministischen Blues *Woman is Losers* und psychedelisch angehauchte Titel wie *All is Loneliness* und *Light is faster than sound*. Hinzu kommen Folknummern wie Powell St. Johns *Bye, Bye Baby* und *Easy Rider*, die teils aber auch zur Rockstilistik tendieren. Es ist, als hätten Janis Joplin und Big Brother die Wurzeln und Einflüsse freigelegt, aus der sich ihr eigener Stil erst noch entwickeln würde. Sam Andrew erinnert sich daran, dass die

Band von der Studioatmosphäre sehr eingeschüchtert wurde. Die Umgebung, in der nun ihre Musik aufgenommen werden soll, ist der üblichen und gewohnten Konzertatmosphäre geradezu diametral entgegengesetzt. Ohne Kontakt zum Publikum und ungeübt im Umgang mit den Kopfhörern und der im Tonstudio üblichen Skelettierung der Songs in einzelne instrumentale und vokale Tracks ist es schwierig, in Stimmung zu kommen. Dazu kommt ihre unbefriedigende künstlerische Situation in der fremden Stadt und das eher geschäftsmäßig-routinierte Verhalten der Mainstream-Leute, so dass die fünf Freaks aus San Francisco gelegentlich mit klammheimlicher Wehmut an Chet Helms und seine zugleich beschützende und ermutigende Art denken. Für die abschließenden Aufnahme-sessions im Herbst wird die Band noch einmal mit einem alten Ford von San Francisco nach Los Angeles fahren und sich nach getaner Arbeit die Nacht in einem billigen Fünfbettzimmer um die Ohren schlagen.

Anfang Oktober heißt es erst einmal die Heimfahrt zu organisieren. Aufgrund des finanziellen Debakels ihres Engagements in Chicago reicht das Geld nicht mehr aus, ein Flugticket zu kaufen. Einzig Peter Albin, der das wenige zur Verfügung stehende Geld offensichtlich nicht für Alkohol und Drogen ausgegeben, sondern für die Rückreise angespart hat, fliegt direkt zurück zu seiner Frau und seiner Tochter. Die anderen vier begeben sich zusammen mit den Instrumenten auf eine abenteuerliche Rückfahrt in einem winzigen Gebrauchtwagen, den man sich gerade noch leisten konnte. Bei einem Zwischenstopp in einem kleinen Provinzstädtchen ereignet sich ein Zwischenfall, der sowohl für die gesellschaftliche Stimmungslage dieser Zeit als auch für Janis Joplins Kompromisslosigkeit und Konfliktfreudigkeit typisch ist. Als ein Polizist bei einer Kontrolle der Fahrzeugpapiere die Insassen provozierend fragt, ob sie Jungen oder Mädchen seien, schleudert Janis dem Hüter von Sitte und Moral nahezu automatisch ein nicht zu überhörendes »Fuck you!« entgegen. Nur aufgrund der mühsamen und erfolgreichen Beschwichtigungsversuche ihrer Mitreisenden bleibt der Vorfall wie durch ein Wunder folgenlos. Normalerweise wäre zumindest eine vorübergehende Inhaftierung fällig gewesen.

Zurück in San Francisco, engagiert die Band nach den schlechten Erfahrungen in Chicago sofort einen neuen Manager. Es ist Julius Karpen, wegen seines exzessiven Marihuanakonsums auch der »grüne Julius« genannt, der nun Big Brother geschäftlich vertritt. Julius Karpen ist zwar umtriebig und engagiert, seine geschäftlichen Fähigkeiten bleiben jedoch nicht zuletzt aufgrund seines fast permanenten geistigen Nebelzustandes eng begrenzt. Immerhin hat er die vielleicht etwas skurrile Idee, Janis Joplin Gesangsstunden zu verordnen. An der Professionalisierung ihrer musikalischen Fertigkeiten grundsätzlich interessiert, hält Janis dieses für sie schließlich nutzlose pädagogische Projekt immerhin ganze sechs Monate durch.

Im Oktober 1966 wird der Besitz von LSD in den USA illegal. Die Parteigänger des »Drogenpapstes« Timothy Leary, der nun in strafrechtlich problematische Situationen gerät, veranstalten daraufhin in San Francisco die Love Pageant Rally – eine große Demonstration für freie Liebe und die Bedeutung bewusstseinserweiternder Drogen – in deren musikalischem Rahmenprogramm auch Big Brother & the Holding Company auftreten. Es wird beobachtet, wie Janis und ihre Freundin Pat »Sunshine« Nichols, die sie im Herbst 1964 in der Coffee Gallery kennen gelernt hatten und mit der sie nun wieder im ständigen Kontakt steht, am Rande der hochpolitischen und emotionalisierten Veranstaltung zusammensitzen und sich betrinken. Chemie und Bewusstseinserweiterung sind ihre Sache nicht. Ihre Themen lauten Liebe, Sex, Spaß, Musik und Freiheit.

Im Matrix, einer Musikkneipe im Marina-Distrikt von San

174

Francisco, lernt Janis im Herbst 1966 noch eine Frau kennen, die neben »Sunshine« und ihrer späteren Freundin und Kostümdesignerin Linda Gravenites wohl die wichtigste Frau im Leben von Janis Joplin wird. Es ist Peggy Caserta, geschäftig und erfolgreiche Boutiquebesitzerin und zu diesem Zeitpunkt mit Kim Chappel, der ehemaligen Liebhaberin der Queen des Folk, Joan Baez, liiert. Joan Baez ist für viele Frauen, unter ihnen auch Janis Joplin, Mitte der sechziger Jahre das Modell einer Lesbe, die offen mit ihrer sexuellen Orientierung umgeht und zugleich keine Angst vor Weiblichkeit hat. Janis ist von Peggy Caserta sehr angetan und macht ihr regelrecht den Hof.

Im April 1965 hatte Peggy Caserta in Haight-Ashbury, dem Hippie-Stadtteil von San Francisco, eine Boutique mit dem Namen »Mnasidika« eröffnet und sich damit dem wachsenden Bedürfnis der Szene nach typischer Hippie-Bekleidung Rechnung getragen. Außerdem versorgt sie als Grossistin eine Reihe von Läden mit entsprechender Ware. In finanzieller Hinsicht hat sich ihre Idee mittlerweile zu einer regelrechten Goldgrube entwickelt. Auch auf Janis Joplin, die sich allerdings im Herbst 1966 noch keine teuren Sachen leisten kann, übt die Hippie-Boutique eine große Anziehungskraft aus. Peggy schenkt Janis zu deren grosser Freude ein paar seidene Jeans und betätigt sich auch ansonsten regelmäßig als Sponsorin in der aufstrebenden Musikszene von San Francisco. Das Prinzip des Kostüm-Sponserings erweist sich als hervorragende Werbekampagne für Peggy Casertas Boutique. Wie Janis hat Peggy, die manche als explosiv und launisch beschreiben, auch Beziehungen mit Männern. Unter anderem ist sie zeitweise mit dem Big Brother Sam Andrew liiert, ohne dass Janis allerdings davon erfährt.

Zu Weihnachten feiert die Landkommune Big Brother & the Holding Company in Lagunitas eine große Party, zu der die wichtigsten Gruppen der Szene von San Francisco eingeladen sind. Anwesend sind unter anderem The Grateful Dead, Quicksilver Messenger Service und Country Joe and the Fish. Sam Andrew erinnert sich: »Wir haben eine Riesenmenge zu essen gemacht, ein paar Kisten billigen Wein gekauft und aus einem großen Haufen Shit, den wir in Nebraska aufgetan hatten, an die hundert Joints gebaut.«

Trotz der gelungenen Party empfindet die einschließlich Angehöriger immerhin neun Menschen zählende Wohn- und Lebensgemeinschaft von Lagunitas das Zusammenleben als zunehmend beschwerlich und kompliziert. Peter Albin lebt mit seiner Familie eher in geregelten Rhythmen mit festen Schlaf- und Essenszeiten, während Nancy und Janis häufig stoned endlose Nächte mit intensiven Gesprächen und dem Anfertigen von Perlenketten verbringen. Zu allem Überfluss gibt es noch Mishko, den ständig bellenden deutschen Schäferhund. Es dauert daher nicht mehr lange, bis die Bewohner wieder zurück nach San Francisco gehen. Janis Joplin bezieht eine kleine Wohnung in der Lynn Street.

Soeben hat das Jahr 1967 begonnen. Der legendäre Summer of Love wirft am 14. Januar mit dem großen Human Be-in im Golden Gate Park seine Schatten voraus.

8. KAPITEL

Flower in the Sun:
Der Sommer der Liebe

»Hey, du Fuzzi, wohin gehst du mit dieser Blume in der Hand?« fragt Frank Zappa in dem Stück *Flower Punk*, seiner sarkastischen Abrechnung mit San Francisco, dem »Sommer der Liebe« und den Ritualen des Hippie-Kultes. Das Ende des »Blumenfuzzis«, den Zappa karikiert, ist böse. Nachdem er die unvermeidlichen Stationen des Hippielebens durchlaufen hat – psychedelische Musik, Trommelspiel in freier Natur, mystischer Tanz und freie Liebe – endet er beim Psychiater. In einer makabren Drogenexplosion zerstört er sich schließlich selbst, nicht ohne, wie Zappa mit dem ihm eigenen tiefschwarzen Humor hinzufügt, »bizarre audiale Rückstände auf den Teenager-Plattenspielern« zu hinterlassen.

Frank Zappa, der Janis Joplin schätzte und ihr in ungewöhnlicher, aber aufschlussreicher Allianz mit dem Swing-König

Benny Goodman nach einem Konzert in New York überschwänglich gratulierte, bringt mit seiner musikalischen Offensive gegen den »Blumenfuzzi« zum Ausdruck, was die von ihm attackierte Hymne der Blumenkinder, Scott McKenzies berühmtes *San Francisco*, verschweigt. Von der »neuen Generation« mit »neuen Erklärungen«, die, wie McKenzie singt, »die ganze Nation erschüttern« würden, ist am Ende des Sommers 1967 schließlich nicht mehr viel übrig geblieben. Auch die Blumen, die jeder im Haar tragen solle, der nach San Francisco komme, sind längst verwelkt. Die euphorische Vision von den »People in Motion« ist in der Realität zu einer bloßen Belästigung durch hunderttausende Freizeit-Freaks verkümmert, die Straßen und Parks bevölkern und dabei die Idee vom alternativen Leben bestenfalls als touristische Unternehmung goutieren. Nicht wenige von ihnen begraben den Traum von »Love and Peace« unter einer desaströsen Drogenkarriere.

Diejenigen jedoch, die es 1967 ernst meinen mit der Veränderung Amerikas von einer egoistischen, sozialdarwinistischen und gewalttätigen Gesellschaft hin zu einem von Konsumverzicht, Solidarität und Friedensbereitschaft geprägten Gemeinwesen, sind zutiefst davon überzeugt, dass nur gewaltloses, subversives Verhalten zum Erfolg führen kann. Ihr Ausgangspunkt findet sich in den Free-Speech-Aktionen der schwarzen Bürgerrechtsbewegung und den zumeist akademisch verankerten Friedensinitiativen. Insbesondere die Universität von Berkeley in Kalifornien unweit von San Francisco wird zum Ursprung einer politischen Bewegung, deren Ziel es ist, parallel zur Mehrheitsgesellschaft eine basisorientierte ökonomische und kulturelle Infrastruktur zu etablieren. Auf diese Weise, so hofft man, würde die marode und krankhafte Struktur des amerikanischen Wirtschafts- und Gesellschaftssystems allmählich verdrängt werden.

Den festen Willen, das verlorene Paradies, wie es von dem

Poppoeten Donovan in seinem gefühlvollen Melodram Atlantis beschworen wird, wieder zu erwecken, verbinden die Protagonisten der Hippiekultur mit dem unerschütterlichen Glauben an das Gute im Menschen. Im Unterschied zur vorangegangenen Generation der Beat-Existenzialisten finden sich daher in der Philosophie und in der Lebenspraxis der Hippies neben der Idee eines archaischen Kommunismus auch naturreligiöse und esoterische Züge sowie Elemente von asiatischen Weisheitslehren wieder. Der fortschreitenden Zerstörung der Einheit von Mensch und Umwelt steht nun eine Rückbesinnung auf die Lebensformen der vom amerikanischen Kontinent verdrängten oder unterdrückten Völker entgegen, wobei insbesondere die indianische Kultur einen hohen Stellenwert einnimmt. Zu dieser Wiedergeburt indianischen Lebens gehören das Gefühl von Stammeszugehörigkeit, ebenso wie die Schmuck- und Fransenmode und das soziale Ritual des Rauchens. Die Lebenspraxis der Naturvölker erscheint als nahezu ideale Alternative zur pofitorientierten Wegwerfgesellschaft der von John Lennon so genannten Plastic People. Ob die Hippiebewegung es tatsächlich darauf anlegt, die amerikanische Gesellschaft zu revolutionieren, oder ob jene dies in der ihr eigenen paranoiden Starre einfach unterstellt, mag man unterschiedlich beurteilen. Andreas Vick spricht in seiner Bestandsaufnahme über die mehrheitlich der Mittelschicht entstammenden Love-and-Peace-Bewegung daher auch nicht von einem politischen Antrieb, sondern von einem intellektuellen Notstand, den er im Zentrum der Generation der 67er ansiedelt: »Es ist eine direkte Reaktion auf die Kräfte, die Amerika kontrollieren. Das hat nichts mit Anarchie zu tun. Die Hippies haben kein Interesse an irgendeiner Philosophie, auch nicht am Kommunismus. Sie wollen einfach nur ihr Leben auf ihre Weise leben, ohne irgendwelche strukturellen Bindungen.« Den im Hinblick auf eine aktive und kritische Teilnahme am politischen Leben eher zurückhaltenden Hippies folgen im Zuge einer grundsätzlichen Politisierung im folgenden Jahr daher die Yippies. Die im Februar 1968 gegründete Youth International Party, auf die der Name der Yippie-Bewegung zurückgeht, richtet ihr Augenmerk stärker auf politische Teilnahme und mischt sich als außerparlamentarische Opposition aktiv und gelegentlich auch gewalttätig in die amerikanische Politik ein.

Im Gegensatz dazu hat die pragmatische Unterwanderung des gesellschaftlichen Establishments durch die Hippies fast ausschließlich ganz konkrete Ziele und Projekte im Auge. Zunächst einmal richtet sich die Aufmerksamkeit der akademisch geprägten Bewegung auf die gesellschaftliche Exklusivität des zu einem großen Teil privat finanzierten amerikanischen Hochschulsystems. Es entsteht als Alternative ein System von frei zugänglichen Seminaren und Kongressen, die man Free Universities nennt. In die gleiche Richtung weist die Demokratisierung der Kultur, für die es die Institution des Free Concert gibt. Hier sind es in der Regel die Künstler, die auf ihre Gagen verzichten. Selbst für die Nahrungserzeugung und den Vertrieb von Lebensmitteln werden Organisationsstrukturen entwickelt, die auf Tauschhandel statt auf Verkauf setzen. Landkommunen besinnen sich auf den Pioniergeist ihrer Vorväter und stellen der Monokultur der amerikanischen Agrarindustrie eine auf Selbstversorgung gerichtete pluralistische und ökologische Produktionsweise entgegen.

In San Francisco laufen alle Fäden dieser antihierarchischen, basiorientierten und dennoch offensichtlich in gut funktionierenden Netzwerken organisierten Bewegung auf wundersame Weise zusammen. Allein 1967 strömen mehr als 100 000 Jugendliche aus aller Welt in die Hauptstadt der Hippies, so dass die Digger, die ehrenamtlichen und hoch geschätzten Straßenarbeiter der Subkultur, alle Hände voll zu tun haben, um die Kleider- und Essensspenden weiterzureichen oder im Golden Gate Park Free Meals zu organisieren. Die Digger erringen durch ihr Know-how und ihren Einfluss auf die Szene eine nicht unbeträchtliche Machtstellung. Janis Joplin bewegt sich regelmäßig in der Diggerszene und ist insbesondere mit Peter Coyote und Emmett Grogan, die zur heimlichen Elite der Szene gehören, gut befreundet.

Das Zentrum der Hippies in San Francisco bildet der Stadtteil Haight-Ashbury. Von manchen Bewohnern und Besuchern wird er wegen des ungewöhnlich hohen Konsums insbesondere von Cannabis-Produkten auch liebevoll-ironisch »Hashbury« genannt. Haight-Ashbury war zu Beginn der sechziger Jahre eine reine Arbeitergegend und nicht auffallend anders als viele andere Viertel der Stadt. Ein Grund dafür, warum Haight-Ashbury für die Hippies so attraktiv wird, ist die Tatsache, dass sich dieser Stadtteil unmittelbar östlich vom Golden Gate Park befindet, von dem ein schmaler, Panhandle genannter Streifen abgeht, der mitten in das Szeneviertel hineinreicht. Der Panhandle wird zu einer Art guten Stube von Haight-Ashbury. Hier finden die Free Concerts statt und hier vollbringen die Diggers ihre Wohltaten. Schon vor der Hippie-Welle hatten zudem Veteranen der Beat-Bewegung wie Allen Ginsberg ihre Zelte im Stadtteil North Beach, dem früheren In-Viertel der Alternativen, abgebrochen und waren nach Haight-Ashbury gezogen.

Die Hippie-Szene des Summer of Love hat bei aller Unterschiedlichkeit gleichwohl ihre Wurzeln auch in Teilen der Beatnik-Bewegung. Bereits 1964 war der durch den Verkauf des Romans *Einer flog über das Kuckucksnest* bekannt und finanziell unabhängig gewordene Schriftsteller Ken Kesey mit einem bunt bemalten Bus durch Kalifornien gefahren, um drogeninspirierte Selbsterfahrungsworkshops zu veranstalten, die er Acid Tests nannte. Am Steuer dieses Busses saß niemand anders als Neal Cassady, der Reisegefährte Jack Kerouacs und zugleich dessen Vorbild für die Figur des Dean Moriarty in *On the Road*. In der Tat sind Berührungspunkte zwischen der zumindest äußerlich so unterschiedlichen Kultur der Beats und der Hippies nicht zu übersehen. Was sie verbindet, ist neben dem ständigen In-Bewegung-Sein – McKenzies »People in motion« und Kerouacs *On the road* – die Identifikation mit den Unterdrückten und den Randfiguren der amerikanischen Gesellschaft. Ihr pragmatischer Lebensentwurf ist gleichsam eine Abwehrhaltung gegenüber dem Blendwerk des Konsums, der Langeweile und Ödnis der Provinz sowie dem Verhaftetsein in den Konventionen der puritanischen Moral. Das kleinbürgerliche Familienleben mit seinen undurchdringbaren und zumeist auch unausgesprochenen Regeln und der von politisch-moralischem Dogmatimus und Traditionalismus beherrschten Lebenshaltung der Mehrheitsgesellschaft gehört daher zu dem gemeinsamen Feindbild der Protestgenerationen der fünfziger und der sechziger Jahre. Paradox und schlüssig zugleich ist, dass Eigenschaften wie persönliche Freiheit, Mobilität, Individualität, Naturverbundenheit und eine prinzipielle subversiv-anarchistische Haltung zur staatlichen Obrigkeit Tugenden sind, die zum uramerikanischen Bestandteil der Go-West-Mythen gehören und damit auch in den Wertvorstellungen des bekämpften Establishments ihren festen Platz haben. Auch Drogen besitzen in der amerikanischen Gesellschaft eine lange Tradition, wie am ambivalenten Umgang mit Alkohol als Symbol von Stärke und Macht und als zugleich streng verfolgter Widerpart einer puritanisch-sinnesfeindlichen Moral deutlich wird. Gleichermaßen doppelbödig ist auch die Rolle chemischer Drogen als Tranquilizer und als Mittel zur Steigerung der Leistungsfähigkeit. Die Drogen der sechziger Jahre schließen dort nahtlos an, nur heißen sie jetzt Marihuana, Peyote, Psilocybin und LSD. Timothy Learys Experimente in Harvard und später in Kalifornien lassen vielfach die Erwartungen über die positiven Aspekte des Drogenkonsums ins geradezu Abenteuerliche anwachsen.

Wie schnell aus dem subversiven Paralleluniversum der Aussteiger sich ein im doppelten Sinne des Wortes florierender Flower-Power-Tourismus entwickelt, überrascht auch die Insider und Protagonisten der Szene. Paul McCartney beispielsweise, der sich im Sommer 1967 zu einem Besuch bei den befreundeten Grateful Dead in San Francisco aufhält, zeigt sich nicht wenig schockiert von der Geschäftigkeit, die von der Love-and-Peace-Oase Haight-Ashbury Besitz ergriffen hat. Die touristische Vermarktung der Hippiekultur ist in der Tat eindrucksvoll: Boutiquen mit Hippiekleidung sowie Geschäfte für Accessoires aller Art wie Perlen, Lederbänder, Samt- und Seidenstoffe, Wasserpfeifen, asiatisches und indianisches Kunsthandwerk, Räucherstäbchen, bedruckte und gebatikte T-Shirts und Mönchsglöckchen schießen wie die beliebten Rausch erzeugenden Pilze aus dem Boden. Die nationale Buslinie Gray Line bietet bald eine spezielle Hippietour an, deren origineller Werbetext besagt, dass es sich dabei um die einzige Tour ins Ausland handele, die man unternehmen könne, ohne die Grenzen der Vereinigten Staaten zu überschreiten. Den Ausgangspunkt des Sommers der Liebe bildet das große Human Be-in das bereits im Januar im Golden Gate Park veranstaltet wird. Diese gigantische Mischung aus Popfestival und esoterischem Kongress gilt gewissermaßen als Weltausstellung der Hippiekultur im Zeichen des Wassermann-Zeitalters. Bevor das Jahr überhaupt so richtig begonnen hat, lassen das darauf folgende Chaos und die Drogenexzesse bei manchen jedoch bereits eine gewisse Endzeitstimmung in Bezug auf die Überlebensfähigkeit der Hippiekultur aufkommen. Im Oktober, als die meisten der Hundertausende, die San Francisco in diesem Sommer heimgesucht haben, dabei sind, die Stadt zu verlassen, wird daher symbolisch und medienwirksam ein Strohpuppen-Hippie in Haight-Ashbury zu Grabe getragen. Für viele ist es wie ein Aufatmen: The Show is over. Auch wenn sie durch Kleidung und Verhalten schlechthin zu einer Ikone dieses Zeitalters wird, empfindet sich Janis Joplin nicht als Hippie. Zwar liebt sie den Stil der Hippie-Mode, denn nach Spitzenblusen, Samt- und Seidenstoffen, Federn, Fellen und Perlen ist sie geradezu verrückt. Ihre Aversion gegen die Hippiegehirnwäsche, mit der sie eher instinktiv als analytisch den sektiererhaften Rigorismus, die Entprivatisierung aller Lebensbereiche und das Schlagwort von der Bewusstseinserweiterung zusammenfasst, hat sie jedoch immer wieder zum Ausdruck gebracht. Dies sollte aber nicht darüber hinwegtäuschen, dass sehr wohl eine zumindest intuitive geistige und emotionale Nähe von Janis Joplin zu den Hippies existiert.

Vor allem die grundsätzliche Freisetzung von Emotionalität vor dem Hintergrund des repressiven Umgangs mit Gefühlen in der Mehrheitsgesellschaft und die damit verbundene Enttabuisierung der Sexualität sind Haltungen der Hippies, die Janis Joplin als ihr vertraute Empfindungen wiedererkennt. In dieser Haltung liegt auch die fundamentale Basis ihrer Beziehung zum Publikum, das Janis Joplins emotionale Authentizität als einen zentralen Punkt seiner Zuneigung betrachtet. Auch wenn sie mit den ideologischen, religiösen, und philosophischen Positionen der Hippiebewegung nichts anfangen kann, so ist es doch deren Suche nach Wahrheit, die sie fasziniert: »Sie glauben daran, gut zu den Menschen zu sein«, sagt sie einmal.

David Dalton schildert eine Episode mit Janis Joplin während des Festes zur Sommersonnenwende, dem San Francisco Summer Solstice im Jahre 1967, die zeigt, wie wohl sie sich im anarchischen Getümmel der Szene fühlt und wie intensiv sie dabei auch eine Andeutung von Stärke empfindet, die ihr die

Janis liebt Hippie-Kleider und -Accessoires und ist auch wie die Hippies für freie Liebe und Enttabuisierung der Sexualität; innerlich bleibt sie jedoch immer ihrer Beatnik-Gesinnung treu. (Keystone Pressedienst, Hamburg)

Solidarität mit den Freaks um sie herum gibt. Die Sommersonnenwende ist ein Jahrmarkt alternativen Lebens mit Hexen, Zigeunern, Prinzen, Clowns, Harlekins, Mönchen und den unvermeidlichen Horden von Hell's Angels, Ballspielern, Indianern – »the most fantastic and the most real«, wie Dalton es ausdrückt. Janis Joplin steht irgendwo lässig herum und bekommt allmählich mit, wie ein Polizist inmitten dieses bunten und frei von allen bürgerlichen Ordnungsvorstellungen wogenden Treibens ungerührt seine Pflicht tut, indem er einen Falschparker aufschreibt. Die Unfassbarkeit dieses absurden Vorgangs geradezu körperlich spürend geht Janis provozierend auf den Polizisten zu und fixiert ihn schweigend und arrogant mit ihren Blicken. In der ihr eigenen lässig-unverschämten, wiegenden Gangart umkreist sie dabei den Wagen.

Trotz ihrer Verwurzelung in der Szene bleibt Janis Joplin ihrem Selbstverständnis nach immer ein Beatnik: »Ich bin als Beatnik ins Leben gegangen, ich wollte das tun, was ich für richtig hielt. Beatniks lehnen die Gesellschaft ab und sind enttäuscht von der Welt. Sie glauben, dass die Dinge nicht besser werden, also sagen sie ›zur Hölle damit‹ und dröhnen sich einfach zu. Ich bin nicht die Sprecherin meiner Generation. Ich nehme nicht mal Acid. Ich trinke.«

*

Das Jahr 1967 beginnt für Janis Joplin am 2. Januar mit einem Auftritt von Big Brother & the Holding Company bei der großen Neujahrsparty der Hell's Angels von San Francisco im Panhandle. Sie und ihre Band sind offensichtlich gut im Geschäft, denn bereits zwei Tage später sind sie auf einem kurzen Trip nach Texas, wo Big Brother im Soul City Club von Dallas einen Gig als Warm-up-Gruppe für die Rock-'n'-Roll-Größe Chuck Berry gibt. Beim Human Be-in am 14. Januar im

Golden Gate Park singt Janis Joplin unter anderem *Ball and Chain*, eine balladeske Bluesnummer von *Big Mama Thornton*, mit der sie unter anderem auf Jim Morrison großen Eindruck macht. Morrison ist mit den Doors wegen eines Engagements im *Winterland* in San Francisco. Mit der Arroganz des in Los Angeles ansässigen Profis hatte er etwas mitleidig auf das seines Erachtens dilettantische Spektakel des Human Be-in herabgesehen. Angesichts der ungeheuren Begeisterung, die die Rockbands von San Francisco und vor allem Janis Joplin bei ihren Fans auslösen, kommt nun bei ihm ein gewisses Bedauern auf, nicht dabei zu sein.

Die erste Hälfte des Jahres 1967 ist jedoch nicht nur durch künstlerische Erfolge gekennzeichnet, sondern auch durch eine vier Monate anhaltende tiefgehende und komplizierte Liebesbeziehung zwischen Janis Joplin und Joe McDonald, dem politisch engagierten Berkeley-Studenten und Kopf der Band Country Joe and the Fish. Bereits im Oktober 1965 war McDonald Leiter des Vietnam-Tages in Berkeley und unterscheidet auch jetzt nicht zwischen künstlerischer Arbeit und politischem Engagement. So leitet die Band ihren harmlos wirkenden Namen von Maos Forderung ab, der Revolutionär müsse sich wie ein Fisch im Wasser bewegen.

Joe lebt in einer Wohngemeinschaft direkt gegenüber der Boutique von Peggy Caserta in Haight-Ashbury. Sehr verwunderlich findet Janis Joe McDonalds überaus soziale Einstellung gegenüber der Band, denn er teilt grundsätzlich alle Tantiemen aus seinen Songs mit seinen Musikern, auch wenn er der alleinige Texter und Komponist ist. Sein politisches Engagement ist von derart umfassender und unerbittlicher Konsequenz geprägt, dass er geradezu überheblich und anmaßend auf Menschen reagiert, bei denen er Gleichgültigkeit oder mangelnden Einsatz vermutet. Die Affäre mit Janis gestaltet sich aber nicht nur deshalb schwierig, weil sie Joe McDonalds Auffassungen in politischer Hinsicht nicht genügend unterstützt, sondern auch, weil der neue Lover sich trotz seiner hohen moralischen Ansprüche als unzuverlässig und launisch entpuppt. Es ist daher nur eine Frage der Zeit, bis beide schließlich nach endlosem Streit entnervt voneinander lassen. Sicher spielt dabei auch eine Rolle, dass Janis Joplins nicht durch Politik, sondern durch Hedonismus geprägte Lebensauffassung für einen politisch denkenden und handelnden Menschen wie McDonald auf Dauer untragbar wird. Erneut ist es jedoch Janis, die sich zurückgelassen und missachtet fühlt. So wird auch die unglückliche Liebe mit Joe zu einem weiteren Baustein ihrer unendlichen »Man-hat-mich-so-verletzt«-Geschichte, wie sie in den zahllosen Interpretationen von *Ball and Chain* zum Ausdruck kommt.

Janis Joplins Liebesleben ist aber nicht nur auf der Achse zwischen ihr und Joe McDonald kompliziert, denn schließlich lebt sie selbst in einer lockeren aber doch regelmäßigen Beziehung mit Joes Hausnachbarin Peggy Caserta. Diese wiederum hat neben ihrer noch immer existierenden Hauptbeziehung Kim Chappel, auf die auch Janis ein Auge geworfen hat, zugleich ein Verhältnis mit Big Brother Sam Andrew und, um die Verwirrung komplett zu machen, auch mit Janis' Hauptbeziehung Joe McDonald. Retrospektiv erscheint das mehrfache zwischenmenschliche Cross Over, das sich im Frühjahr 1967 in den Straßen von Haight-Ashbury abspielt, wie das Modell vom Wunderland der freien Liebe, mit der nicht unerheblichen Einschränkung allerdings, dass Gefühle von Eifersucht, Misstrauen und Niederlage keineswegs ausgemerzt sind.

Wenn Janis Joplin vor einem Dreivierteljahr noch wie eine junge, etwas spießige, aber immerhin gepflegte Geschäftsfrau ausgesehen hatte, so bietet sie jetzt einen weniger erfreulichen Anblick. Ihr Gesicht ist vom Alkohol aufgedunsen und glänzend, ihre schlechte, zeitweise ausschließlich auf Unmengen von Süßigkeiten reduzierte Ernährung hat ihrer ohnehin malträtierten Haut noch zusätzlich geschadet, und schließlich hat sie auch wieder beträchtlich an Gewicht zugenommen. Ein langer, begeisterter Brief an ihre Eltern lässt davon nichts erkennen. Sie berichtet über den Fortgang ihrer Karriere, ihr steigendes Einkommen und über ihre Begeisterung für die Beatles. Für Janis' Beatlemania ist wohl eine Bemerkung von Paul McCartney der Auslöser. Er war bei einem Konzert von Big Brother & the Holding Company zugegen und hatte sich anerkennend über die Band und über Janis geäußert.

Wenn Janis Joplin in ihren Briefen bekanntlich auch nicht in allem die Wahrheit sagt, so sind doch ihre Bemerkungen zum finanziellen Aspekt ihrer Karriere zutreffend. Janis verdient mittlerweile so viel Geld, dass sie sich eine neue Wohnung leisten kann. Sie zieht in die Cole Street in Haight-Ashbury und ist ab jetzt stolze Inhaberin einer Zwei-Zimmer-Wohnung mit Küche, Bad und Balkon.

*

Die Zeit vom 16. bis 18. Juni 1967 steht für ein Ereignis, das wie kein anderes das Leben und die Karriere von Janis Joplin grundsätzlich verändert. Es ist das Internationale Popfestival von Monterey. Mit über 120 auftretenden Künstlern ist Monterey das bis dahin größte Popfestival. Das internationale Presseinteresse ist enorm, da die Popbewegung nun, kurz nachdem die Beatles ihr viel beachtetes *Sgt. Pepper's*-Album herausgebracht haben, auf einen Höhepunkt zuzusteuern scheint. Daher erregt es auch einiges Aufsehen, dass kein Geringerer als Paul McCartney zum künstlerischen Komitee des Festivals gehört, dessen Leitung der Popgroßverdiener und Chef von The Mamas and The Papas, John Phillips, übernommen hat.

Die in dem Film *Monterey Pop* von D. A. Pennebaker so anrührend eingefangene Hippie-Atmosphäre des Festivals ist keinesfalls zufälliges Produkt subkultureller Spontaneität, sondern Teil eines durchdachten Marketingkonzeptes der Veranstalter. Scott McKenzie hatte daher den von John Phillips komponierten und von Lou Adler produzierten Hit *San Francisco* rechtzeitig in die Charts lanciert und somit als erster die Haight-Ashbury-Szene im großen Stil kommerzialisiert. Monterey, das kleine, 30 000 Einwohner zählende Städtchen, ein wenig südlich von San Francisco malerisch in einer Bucht gelegen, sollte Ort der Olympiade der Drop-Outs werden, eine Steigerung des großen Human-Be-ins vom Januar in San Franciscos Golden Gate Park. Doch auch wenn die Filmbilder eine andere Sprache sprechen, so ist der Monterey umgebende Mythos des vollkommen friedlichen und problemfreien Festivals nicht zu halten. Nicht anders als in San Francisco findet auch hier ein heftiger Drogenmissbrauch statt, so dass Jugendliche, die auf alptraumhaften Acid Trips hilflos durch die Straßen irren, keine Seltenheit darstellen. Äußerlich hingegen ist die Ruhe und die Disziplin, die alle Beteiligten aufbringen, jedoch erstaunlich. Die 70 000 Menschen, die beispielsweise am Samstagvormittag die kleine Stadt bevölkern, verhalten sich friedlich, die in höchste Alarmbereitschaft versetzten Sicherheitskräfte reagieren äußerst gelassen und entspannt. David Getz erinnert sich: »In Monterey hatte wirklich alles seine Ordnung. Alle, die dort übernachteten, hatten Zelte. Die Cops waren nett, und alle Bands wohnten in Motels. Es gab keine großen Menschenmassen, man brauchte sich nicht durchzudrängeln.«

Monterey ist das äußere Zeichen dafür, dass die bis dahin lokale Popszene von San Francisco in ein nationales Ereignis überführt werden sollte. In dieser Hinsicht ist Monterey bedeutender als das zwei Jahre später stattfindende apokalyptische Woodstock-Festival, dessen gigantische Größe keine wirkliche Verbindung zwischen Künstler und Publikum mehr ermöglichen sollte, sondern einen definitiven Ausverkauf der Popkultur bedeuten würde. Davon zumindest ist beim Popfestival in Monterey noch relativ wenig zu spüren.

Dabei spielt der unternehmerische Aspekt dieses selbstverständlich kommerziellen Ereignisses jedoch keine geringe Rolle. Denn während sich im Vordergrund die Love-and-Peace-Rituale, die Begeisterung für die Musik, das unbeschreibliche Wir-Gefühl einer ganzen Generation und esoterisch-religiöse Happenings Raum schaffen, tummeln sich im Backstage-Bereich die Leute aus dem Pop-Business und führen knallharte Verhandlungen mit den Musikern oder deren Managern. Sam Andrew erinnert sich gut daran, wie stark das Monterey Festival durch die Organisatoren aus Los Angeles bestimmt ist. Damit meint er in erster Linie John Phillips von The Mamas and The Papas, der insbesondere von Janis Joplin gleichermaßen irritiert und beeindruckt ist. Der San Francisco Sound steht für die Musiker und Produzenten der Unterhaltungskapitale Los Angeles vor allem für harmlose und gängige Popsongs, nicht für existenzielle Bluesdramen und psychedelische Traumreisen, wie sie Janis Joplin und Big Brother sowie andere Bands aus der Bay Area im Repertoire haben.

Seit mehr als einem Jahr sind The Mamas and The Papas durch Hits wie *California Dreamin'* oder *Monday, Monday* auf der internationalen Erfolgsschiene. Die meisten Songs schreibt John Phillips, der geschäftstüchtige Chef der Gruppe. Außer ihm gehören noch seine Frau Michelle, Denny Doherty und die schwergewichtige Cass Elliott zu dem Popquartett. Als erfolgreiche, im Mainstream der Popmusik angekommene Ikonen der Hippiebewegung haben sich The Mamas and The Papas ein Superstarbusiness aufgebaut. Sie leben bis 1968, als die Gruppe auseinanderbricht, gemeinsam in einer luxuriösen Villa in Los Angeles. Janis Joplin kennt John Phillips von einer Party in Los Angeles mit berühmten Show- und Filmstars wie

191

Warren Beatty, Jane Fonda und den Beach Boys in Phillips' weitläufigem Haus und ist sehr beeindruckt.

Die Idee, in Nordkalifornien ein großes Popfestival zu organisieren, geht auf den Musikagenten Ben Shapiro zurück, der John Phillips und dem Musikmogul und Mamas-Produzenten Lou Adler rät, die Früchte der in San Francisco aufblühenden Innovationen der Popkultur zusammenzuführen und zu vermarkten. Die am Festival beteiligten Rockgruppen befinden sich damit in einem Zwiespalt. Zum einen gibt ihnen Monterey die Chance zum nationalen und möglicherweise auch internationalem Durchbruch, zum anderen verkörpern die Organisatoren eben genau jene Plastic People aus Los Angeles, die in der Szene so verhasst sind. Mit gemischten Gefühlen beobachten die San Francisco Bands daher auch, dass die Veranstalter ihr Risiko minimieren wollen, indem sie Zugnummern eingekauft haben, die nicht in der nordkalifornischen Musikszene verwurzelt sind. Neben dem bekannten Soulmusiker Otis Redding sind dies vor allem Jimi Hendrix und die britische Rockgruppe The Who. Hendrix ist seit seiner Entdeckung durch Chas Chandler, dem Bassgitarristen der Animals, und der erfolgreichen Promotion der Jimi Hendrix Experience in England auf einem steilen Weg nach oben. In Monterey soll nun sein Durchbruch in den USA lanciert werden. The Who hatten 1965 mit ihrem Hit *My Generation* Furore gemacht und waren damit zum Symbol der gegen das britische Spießertum rebellierenden Ted-Bewegung avanciert. Rockmusik wird also kurioserweise aus England in die USA, das Geburtsland des Rock 'n' Roll reimportiert. Vor allem die Rolling Stones und die Beatles hatten den britischen Pop in Kalifornien populär gemacht, und folglich stellt der Sound aus Europa auch eine wuchtige Wurzel für den aufblühenden San Francisco Sound dar.

Die happeningartigen Höhepunkte des Festivals sind mittlerweile zur Legende geworden. Denn nicht das meditative Sitarspiel Ravi Shankars oder Simon & Garfunkels *59th Street Bridge Song* haben sich eingeprägt, sondern das Bild der Rockgruppe The Who, die ihre Gitarren zerschmettern und Rauchbomben zünden und die aufsehenerregende Aktion von Jimi Hendrix, der seine Gitarre mit Benzin übergießt und in Brand steckt. Für den Samstagnachmittag, also nicht etwa zur publikumsstarken Abendzeit, haben die Veranstalter die Bands aus San Francisco vorgesehen. Neben Big Brother & the Holding Company mit Janis Joplin sind dies Electric Flag, die Paul Butterfield Blues Band, Canned Heat, Country Joe and the Fish , die Steve Miller Blues Band, Quicksilver Messenger Service und Jefferson Airplane.

Für Janis Joplin ist es das erste Mal, dass sie vor einem so großen Publikum singt. Ihr Auftritt beim viel kleineren Monterey Folk Festival liegt nun schon vier Jahre zurück, und damals war sie ja im Rahmenprogramm auf einer Seitenbühne aufgetreten. Alle Zeitzeugen berichten, dass sie extrem nervös und aufgeregt ist, als sie am Nachmittag mit der Band die Bühne betritt, um das zunächst verblüffte und dann vollkommen begeisterte Publikum in ihren Bann zu ziehen. Dieser eigentliche Start der Karriere von Janis Joplin ist nicht filmisch dokumentiert, da die Kameras von Mr. Pennebaker am Samstagnachmittag ausgeschaltet bleiben. Der Umstand, dass nicht alle Beiträge des Festivals für die spätere Dokumentation gefilmt werden, geht jedoch nicht auf den Produzenten zurück, der, so könnte man vermuten, vielleicht eine Vorauswahl getroffen hat und die Bands aus der Bay Area übergehen wollte. Die Kameraleute bleiben vielmehr untätig, weil Big Brother, die Grateful Dead, Quicksilver und Jefferson Airplane die ihrer Auffassung nach ausbeuterischen Bedingungen des Filmvertrages boykottieren. Die Verweigerung kommerzieller Filmaufnahmen ist die einzige, ziemlich begrenzte Möglichkeit, die die alternative Szene aus San Francisco überhaupt sieht, sich nicht vollständig dem Musikbusiness aus Los Angeles auszuliefern. Im Falle von Big Brother fußt diese von Janis Joplin nur mürrisch akzeptierte Haltung jedoch nicht so sehr auf einer grundsätzlichen antikommerziellen Position der Band. Der Boykott spiegelt vielmehr vor allem die Auffassung Julius Karpens wieder, der mit der finanziellen Beteiligung der Band an dem erwarteten Erlös aus dem Filmgeschäft nicht zufrieden ist. Nach dem Debakel in Chicago und der unüberlegten Trennung von Chet Helms wollen die Musiker dieses Mal wohl nicht den gleichen Fehler wieder begehen und vertrauen jetzt der Entscheidung ihres Managers. Diesmal liegt der Fall allerdings anders, da, wie sich allerdings erst später herausstellen wird, die Rezeption des Monterey-Films die Bedeutung des eigentlichen Festivals bei weitem übersteigen wird. In der Zukunft werden »Monterey-Bands« diejenigen sein, die auch im Film zu sehen sind. Bands wie die Grateful Dead, die sich konsequent den Filmaufnahmen verweigern, sind daher in der Erinnerung an diesen neben Woodstock gleichermaßen mythischen Ort der Popkultur nicht enthalten.

Im Unterschied zu den Grateful Dead schwenkt die Stimmung bei Big Brother nach dem großen Erfolg am Nachmittag jedoch um. Die Meinungsänderung in Bezug auf die Filmaufnahmen wird zudem noch dadurch bestärkt, dass Albert Grossman, der Zar des Rockmusikgeschäftes aus New York, auf die Band zugeht und neben anerkennenden Komplimenten, insbesondere für Janis Joplin, zugleich seine Verwunderung zum Ausdruck bringt, dass sich die Band den Werbeeffekt, den die Verfilmung des Festivals zweifellos haben würde, entgehen lässt. Nachdem sich Karpen auf keine Kompromisse einlassen will, wird der »grüne Julius« mehr oder weniger direkt von Janis Joplin aus dem Verkehr gezogen. Sie selbst nimmt nun unter Vermittlung von Grossman mit dem Pennebaker-Team und John Phillips Kontakt auf und erreicht, dass ein zweiter Auftritt mit der Band zustande kommt, der dann natürlich auch gefilmt werden kann. So geschieht es, dass Big Brother und Janis Joplin, die nun kameragerecht ihren extravaganten Goldlamé-Hosenanzug trägt, sich am Sonntagabend ein zweites Mal auf die Bühne begeben, um die legendäre Version von Willie Mae Thorntons *Ball and Chain* zu Gehör zu bringen.

Schon die ersten schicksalhaften Akkorde und das schier unendlich langsame Tempo künden von der Unausweichlichkeit des immer und immer wieder aufgenommenen Zwölftakterituals. Die ineinander greifenden, geradezu im wörtlichen Sinne heulenden Gitarrenglissandi James Gurleys und Sam Andrews, die unerbittliche Fixierung der musikalischen Form auf den drei Haupttönen des harmonischen Gerüstes durch Peter Albins Bass sowie die zugleich pathetische und gewaltsame Rhythmik im Schlagzeugspiel von David Getz erzählen bereits vor dem Einsatz der Gesangsstimme von der Trauer, der Wut und der Ohnmacht, die die Themen dieser Bluesgeschichte bilden. Ohne auch nur den Anschein von Hoffnung zu erwecken, beginnt nun mit leisen Tönen, die, so scheint es beinahe, gar nicht dem Publikum gelten, sondern die die Sängerin eher in sich selbst hineinsingt, der verhängnisvolle Kreislauf des Spiels von Bindung und Freiheit, von Nähe und Distanz, von Liebe und Enttäuschung, von der winzigen Hoffnung auf ein wenig Glück im durch und durch falschen Leben.

Das Bild von der Sklavenkugel mit der Kette ist die extreme Metapher für die Trauer und den großen Schmerz, den die vielen Joes und John-Michels Janis zugefügt haben und noch zufügen werden. Die Sklavenkette ist zugleich auch Ausdruck ihrer eigenen Unfähigkeit zur Selbstbefreiung, zum Ausbruch aus dem Teufelskreis ihrer Ängste. Die berühmte Schlußkadenz, die Janis Joplin in einigen Versionen von *Ball and Chain* zu regelrechten Monologen ausbaut, in der sie unaufhörlich und selbstsuggestiv über das kleine Glück des Augenblicks philosophiert, sprengt schließlich im zwölften Takt des immer gleichen harmonischen Ablaufes das magische Bluesritual.

Hier endet die Musik nicht »unerlöst« auf der fünften Stufe verharrend, sondern hört einfach auf, bricht ab, verweigert sich. Der abschließende Schlussakkord der Band ist wie ein Ritual, das nichts klärt oder gar zu Ende bringt, sondern lediglich markiert, dass dieses immerwährende Endspiel von Liebe und Schmerz jetzt ausgesetzt wird. Das ohrenbetäubende Tremolo aller Beteiligten – von Janis durch ekstatische, ihre Worte gewissermaßen weiterführende Bewegungen unterstützt – ist eher ein erschöpftes Aufhörenmüssen als erlösender Schlusspunkt.

Die Ball and Chain-Version an jenem Sonntagabend in Monterey ist die Geburt eines neuen Genres, der Rock-Blues-Ballade. *Ball and Chain* ist das Modell einer eigenartigen und in dieser Form bisher ungehörten Mischung von psychedelischem Gitarrenspiel, Rocksound und klassischer zwölftaktiger Bluesform. Diese Elemente verbinden sich mit der Kreationsfähigkeit einer Sängerin, deren Ausdrucks- und Gestenrepertoire aus allen Bereichen der Musik des Südens der Vereinigten Staaten zusammengeschmolzen zu sein scheint. Als merkwürdige und beinahe sentimentale Koinzidenz zu dieser dramatischen Bluesinterpretation, deren Spannungsgehalt man in Pennebakers Film in den Gesichtern der Zuhörer unmittelbar nachspüren kann, brennt an diesem Abend eine Ölsardinenfabrik ab und taucht die Monterey Bay in einen gespenstischen Feuerschein.

Ball and Chain ist für Janis Joplin der vielleicht schwierigste sowie phsychisch und psychisch forderndste Song ihres gesamten Repertoires. Besonders die Kadenz – das »große Loch« am Ende, wie sie es nennt – bildet für sie eine ständige Herausforderung. Der Schlussmonolog ist eine Aufforderung zur literarischen Improvisation, zu wirklicher *Beat Poetry*. Diese spontane, ehrliche und assoziationsreiche Kommunikation zwischen sich, den Musikern und dem Publikum ist es wohl, durch die Janis Joplin einem häufig zu vernehmenden Urteil zufolge mit der Kreationskunst einer Edith Piaf in Verbindung gebracht wird.

»Es ist ein organisches Produkt«, sagt Janis Joplin während der 1970 mit David Dalton geführten Gespräche und führt aus, dass sie die Dramaturgie von Ball and Chain nach und nach entwickelt und immer weiter ausdifferenziert habe. Dalton beschreibt die Interpretation dieses Songs mit der Full Tilt Boogie Band in jenem letzten Sommer in offensichtlicher Ermangelung anderer Bilder als Evokation von »Geräuschen wirklicher Gewaltsamkeit, verbunden mit dem Jaulen von Hunden, quietschender Wasserhähne, blinden hilflosen Schreien«. *Ball and Chain:* das ganze Leben und die ganze Kunst der Janis Joplin konzentriert auf drei Strophen in einer Bluesballade.

Der phänomenale Durchbruch, den Janis Joplin am Abend des 18. Juni 1967 erlebt, wäre kaum möglich gewesen, wenn die überregionale Presse nicht entsprechend einhellig und euphorisch reagiert hätte. Als habe man auf diesen Moment gewartet, beschreiben die Journalisten übereinstimmend den Auftritt von Janis Joplin – und bezeichnenderweise nicht so sehr die Darbietungen der Band – als einen der Höhepunkte des Festivals. Dem Kritiker der *New York Times,* die sich im Zusammenhang mit dem New-York-Debüt von Big Brother zu einem wahren Fanblatt von Janis Joplin entwickeln wird, merkt man seine innere Erregung noch an, wenn er schreibt, Janis habe ihre »bissige, tiefe Stimme herausgeschleudert und dabei mit den Füßen gestampft wie eine Flamenco-Tänzerin.«

Der Erfolg in Monterey ist so überwältigend, dass man auch in Port Arthur davon erfährt. Jedenfalls bekommt Janis Joplin ein Glückwunschtelegramm ihrer Mutter, auf das sie sehr stolz ist. Für die gesamte Band bedeutet der Triumph von Monterey Anerkennung und Aufstieg an die Spitze der Szene. Aus heutiger Sicht erscheint erstaunlich, dass ein solcher

Erfolg im Jahre 1967 noch ohne irgendeine Präsenz in den Medien möglich ist. Noch nicht einmal eine Platte von Janis Joplin und Big Brother gibt es zu kaufen, da Mainstream Records die in Chicago und Los Angeles entstandenen Aufnahmen bis jetzt noch nicht veröffentlicht hat. Nun wird dieses Versäumnis schnellstens nachgeholt, obwohl die beinahe ein Jahr alte Produktion kaum den aktuellen Sound von Janis Joplin und Big Brother repräsentiert.

Das Phänomen Janis Joplin, das in Monterey zum ersten Mal von einem großen Publikum wahrgenommen und gefeiert wird, erklärt sich nur zum Teil aus ihren gesanglichen Fähigkeiten und ihrer ungewöhnlich kombinierten Stilistik. Das Publikum begreift vielmehr sofort, dass die Sängerin auf der Bühne sich nicht in eine Rolle hineinbegibt, sondern völlig ungebrochen und unverstellt sie selbst ist. Ihre narzisstische Selbstwahrnehmung und Selbstgestaltung projiziert Janis Joplin somit direkt auf ihr Publikum. Dass sie dabei, besonders in Stücken wie *Ball and Chain,* die Grenze zwischen dem, was sie fühlt, und dem, was sie zeigt, dennoch verwischen muss, um nicht vollends im psychischen Sinne nackt vor ihrem Publikum zu stehen, ist ihr bewusst. Sie beginnt daher seit Monterey systematisch damit, eine Haltung zu entwickeln, in der sie authentische Anteile ihrer Biografie mit einem stilisierten Blueshabitus verbindet. Auf diese Weise versucht sie sich davor zu schützen, ständig zum Opfer ihrer selbst zu werden. »Vielleicht hat mein Publikum mehr von meiner Musik, wenn es glaubt, dass ich dabei draufgehe«, sagt sie einmal. Nicht immer gelingt es Janis Joplin jedoch, zwischen ihrer Lebenswirklichkeit und der künstlerischen Fiktion ihrer Bluespersönlichkeit so präzise zu unterscheiden wie in diesem Ausspruch. Oft fängt sie an, das, was sie singt und was sie auf der Bühne darstellt, für ihre Realität zu halten: eine professionelle Deformation als Folge des permanenten schöpferischen Drahtseilaktes am Rande der Existenz, ein Vorgang, den sie zugleich ungemein genießt: »Deswegen kann ich auch nicht damit aufhören, um irgendwann einmal jemandes Frau werden zu wollen«, sagt sie später einmal. »Bei mir ist das alles einfach zu dick. Das Leben der meisten Frauen ist wunderbar, weil sie ganz einem Mann gehören. Sicher: auch ich brauche einen Mann: einen schnuckeligen, liebenswerten, rührenden, wunderschönen Mann. Aber es kommt da nicht heran, es kommt nicht an den Zustand heran, mit Volldampf auf der Bühne durchzuknallen. Ich wollte immer mehr als Bowling oder Drive-in-Restaurants.«

Daher empfindet Janis Joplin die Bühne als den einzig wirklich sicheren Ort in ihrem Leben. Der Augenblick der Performance gibt ihr das Gefühl von Unanfechtbarkeit und sogar von Schönheit. »Ich bin auf dem Publikums-Trip. Ich brauche sie und sie brauchen mich«, sagt sie und später fügt sie einmal hinzu: « Es ist verrückt. Wie die meisten Mädchen gehe ich immer sehr selbstkritisch mit der Frage um, ob ich zu dick bin, ob meine Beine zu kurz sind oder ob ich eine unmögliche Figur habe. Sobald ich auf der Bühne stehe, passiert mir das nicht mehr. Ich glaube dann fest daran, dass ich wunderschön aussehe.« In der Tat vermitteln viele Bilder von Janis Joplins Bühnenauftritten etwas von dieser Verwandlung eines Mädchens mit Haut- und Figurproblemen in eine leidenschaftlich-authentische und charismatisch-schöne Frau. Im Anschluss an ihre phänomenale Interpretation von *Ball and Chain* in Monterey sagt Janis zu dem Rockmusikkritiker Michael Lydon: »Ich fühle mich dabei tatsächlich so, als hätte ich mich das allererste Mal verliebt. Ich fühle ein Frösteln, merkwürdige Gefühle, die meinen ganzen Körper erfassen. Es ist ein überragende emotionale und physische Erfahrung.«

Die Identifikationen, die sie insbesondere bei den Mädchen im Publikum auslöst, sind ihr bewusst: »Die meisten Mädchen sehnen sich in meinen Konzerten nach Befreiung. Sie glauben, ich zeig' ihnen wie's geht, wie man aussteigen kann.«

199

Zugleich sieht sie sich jedoch auch mit Frauen im Publikum konfrontiert, die sie an ungute Zeiten erinnern: »Die vorne in der ersten Reihe, das sind immer diese Country-Club-Tussies. Das ist immer so. Es ist bescheuert, vor vierzehn Strumpfhaltern aufzutreten. Sehr seltsam.« Seltsam ist dabei wohl nicht nur der Anblick von »vierzehn Strumpfhaltern«, sondern die Tatsache, dass die gesellschaftliche Schicht, von der sie einst geächtet wurde, nun die VIP-Plätze in ihren Konzerten einnimmt. Ihre Jugendfreundin Karleen, die dem Country Club von Port Arthur angehört hatte, wurde einst wegen dieser Freundschaft aus dem Komitee für den alljährlichen Ball ausgeschlossen, damit sie nicht etwa auf die Idee kommen konnte, Janis Joplin zum Ball einzuladen. Nun sorgen der verdunkelte Zuschauerraum und die hell erleuchtete Bühne ironischerweise dafür, dass Janis vom Publikum häufig nichts weiter mitbekommt als ebenjene »Country-Club-Tussies« in der ersten Reihe. Dies ist im Übrigen auch ein Grund dafür, warum Janis nichts dagegen hat, wenn aus vorgeblichen Sicherheitsgründen in ihren Konzerten das Saallicht angeschaltet wird. So kann sie mit allen im Publikum Kontakt aufnehmen und nicht nur mit der Country-Schickeria in der ersten Reihe.

*

Von Jimi Hendrix und dessen erotischer Ausstrahlung ist Janis sehr fasziniert. So liegt es nahe, dass sie im Spätsommer des Jahres 1967, als Hendrix eine Zeitlang in Bill Grahams Fillmore in San Francisco auftritt, mit ihm eine kurze Affäre beginnt. Die gegenseitigen Übereinstimmungen und die davon ebenso ausgehenden wechselseitigen Sympathien sind offensichtlich, zudem sind beide insbesondere nach einem Auftritt sehr schnell sexuell erregbar. Beide lieben und leben den Blues, und beide pflegen ein ähnlich intensives Verhältnis zu Drogen aller Art. Legendär sind Jimi Hendrix' sexuell konnotierte Bewegungen auf der Bühne: sein Hüftschwung und sein masturbationsähnlicher Umgang mit der Gitarre sowie seine durch schnelles Bewegen der Zunge offen zur Schau gestellte Vorliebe für Oralverkehr, der im übrigen bis zum heutigen Tage in einigen US-Staaten verboten ist. Zunge und Zähne benutzt Jimi Hendrix gelegentlich auch, um die Saiten seiner Gitarre zum Schwingen zu bringen. Berühmt sind auch seine teils glockenartigen, dann wieder ins Geräuschhaft-Brutale übersteuerten Klangkaskaden, bei denen neben verschiedenen Verzerrereffekten vor allem die systematische Einbeziehung der Rückkoppelung zu seinen Markenzeichen gehört. Seine Neigung zu Gewalttätigkeit, die er nicht nur auf der Bühne oder beim Zerstören von Hotelzimmereinrichtungen unter Beweis stellt, richtet sich allerdings auch gegen Frauen, die oft nur gegen Zahlung größerer Summen von einer Anzeige gegen ihn absehen. Rohe Gewalt, die das Maß eines sexuellen Rollenspiels überschreitet, schreckt Janis Joplin ab. Gleichwohl begibt sie sich, wie zum Beispiel im Zusammenhang mit den Hell's Angels immer wieder in Gewalt evozierende Situationen, die für sie bedrohlich werden können.

Linda Gravenites, von der noch die Rede sein wird, bestreitet übrigens, dass zwischen Janis Joplin und Jimi Hendrix eine sexuelle Affäre stattgefunden habe, und reklamiert diese vielmehr für sich: »Ich war seit drei Jahren ohne Partner und dann war da Jimi. Ich glaube an Extreme und das konnte ich mir einfach nicht entgehen lassen.« Vielleicht sagt Linda Gravenites die Wahrheit und Janis Joplin kann einfach nicht ertragen, dass eine erotische Herausforderung wie Jimi Hendrix an ihr vorbeigeht, um sich mit ihrer Kostümdesignerin und De-facto-Hausangestellten zu vergnügen. Möglicherweise hat Janis die Begegnung mit Hendrix daher in einer Art umgekehrtem Don-Juan-Verhalten tatsächlich für sich reklamiert. Möglich ist natürlich auch, dass Linda Gravenites lediglich ihr eigenes Wunschdenken formuliert, um, müde von der Rolle der ständigen Beobachterin und Begleiterin der vielen Affären, zumindest retrospektiv eine aktive Rolle auf dem Feld der Sexualität zu übernehmen.

Eine andere, gleichfalls mythenumrankte und nicht weniger komplizierte Musikerpersönlichkeit im Leben von Janis Joplin ist Jim Morrison, der legendäre Frontmann der Doors. Die Verbindungen, die zwischen Jim Morrison und Janis Joplin häufig hergestellt werden, beruhen jedoch weniger auf der kurzen intimen Begegnung der beiden, dem sich ein unregelmässiger und kaum als freundschaftlich zu bezeichnender weiterer Kontakt anschließen sollte. Es ist vielmehr so, dass Janis Joplin und Jim Morrison einen ähnlichen Typ des Rockmusikers verkörpern. Die Doors und ihr spontan-psychedelisches Spiel sind gewissermaßen die Hollywood-Ausgabe von Big Brother & the Holding Company. James Gurley beschreibt Janis Joplin und Jim Morrison sicher nicht ganz unzutreffend als »zwei monströse Egomanen, die aufeinander prallten«. Wie Janis ist Jim belesen und literarisch interessiert, er betrachtet sich wie sie als Beatnik und hatte wie sie auch einige Zeit auf den Spuren von Jack Kerouac in Venice/Los Angeles gelebt.

Verbürgt ist, dass Janis und Jim im Sommer 1967 in Los Angeles eine Nacht miteinander verbringen, wobei die näheren Umstände dieser Zusammenkunft etwas bizarr erscheinen. Janis Joplin und Jim Morrison vergnügen sich nämlich miteinander, während Morrisons damalige Freundin Pamela Courson im selben Hotel zusammen mit anderen aus Janis' und Jims Gefolge auf ihn wartet. Als Morrisons Freundin allmählich begreift, wo sich Jim aufhält und warum mit seiner Rückkehr vorerst nicht zu rechnen ist, fährt sie, begleitet von Sam Andrew, entnervt nach Hause. Es gilt als sicher, dass Big Brother Andrew es glänzend verstanden hat, den Tröster zu spielen.

Jim Morrison und Janis Joplin prallten in einer kurzen, heftigen Affäre aufeinander. Danach hielten die beiden exzentrischen Vollblutmusiker nur noch losen Kontakt. (Keystone Pressedienst, Hamburg)

Bekannter ist die tätliche Auseinandersetzung zwischen Jim Morrison und Janis Joplin, die im Jahre 1968 auf einer Party in San Francisco für Furore sorgt. Janis und Jim, offensichtlich beide alkoholisiert und stoned, geraten in einen heftigen Streit, der Morrison handgreiflich werden lässt. In beachtlicher und erschreckender Brutalität schlägt er schließlich mehrfach Janis' Kopf auf die Tischplatte. Janis zieht sich fluchtartig und laut weinend in das Badezimmer zurück und weckt bei den bestürzten Partygästen die Befürchtung, dass sie sich in diesem Zustand möglicherweise eine Überdosis verabreicht. Nach einigem Betteln vor der Tür und dem Hinweis, dass Morrison im Begriff sei, die Party zu verlassen, stürzt sie aus der Tür, rennt auf den Parkplatz, wo Morrison gerade dabei ist, sein Auto zu besteigen, und schlägt ihm in aller Öffentlichkeit die Whiskyflasche über den Kopf, die sie gerade in der Hand hält. Morrisons hochgradige Alkoholisierung schützt ihn offensichtlich vor größeren Folgen dieser Attacke, zumindest ist über seinen weiteren Gesundheitszustand nichts Näheres bekannt. Die »Affäre« zwischen Janis Joplin und Jim Morrison, wenn es denn eine war, ist hiermit bis auf gelegentliche Treffen und Telefonate beendet.

Im August kommt es zu einem denkwürdigen Besuch der gesamten Familie Joplin aus Port Arthur in San Francisco. Laura Joplin schildert diesen Besuch, vor allem das von Janis eigens für ihre Familie im Avalon arrangierte Konzert, mit einer Distanz, in der deutlich wird, dass die Familie von Janis' Lebensweise weiter entfernt ist, als Janis es wohl angenommen hatte. Die Erfolgsstory, die sie in ihren Briefen mit dem Nimbus der Aufsteigerin und nicht etwa Aussteigerin aus der Mittelschicht umgibt, hält in der Wahrnehmung der Familie dem Vergleich mit der Realität von Haight-Ashbury und dessen von Drogen, freier Liebe und lauter, obszöner Rockmusik geprägten Ambiente nicht stand. Für die Familie Joplin ist Janis trotz ihres unbestreitbaren Erfolgs sozial und kulturell genau an dem Ort, von dem sie einst nach Hause geflüchtet war. Niemand lässt sich etwas anmerken, so dass peinliche Auseinandersetzungen unterbleiben. Einzig Janis' jüngerer Bruder Michael macht zum Entsetzen seiner Eltern keinen Hehl daraus, dass er die Lebensweise seiner älteren Schwester sehr bewundert.

Ein wichtiger Termin steht an. Es ist das traditionelle Monterey-Jazz-Festival, das vom 15. bis 17. September an ebenjener Stelle stattfinden soll, an der Janis Joplin beim Monterey-Pop-Festival ihren großen Durchbruch erlebt hat. Im Unterschied zu ihrem Auftritt im Juni, bei dem sie sich im Umfeld der vielfach verflochtenen und miteinander freundschaftlich verbundenen Musikszene San Franciscos zu Hause fühlen konnte, ist ihr Selbstbewusstsein nun deutlich gemindert. Kann sie neben legendären Bluesgrößen wie B. B. King oder Big Joe Turner bestehen, und wie würde das im Schnitt ältere und traditioneller orientierte Publikum des Jazzfestivals auf den elektrifizierten Blues von Big Brother reagieren? Doch auch diesmal gelingt es ihr, die offenkundig vorhandene Irritation zunächst in Erstaunen, dann in Begeisterung zu verwandeln.

Zwischen der Band und ihrem Manager Julius Karpen haben sich mittlerweile die Probleme zu einer echten Krise ausgeweitet, da zu seinem ungeschickten Verhalten in Monterey in der Zwischenzeit weitere Unstimmigkeiten hinzugekommen waren. Manche attraktive Auftrittsmöglichkeiten hatte der »grüne Julius« in der ihm eigenen Schludrigkeit nicht zustande gebracht. Schlimmer noch ist, dass er in dem ihm eigenen Wahn, die Band vor Ausbeutung jedweder Art zu schützen, sogar versucht, lukrative Auftritte wie den in der Hollywood Bowl zu unterbinden. Janis Joplin knüpft jedoch selbst den Kontakt zu Jefferson Airplane, die die Initiatoren dieses Großereignisses sind, so dass zumindest dieser Störversuch des Ex-Managers verhindert werden kann. Sie und die Band sind sich daher einig, dass dem spontanen Entschluss in Monterey, sich von Karpen zu trennen, nun Taten folgen müssen. Karpen ist einsichtig und verspricht sogar, als letzten Liebesdienst und kleine Wiedergutmachung für die Band, selbst den mittlerweile etwas erkalteten Draht zu Albert Grossman wiederherzustellen. Grossman fliegt sofort von New York nach San Francisco, um mit der Band zu verhandeln. Der Vertragsabschluss erfolgt jedoch aus verschiedenen organisatorischen und rechtlichen Gründen erst im November. Ein großes Problem stellt vor allem der Knebelvertrag der Band mit Mainstream Records dar, der jetzt, da Janis Joplin und Big Brother Erfolg haben und Mainstream sich hohe Profite ausrechnen kann, nur schwer zu lösen ist. Für die in dieser Zeit unvorstellbar hohe Summe von 200 000 Dollar, zu denen weitere geschätzte 75 000 Dollar aus einer Beteiligung an den nächsten beiden Alben von Janis Joplin mit Big Brother hinzukommen würden, organisiert Grossman schließlich den Wechsel zur Plattenfirma Columbia.

Albert Grossman, der New Yorker Musikmogul, ist Inbegriff aller Vorurteile, die mit dem Beruf des Managers im Musikgeschäft verbunden sind. Nicht zuletzt gehört dazu auch das vertraute und klischeehafte Bild von der rauen Schale und dem weichen Kern. Grossman, Manager unter anderem Bob Dylans und der erfolgreichen Folkband Peter, Paul & Mary, genießt den Ruf, einer der letzten großen Exzentriker des Musikbusiness zu sein. Der mehrfache Millionär betreibt ein aufwendiges Büro in New York und bewohnt, lange bevor dieser Name Popgeschichte schreiben würde, ein schönes Haus in Woodstock. Dort empfängt er zusammen mit seiner zweiten Frau Sally gern Gäste und bespricht auch Geschäfte. Mit seinen grauen Haaren und seinem nicht gerade schlanken Körper sieht Albert Grossman 1967, als er das Management von Janis Joplin und Big Brother übernimmt, deutlich älter aus als ein Mann am Anfang der Vierziger. Seine jüngere Frau wirkt daher neben ihm zuweilen eher wie seine Tochter. Die langen, nach hinten geknoteten Haare und das betont lässige Auftreten jedoch weisen ihn deutlich als Protagonisten der Popgeneration und nicht als Wirtschaftsboss aus. In diesen Zeiten jedenfalls unterscheidet sich Grossman mit seiner Haartracht in auffälliger Weise von der Wall-Street-Szene oder den Beschäftigten in den New Yorker Anwaltsbüros. Strikt gegen die zerstörerische Wirkung harter Drogen, insbesondere Heroin, eingestellt, ist er zugleich ein großer Genießer von Haschisch und Marihuana, liebt ausschweifende Partys mit den von ihm betreuten Musikern und pflegt als sprichwörtliche graue Eminenz Kontakte zu interessanten Leute aus allen Bereichen des Showbusiness. Die beiden Spitznamen »Albert, der Bär« und »Albert, die Wolke« verdeutlichen seinen besonderen Führungsstil. Er liebt das Spiel mit der Macht und besteht unabdingbar auf einmal gefällten Entscheidungen. Das Bild von der Wolke hingegen – »groß, grau und erhaben, und wenn man sie berühren wollte, war sie nicht da«, so der Musiker Nick Gravenites über Grossman – verdeutlicht seinen Hang zur Mystifizierung und seine Rolle als Figur des Übervaters im Hintergrund. Die Kombination von »Bär« und »Wolke«, die Grossmans geschäftlichen Erfolg ausmacht, führt ihn jedoch immer wieder auch in Konflikte mit den von ihm gemanagten Künstlern, zumal nicht wenige den Anteil von immerhin fünfundzwanzig Prozent der Einnahmen, den Grossman sich einräumt, als ausbeuterisch empfinden. Als die Geschäftsbeziehung mit den Stars seiner Agentur, Bob Dylan und Peter, Paul & Mary deswegen endet und auch Janis Joplins plötzlicher Tod zu enormen Einnahmeausfällen führt, schwindet im Laufe der siebziger Jahre allmählich die überragende Bedeutung, die der einstige Pate des Rockbusiness seit Ende der fünfziger Jahre für die Musikindustrie innehat. Albert Grossman zieht sich daher nach und nach ganz in sein Haus in Woodstock zurück, wo er 1986 im Alter von 59 Jahren stirbt.

Der Vertrag mit Albert Grossman sieht eine jährliche Garantiesumme von 100 000 Dollar für die Band vor. Grossman selbst hatte, vom Erfolg insbesondere Janis Joplins absolut überzeugt, die Summe zur Überraschung der in geschäftlichen Dingen völlig unerfahrenen Band von ursprünglich 75 000 auf 100 000 Dollar erhöht. In finanzieller Hinsicht erlebt die Band einen rasanten Aufschwung. Noch vor einem Jahr hatten sie im Avalon oder im Fillmore für 250 Dollar in der Woche gespielt, jetzt verdienen sie problemlos das Zehnfache an einem einzigen Abend. Der joviale und liberale Grossman stellt jedoch eine einzige knallharte Bedingung an die Band. Es ist die, dass niemals ein Mitglied der Band mit Drogen, das heißt in erster Linie mit Heroin in Berührung kommen darf. Seine erste Frau war heroinabhängig, und so weiß Albert Grossman, wovon er spricht, wenn er ganz entgegen seinem sonst eher kühlen Geschäftsgebaren nun sehr emotional wird. Natürlich nicken alle sofort verständnisvoll und zustimmend mit dem Kopf, offensichtlich jedoch mehr mit der gigantischen Summe von 100 000 Dollar beschäftigt als mit Grossmans mahnenden Worten. Dabei ist das gegebene Versprechen bereits in diesem Augenblick für zumindest drei Mitglieder der Band Makulatur. Janis Joplin, James Gurley und Sam Andrew sind aufgrund ihrer Heroinerfahrung zwar noch keine Junkies, aber auf dem besten Wege, solche zu werden. Wie ernst es Albert Grossman mit der Drogenfrage meint, verdeutlicht sich an seiner Reaktion auf einen Drogenzwischenfall in der Band im folgenden Jahr. Höchstpersönlich sagt Albert Grossman die anliegenden Auftritte der Band ab, beordert alle zu sich nach Woodstock und hält, leider vergeblich, eine gewaltige Standpauke.

Im Zusammenhang mit der ganzen Vertragsangelegenheit ist allerdings offensichtlich, dass Grossman weniger an Big Brother & the Holding Company, sondern vor allem an Janis Joplin interessiert ist. Es spricht viel dafür, dass er daher von Anfang an Janis bedrängt, sich möglichst bald von der Band zu trennen. »Ich kann für dich eine Viertelmillion Dollar herausschlagen, aber nur für dich. Der Deal betrifft nicht Big Brother. Denk darüber nach«, soll Albert Grossman gleich zu Anfang zu Janis Joplin gesagt haben. So erinnert sich jedenfalls Nick Gravenites. Im November des Jahres 1967 ist angesichts des gemeinsam vollbrachten und noch zu erwartenden Erfolgs für Janis Joplin selbst der Gedanke an Trennung kaum vorstellbar, wie verlockend die Angebote auch immer sein sollten.

Im Herbst des Jahres 1967 wird Linda Gravenites, die mittlerweile von Songschreiber und Musiker Nick Gravenites getrennt lebende Frau, Janis Joplins Wohnungsgenossin, Kostümdesignerin, Freundin und Vertraute. Zum Zeitpunkt, zu dem sich die beiden Frauen näher kennen lernen, lebt Linda in einer Funktion, die man vielleicht als »guter Geist« oder als »alternative Haushälterin« umschreiben könnte, im komplexen Großfamilienclan der Grateful Dead. Insbesondere kümmert sie sich um das Haus, wenn der in Spitzenzeiten bis zu 70 Personen umfassende Tross von Musikern, Angehörigen und Freunden auf Tournee geht. In der Szene von San Francisco ist Linda Gravenites jedoch nicht wegen ihrer hausfraulichen Qualitäten bekannt, sondern vor allem dafür, dass sie ungewöhnliche Ideen hat, T-Shirts zu gestalten. Zudem entwirft und fertigt sie ausgefallene Kleidungsstücke, für die im aufstrebenden Popgeschäft eine reißende Nachfrage besteht. Linda Gravenites arbeitet viel mit Samt und Spitze, verwendet nicht selten Tischtücher oder Bettwäsche für ihre Kreationen und schafft in einer gewissen Analogie zu der individuellen, verspielt-nostalgischen Architektur San Franciscos eine Mode, die man bald als »viktorianischen Stil« bezeichnet.

Es ist überliefert, dass Janis mit den beiläufig geäußerten Worten »Oh, ich könnte jetzt gut so eine Art Mutter gebrauchen« in Bezug auf Linda Gravenites kaum zu übersehendes Helfersyndrom einen Volltreffer landet. Linda beschließt spontan, ab sofort »alles zu tun, was Janis nicht machen wollte, auch wenn sie noch gar nicht wusste, was zu tun war«, so ihre eigenen Worte. In ihrer hauptsächlichen Tätigkeit als Modedesignerin ist sie ab nun maßgeblich für Janis' Bühnenkleidung verantwortlich. Sie befreit, wie Laura Joplin es sehr plastisch ausdrückt, Janis »von dem Madras-Erdmutter-Einfluss Nancy Gurleys« und verhilft Janis durch fantasievolle und ausdrucksstarke Kleider, Blusen und Accessoires zu einem weiblicheren und erotischeren Image. Linda Gravenites' geschiedener Mann Nick bleibt ihr und vielmehr noch Janis freundschaftlich verbunden. Er ist der Komponist einer Reihe von Joplin-Songs, unter anderem von *Buried Alive in the Blues*, von dem jedoch aufgrund des plötzlichen Todes von Janis nur der Instrumentaltrack auf der posthum erschienenen Platte *Pearl* existiert.

Wieder einmal bildet sich eine Clique um Janis Joplin, diesmal allerdings nicht aus Männern, sondern ausschliesslich aus Frauen bestehend. Die »Capricorn Ladies«, wie sie bald genannt werden, sind geradezu berüchtigt für ihr selbstbewusst-unverschämtes Auftreten auf den Straßen von Haight-Ashbury sowie für ihre exzessiven Kneipentouren. Janis Joplin, Linda Gravenites und Pat »Sunshine« Nichols bilden den Kern. Hinzu kommen noch Suzy Perry, die Freundin des bekannten, mit Big Brother verbundenen Posterkünstlers Stanley Mouse, und die Hippie-Poetin Leonore Kandel, die gerade mit ihrem erotischen Love Book in der psychedelischen Szene Furore gemacht hat.

Weihnachten 1967 verbringt Janis Joplin zu Hause. Das idyllische Foto, das der Lokalreporter der *Port Arthur News* von der Familie aufnimmt, lässt nichts von den kosmischen Stürmen und Katastrophen erahnen, die im folgenden Jahr auf Janis Joplin hereinbrechen würden.

9. KAPITEL

Cheap Thrills:
Sex, Drogen und Rock 'n' Roll

Haften geblieben in meinem Gedächtnis ist meine spontane Reaktion auf Janis. So stark mich ihr Magnetismus angezogen hatte, so nachhaltig war ich auch von dem qualvollen Flehen in ihren Augen beeindruckt. Irgend etwas an ihr hatte meine eigene Ruhelosigkeit auf unangenehme Weise geweckt, so dass ich ihre Nerven zu spüren glaubte, und sie sprühten Funken und knisterten wie freiliegende Strom führende Drähte. Gleichzeitig verspürte ich bei mir die Reaktion des Beschützenwollens, die ich mir nicht erklären konnte.«

Die lebhafte Erinnerung Myra Friedmans, die auf Veranlassung von Albert Grossman mit dem Beginn des Jahres 1968 als Presseagentin für Janis Joplin tätig wird, an ihre erste Begegnung mit ihrer neuen Klientin ist sehr aufschlussreich. Sie zeigt, wie stark die Professionalisierung der Karriere die inneren Spannungen und Widersprüche Janis Joplins nicht etwa auflöst, sondern ganz im Gegenteil weiter steigert und polarisiert. Typisch dafür ist, dass sie mit unglaublicher Energie und Zähigkeit Anfang Februar mit einer hinreißenden Show ein großes Konzert in Los Angeles gibt, obwohl sie aufgrund eines miserabel ausgeführten Schwangerschaftsabbruchs in Mexiko unter großen Schmerzen leidet. Andererseits steigert sie sich geradezu theatralisch in Anfälle von Selbstmitleid hinein, die von vielen in ihrer Umgebung als nahezu unerträglich empfunden werden. Es ist diese öffentlich ausgestellte Kombination von Stärke und Hilflosigkeit, die gleichermaßen für Kreativität und Kontrollverlust, professionelle Härte und sentimentale Rührseligkeit verantwortlich ist. Myra Friedman beschreibt in ihrem Buch im Übrigen deutlich, dass die permanente öffentliche Präsenz von Janis Joplin eine Tätigkeit als Public-Relations-Managerin im üblichen Sinn unmöglich und in gewisser Weise auch überflüssig macht. Spätestens ab ihrem Debüt in New York, das nun unmittelbar bevorsteht, muss für das Phänomen Janis Joplin nicht mehr geworben werden. Ihre über Nacht entstandene nationale Berühmtheit wird nicht durch gezielte Kampagnen, sondern in erster Linie durch die Unmittelbarkeit ihrer charismatischen Wirkung in den Konzerten gefördert. Friedmans Problem dabei ist, dass Janis Joplin eine gezielte und professionelle medienwirksame Aufbereitung dieser Ereignisse häufig aktionistisch in unkontrollierten Spontaninterviews unterläuft.

Der Vertrag mit Grossman sieht jedoch nicht nur eine Professionalisierung der Pressearbeit vor, sondern verschafft der Band auch erstmalig einen Roadmanager, der ihr das mühsame und häufig chaotische Geschäft der Konzertlogistik abnimmt. Albert Grossman geht es natürlich nicht nur um die Entlastung der Musiker, sondern auch darum, dass finanzielle Risiken, die durch von der Band selbst verursachte Nachlässigkeiten in Bezug auf Pünktlichkeit oder Transport entstehen könnten, möglichst im Vorfeld ausgeschaltet werden. Der Mann, der diese Aufgabe für Janis Joplin und Big Brother übernimmt, heißt John Cooke. Der Harvard-Absolvent ist ein profunder Kenner der Musikszene und zudem gut befreundet mit Bob Neuwirth, dem erfahrenen Roadmanager von Bob Dylan und The Band. Bei den fünf Musikern führt der strikte, als autoritär empfundene Stil Cookes bald zu Irritationen und sogar zu Beschwerden bei Grossman. Sein Drängen auf Pünktlichkeit und Zuverlässigkeit ist ebenso gewöhnungsbedürftig wie die Tatsache, dass der Tourmanager nicht einfach locker mit den Roadies herumhängt, sondern sachlich und präzise wie ein Büroangestellter arbeitet. Trotz Ansätzen zur Meuterei wissen Janis Joplin und Big Brother die effektive Arbeit John Cookes jedoch bald zu schätzen. Er kümmert sich einfach um alles – um den Transport des Equipments und um die Hotels genauso wie um den Ärger mit windigen Konzertveranstaltern oder gar mit der Polizei. Selbst für die gelegentlich notwendige ärztliche Versorgung ist der gewissenhafte Cooke der Ansprechpartner der Band. Der harsche Ruf eines »Road Nazis«, der ihm gelegentlich angehängt wird, ist daher trotz der wenig schmeichelhaften Konnotation eher als Kompliment und nicht als Diffamierung gemeint.

Die Begegnung mit der Stadt New York, in der die Band im Jahr 1968 genauso viel Zeit zubringt wie in San Francisco, ist zwiespältig. Der Big Apple ist zu diesem Zeitpunkt vom bunten Hippietreiben der Westküste noch kaum berührt. Im Vergleich zur sanft-lächelnden Oberfläche San Franciscos ist New York eine harte, grausame und gewalttätige Stadt. Langhaarige Hippies sind in den Straßen Manhattans noch exotische Ausnahmen und nicht selten treffen sie im Unterschied zu San Francisco auf feindselige, zumindest aber auf reservierte Reaktionen.

Die Band wohnt im legendären Chelsea Hotel, in dem auch Thomas Wolfe oder Dylan Thomas schon abgestiegen waren.

Auch andere Rockgruppen dieser Zeit sind ständig Gäste im Chelsea. Es ist eines der wenigen Hotels der Stadt, das sich nicht weigert, Zimmer an überspannte Hippies oder drogensüchtige Musiker, die nachts laute Partys feiern, zu vermieten. Janis Joplin gibt einen Chelsea-typischen Einstand und verewigt sich über ihrem Bett mit der Inschrift »Ich bin das größte Sexobjekt der Welt«. Die nicht allzu weit entfernte Max' Kansas City erhebt die Band bald zu ihrem Stammlokal.

Über ihr Debütkonzert, das am 17. Februar im Anderson Theater stattfinden soll, machen sich Janis Joplin und die vier Musiker zumindest nach außen hin erstaunlich wenig Gedanken. Lediglich zwei Proben werden angesetzt, nach denen Janis entspannt zum Shopping in die Kaufhäuser und Boutiquen der Metropole entschwindet. Auch die Pressearbeit des Grossman-Büros ist verhalten und bezieht sich zur steigenden Irritation der Band fast ausschließlich auf Janis Joplin. »Sie taten so, als existierte die Band überhaupt nicht«, erinnert sich später David Getz. Unmittelbar vor dem Auftritt machen sich dann doch enormes Lampenfieber und Nervosität bemerkbar. Nicht zuletzt entspringt diese Veränderung auch der Tatsache, dass kein Geringerer als der große, von Janis Joplin hoch verehrte B. B. King als Aufwärmer für Big Brother auftritt. »Wir sind doch nur ein gammeliger Trupp von Straßenfreaks«, sagt Janis Joplin in gespielter, kindlicher Bescheidenheit zu Albert Grossman, als sie mit der Band auf die Bühne geht.

Der Erfolg des Abends ist umwerfend, das Presseecho überwältigend. Die *Village Voice* schreibt einen euphorischen Bericht, die *New York Times* bringt ihre umfangreiche und durchweg lobende Rezension mit der Überschrift »Janis Joplins märchenhafter Aufstieg ins Rock-Firmament« auf der ersten Seite des Kulturteils. Der weitere Text lässt nur allzu deutlich werden, was die Unterhaltungsmetropole New York offensichtlich bisher vermissen musste: »Miss Joplin ist das bemerkenswerteste Poptalent der letzten Jahre. Nur die Tatsache, dass sie bislang über San Francisco nicht hinausgekommen war und ihre erste Platte ihre Fähigkeiten nicht widerspiegelt, erklärt, warum sie nicht schon vor Monaten zu nationaler Berühmtheit gelangen konnte.«

Einzig die Vertreter von Columbia Records, bei denen nun bald eine neue Platte erscheinen soll, sind skeptisch. Ihre Bedenken richten sich allerdings nicht gegen die Sängerin, sondern gegen die Band. Bei einem Liveauftritt, mit dessen eigener Dynamik und Spontaneität, mag man die technischen Mängel der vier Musiker vielleicht akzeptieren, zumal sich das Publikum voll und ganz auf Janis Joplin konzentriert. Selbst in Passagen, in denen sie nicht singt, geht eine so intensive körperliche Ausstrahlung von ihr aus, dass die Musiker um sie herum kaum noch wahrgenommen werden. Im Studio hingegen würde es schwierig sein, die mangelnde Qualität der Instrumentalparts zu verdecken.

Erstaunlich ist allerdings, dass der Erfolg in New York selbst die Grossman-Agentur überrascht. Myra Friedman besitzt weder ausgearbeitetes Pressematerial noch ein PR-Foto, das sie dem deswegen nicht wenig verblüfften Reporter der New York Times hätte präsentieren können. Das einzige Porträt von Janis Joplin, das in der Kürze der Zeit aufzutreiben ist, ist eine Fotografie von Linda Eastman, der späteren Frau Paul McCartneys. Sie arbeitet in dieser Zeit für ein kleineres Szenemagazin, das ebenfalls einen Bericht über das Ereignis bringen will. Durch den Pressewirbel, der sich unvermeidlicherweise anschließt, wird Janis Joplin zum ersten Mal in bewusster Weise mit ihrer Existenz als öffentliche Person konfrontiert. »Ich bin kein Star!«, betont sie immer wieder in einer Mischung aus Angst und Selbstbewusstsein. Doch die Entscheidung darüber liegt längst nicht mehr in ihrer Hand.

Der auch finanzielle Erfolg ermöglicht schon bald eine weitere Steigerung der Lebensqualität. Janis Joplin zieht mit Linda Gravenites in eine größere Wohnung in San Francisco um.

Die kleine Arbeits- und Lebensgemeinschaft bewohnt nun ein Vier-Zimmer-Apartment in einem der schönen viktorianischen Villen im Stadtteil Mission, nicht weit entfernt von Haight-Ashbury. Auch ihren persönlichen Stil kann sie in der großzügigen Wohnung weiterentwickeln: Samt- und Seidenstoffe sind in ihrem Zimmer drapiert, orientalische und indianische Accessoires schmücken jeden freien Platz. Dazwischen lebt ihr Hund George, der mehr oder weniger souverän diesen eigenwilligen Hippie-Hindernis-Parcours bewältigt. Viel bewundertes Glanzstück ihrer Einrichtung ist eine knapp ein Meter hohe Penisstatue, die Janis liebevoll »Gabriel« nennt.

Im März beginnen in New York die Aufnahmesitzungen für die neue Platte von Janis Joplin mit Big Brother & the Holding Company. Die Atmosphäre bei den zum Teil äußerst angespannten Studioterminen ist zumindest teilweise filmisch dokumentiert, da D. A. Pennebaker, dessen Film über das Monterey Pop Festival soeben erschienen ist, Aufnahmen für ein geplantes Filmporträt über Janis Joplin macht. *Don't Look Back*, sein Film über Bob Dylan, hat bereits große Aufmerksamkeit erzielt.

Die Aufnahmen von Proben zu *Summertime* zeigen eine konzentrierte und zugleich ungeduldige Janis Joplin, deren Kommunikationsversuche mit den beinahe teilnahmslos agierenden Musikern immer wieder ins Leere laufen. Ständig mischt sie sich in die Ausführung der Instrumentalparts ein, kritisiert, wartet geduldig ab, macht Vorschläge und nötigt die Band zu Verbesserungen von Timing und Intonation. Während sie die einzelnen Takes anhört, verrät ihr Gesicht trotz eines gelegentlichen Lächelns vor allem Anspannung und Enttäuschung.

Auch der Produzent John Simon bemerkt bald, dass Janis Joplin die eigentliche Bandleaderin ist. Simon, drei Jahre älter als Janis Joplin, ist ein angesehener Jazzpianist mit einem durch klassische Musik geprägten Background. Er besitzt die

Janis bei einer kurzen Pause während anstrengender Proben.
(Keystone Pressedienst, Hamburg)

seltene Gabe des absoluten Gehörs, das sich angesichts der ständig schlecht intonierenden Gitarristen für ihn jedoch als wahres Folterinstrument erweist. Problematisch ist auch, dass John Simon als feinnerviger Jazzmusiker aus einer gewissen elitären Haltung heraus keinerlei persönlichen Zugang zu der nach völlig anderen ästhetischen und kommunikativen Aspekten konzipierten Rockmusik findet. Insbesondere der psychedelische Acid Sound, der den traditionellen Idealen instrumentaler Perfektion und klanglicher Subtilität fundamental entgegengesetzt ist, bereitet ihm wie den meisten anderen Produzenten bei den großen Plattenfirmen große Schwierigkeiten. Das handwerklich amateuerhafte, von jeglicher theoretischer Durchdringung freie und konzeptionell eher intuitive Musizieren eines James Gurley provoziert bei einem durch Klassik und Jazz sozialisierten Menschen wie Simon regelrechte Aggressionen. Die Kritik Simons an der

Band während der Aufnahmen ist daher bei aller Berechtigung im Detail oft hart und vernichtend. Sein Klangideal lässt den klaren und durchgearbeiteten Stil der Beatles gelten, nicht jedoch die seiner Auffassung nach konturlosen und groben Floskeln der Musik von Big Brother. Einzig Janis Joplin, deren Arbeitsstil weniger intuitiv, sondern eher konzeptionell und klar ist, findet bei Simon ein gewisses Verständnis, obwohl seine Sympathie sich auch ihr gegenüber in Grenzen hält.

Während der ungezählten Wiederholungen, die nötig sind, um wenigstens einigermaßen brauchbare Instrumentaltracks zu bekommen, macht John Simon eine ihn irritierende Beobachtung. Janis Joplin ist keinesfalls die spontane Sängerin aus der psychedelischen Szene, die alles, was sie stimmlich und interpretatorisch von sich gibt, im Augenblick der Kreation »aus dem Bauch« holt. Vielmehr kommt sie mit einem klaren Konzept in das Studio und weiß sehr genau, welche Effekte sie an bestimmten Stellen der einzelnen Nummern einsetzen will. Ihr Vorgehen ähnelt dem eines Collageverfahrens. Bestimmte vokale Muster und Floskeln, die zuweilen an Bessie Smith und Tina Turner erinnern oder von Janis Joplin selbst entwickelt werden, montiert sie präzise in den Ablauf ihrer Darbietung, so dass ihre vokalen Kreationen im wörtlichen Sinne »komponiert«, also zusammengefügt, sind. »Was ihr fehlte«, so John Simon in seinem für manchen Joplin-Fan etwas überraschendem rückblickendem Fazit, »war jegliche sängerische Spontaneität. Es war schon ihr persönlicher Stil, aber es war keinesfalls völlig spontan. Ganz im Gegenteil.« Nach Berichten aus den Aufnahmen zu *Cheap Thrills*, wie das Album schließlich heißen sollte, konnte Janis Joplin bei den von Simon geforderten zahlreichen Wiederholungen der einzelnen Nummern, Dutzende von Malen nahezu identische Versionen eines Songs vortragen.

218

Der Vorwurf mangelnder Spontaneität, den John Simon erhebt, wird der Sache nicht gerecht. Janis Joplins Arbeitsweise ist im Kontext improvisierter Musik sicher ungewöhnlich und wird von manchen möglicherweise sogar als unpassend empfunden. Ihre Methode zeigt jedoch ein hohes Maß an musikalisch-technischer Professionalität, an musikalisch-konzeptionellem Denken und vor allem an struktureller Reflexion. In ihrer Musik schafft Janis Joplin offensichtlich die ideale Balance zwischen Selbstvergewisserung und Selbstvergessenheit, die ihr außerhalb der Bühne in so dramatischer Weise fehlt. Singen bedeutet für Janis Joplin, ihre Spontaneität intellektuell zu kontrollieren.

Janis Joplin hatte ihre Stimme rein zufällig »entdeckt« und dabei zugleich festgestellt, dass sie die Fähigkeit besaß, die verschiedensten Stimmen und Klangfarben nachzuahmen. Aus dieser Begabung heraus entwickelt sie im Laufe ihrer Karriere ein umfangreiches Repertoire vokaler Effekte, die sie ständig erweitert und neu kombiniert. »Ich habe gerade ein völlig irres Hundegeheul gehört«, sagt sei einmal am Telefon zu Myra Friedman, um diesen neu erworbenen Special Effect sogleich vorzuführen. »Man kann nicht immer warten, bis man in der richtigen Stimmung ist, rauszugehen«, äußert sie sich David Dalton gegenüber. »Das ist dann schon so ein bisschen Schauspielerei«, fährt sie fort. »Ich weiß nicht, ob ich wirklich schauspielern kann, aber ich kann mich *selbst* spielen. Ich kann *mich* spielen wie der Teufel. Das Wichtigste dabei ist, dass ich dabei so richtig abfahre. Je mehr mir dazu einfällt, je mehr benutze ich davon.«

In Zusammenhang mit den Aufnahmen zu *Cheap Thrills* ist es aufschlussreich, die Umstände der Studioproduktion von Summertime mit der Live-Version zu vergleichen, die Janis Joplin zusammen mit der Kozmic Blues Band 1969 in Frankfurt darbietet. Die angespannte Atmosphäre aus der Studiofassung ist vollkommen verschwunden, das pseudobarocke polyphone Arrangement von Sam Andrew, das den besonderen Reiz dieser Gershwin-Bearbeitung ausmacht, wirkt nicht steif, sondern gelöst und schwebend. Im Timing, in der Geräuschfärbung greift Janis jedoch häufig auf die erarbeitete Cheap-Thrills-Version zurück, so dass auch die Entscheidung darüber, welche Konsonanten gestammelt, welche Töne der Gershwin-Melodie ausgelassen oder wieder aufgegriffen werden, ihrer alten Version ähnlich ist. Mit der professionelleren Band im Rücken verliert ihre Interpretation aber die Verkrampftheit, die in der Version mit Big Brother nicht zu überhören ist. John Simon ist so unzufrieden mit der künstlerischen Qualität der Aufnahmen, dass er bei der Endabmischung der Platte in Los Angeles nicht mehr zugegen ist. Deshalb äußert er auch den ungewöhnlichen Wunsch, auf dem Cover der LP nicht genannt zu werden. Dass sein Name dennoch auf dem Cover erscheint, hat damit zu tun, dass er als Pianist den Klavierpart in Janis Joplins Turtle Blues übernommen hat.

Die zermürbende Arbeit an dem ersten Album für Columbia hat die Beziehungen zwischen Janis Joplin und der Band stark beeinträchtigt. Big Brother & the Holding Company kann und will die an sie gestellten Erwartungen nach größerer Professionalität nicht erfüllen. Hinzu kommt der äußerst demoralisierende Effekt, dass sich seit Monterey die gesamte Aufmerksamkeit der Öffentlichkeit auf Janis Joplin richtet und die Band gewissermaßen immer unsichtbarer wird. Die Musiker vermuten in diesem Zusammenhang nicht ganz zu Unrecht eine Taktik des Managements. Sowohl Albert Grossman als auch Myra Friedman weisen diesen Verdacht natürlich entschieden, aber wenig glaubwürdig zurück. Die Fakten zumindest sprechen dafür, dass die Bemühungen um die Band spätestens zu dem Zeitpunkt erlahmen, als zudem klar wird, dass sich die vier Musiker überhaupt nicht weiterentwickeln wollen. Dabei geht es der Band nicht so sehr um die Zementierung ihres stilistischen und instrumentalen Standards, sondern vor allem darum, dass sie sich als Live-Band empfindet, die sich in der perfektionistischen Sterilität des Studios nicht entfalten kann.

Das Management startet daher den Versuch, alternativ zu den mühseligen Studiositzungen, ein Konzert in Detroit tontechnisch professionell aufzunehmen, um daraus Material für eine Platte herstellen zu können. Auch dieser Versuch endet in einem Desaster. Reduziert auf die gnadenlose Exaktheit des Tonbandes sind die handwerklichen Fehler der Musiker unüberhörbar. Die Band spielt oft nicht gut zusammen und insbesondere die horrible Intonation der Gitarristen macht jeden Gedanken an eine Veröffentlichung sofort zunichte. Bedauerlich ist, dass gerade auf den Live-Aufnahmen Janis Joplins Interpretationen besonders überzeugend geraten. Einzig eine nur leicht nachbearbeitete Live-Aufnahme wird auf dem Album berücksichtigt. Es ist *Ball and Chain,* das im Winterland in San Francisco aufgenommen worden war.

Janis ist völlig von dem Wunsch besessen, nach der Mainstream-LP, die ein Dreivierteljahr nach Monterey immer noch als einziges und in der Tat hoffnungslos überholtes Album auf dem Markt ist, nun eine qualitativ hochkarätige Aufnahme zu präsentieren. Sie ist daher zu jeder noch so mühseligen zusätzlichen Arbeit bereit, spürt jedoch zugleich, dass die Spannungen zwischen ihr und der Band bei aller freundschaftlichen und familiären Sympathie, die sie für die vier Musiker empfindet, stetig wachsen. Bezeichnend dafür ist, dass Janis Joplin sich nach einem weiteren demoralisierendem Anhören eines Konzert-Mitschnittes fünf Whiskys auf einmal bestellt, diese nebeneinander aufbaut und hinunterstürzt. Auch im Studio kommt es zum Teil zu heftigen Reaktionen. »Mit diesen Arschlöchern singe ich nicht mehr«, sagt sie einmal wütend zu John Simon und verlässt Türen knallend das Studio.

Um das Dilemma, dass weder die reinen Studioaufnahmen noch Livemitschnitte zu einem befriedigenden Ergebnis führen, zu lösen, verfallen die Produzenten auf die Idee, Live-Sounds nachträglich auf die Studioproduktion einzuspielen. Auf diese Weise wird der Effekt gemildert, dass die im Studio auf die absolute Klanggestalt reduzierte Musik vielleicht enttäuschend und sogar entlarvend wirken könnte. Ästhetisch zu rechtfertigen war diese Manipulation dadurch, dass man soviel wie möglich von der Aura einer auf gleicher Ebene mit den Emotionen und Bedürfnissen des Publikums produzierten Musik einfangen wollte. Dass mit den hastig zusammengetrommelten Büroangestellten aus der Plattenfirma oder der einmontierten Stimme Bill Grahams die reale Atmosphäre des Fillmore oder des Avalon nicht herstellbar war, konnte und wollte man nicht zur Kenntnis nehmen. Auch wenn man beste Absichten unterstellen mag, so repräsentiert *Cheap Thrills* daher auch paradigmatisch, dass die für Rockmusik so wesentliche Eigenschaft der Authentizität aus kommerziellen Gründen notfalls auch künstlich erzeugt wird. Vom Rock 'n' Roll der fünfziger Jahre, über den Liverpool-Beat, den Acid-Rock bis hin zu Punk und Grunge bildet die Frage nach dem Spannungsfeld zwischen der Authentizität des Live-Moments und der manipulativen Wirkung durch die Tontechnik ein zentrales Leitmotiv. Der Mythos von Janis Joplin, der auf der untrennbaren Identifizierung von Kunst und Leben beruht, ist daher zu Recht durch ihre Live-Auftritte und ihre Bühnenpräsenz geprägt, nicht durch die in der Kritik teils unter- wie auch überschätzten relativ wenigen Studioaufnahmen. Das, was *Cheap Thrills* schließlich repräsentiert, ist eine problematische Verwischung der Grenzen zwischen Anspruch und Wirklichkeit, die in Hinblick auf die Zukunft der Band nicht ohne Folgen bleiben wird.

Dem Erwartungsdruck in der stetig anwachsenden Fangemeinde entsprechend schnellen die Verkaufszahlen nach der

Veröffentlichung des Albums im August 1968 innerhalb eines Monats auf die magische Verkaufszahl von einer Million. Die Platte, so scheint es, ist ein Selbstläufer, dem die in Bezug auf die Liveauftritte so euphorischen Kritiker allerdings eher zurückhaltend bis ablehnend gegenüberstehen. Die in San Francisco erscheinende Musikzeitschrift *Rolling Stone* bezeichnet die Platte gar als »einen netten Abklatsch der San Francisco Szene in ihrer ganzen lauten, aufregenden und schlampigen Herrlichkeit«. Selbst Janis Joplin wird nicht verschont, und so heißt es in einer Kritik etwas hinterhältig: »Janis Joplin hat eine gute Stimme, aber sie kann nicht singen.« An der Spitze der hämischen Kritik steht ausgerechnet die New York Times, in der nun, ein halbes Jahr nach den enthusiastischen Kritiken vom Februar zu lesen ist, dass »wirklich jedes Stück auf der Platte falsch klinge«. Auch in der Times geht es nicht nur um die mangelnde Professionalität der Band, sondern auch ganz direkt um die musikalische Qualität von Janis Joplin. Alles, was bislang als positiv und erfrischend wahrgenommen worden war, bekommt jetzt eine negative und neidbesetzte Konnotation: Janis Joplin und Big Brother dienen nun allenthalben als Paradebeispiel dafür, wie man zum Megastar und Großverdiener in der Musikszene avancieren kann, ohne sich diesen Erfolg auf der langen und mühsamen Straße harter Arbeit verdient zu haben: eine Sängerin ohne professionelle Ausbildung als Pseudostar in einer durch und durch dilettantischen Szene. Ironie der Geschichte, retrospektive Verklärung oder ausgleichende Gerechtigkeit: dreißig Jahre nach den Verrissen gehört *Cheap Thrills* in den Annalen der Rockmusik zu den fünfzig besten Alben der sechziger und siebziger Jahre.

Für den Ruhm dieses Albums, dessen ursprünglicher Titel *Sex, Dope and Cheap Thrills* lauten sollte, ist freilich nicht nur die Musik verantwortlich, sondern auch das extravagante Cover, das von dem bedeutenden Comic-Zeichner Robert Crumb gestaltet wird. Wie in einem Kaleidoskop sind um die kreisrunde Illustration von *Ball and Chain* herum die Songs und deren Interpreten mit kleinen ironischen Comicbildern dargestellt. Auch auf das in die Aufnahmen integrierte »Livematerial« wird ironisch verwiesen. Angeblich nimmt Crumb diesen für ihn ungewöhnlichen Auftrag an, um auf diese Weise Janis Joplin kennenlernen zu können. Ihr wolle er einmal »in die Brust kneifen«, wie er wohl sagt. Wie stark er von Janis' Brüsten fasziniert ist, lässt sich auch seinen Zeichnungen entnehmen. Lasziv rekelt Janis Joplin sich auf einem Blumensofa, sie wirkt etwas fett und ein wenig nuttig, wobei sich ihre Brustwarzen deutlich unter dem vielleicht etwas zu engen Kleid abbilden. Den Kontrast dazu stellt ihr Porträt auf der Rückseite dar. Das grobgekörnte Schwarzweißfoto auf der Rückseite zeigt Janis Joplin hingegen im schlabbrigen Hippielook, naiv-kindlich die Hände auf die Knie gestützt, freundlich und unbedarft in die Welt schauend.

*

Auf dem Cover von *Cheap Thrills* befindet sich in der unteren rechten Ecke ein Hinweis von Robert Crumb, der bemerkenswert erscheint. In Form eines stilisierten schwarzen Buttons mit dem nur allzu bekannten flügelartigen Logo versehen ist dort zu lesen: »Approved by Hell's Angels Frisco«. Diese hier dokumentierte Genehmigung der Platte durch die als brutal und unberechenbar geltenden Motorradrocker ist mehr als ein ironischer Verweis auf die andere, gewalttätige Seite des Mythos von Love and Peacé. Die Verbindung zwischen einigen Bands der Szene von San Francisco und den Motorradrockern und insbesondere zwischen Janis Joplin und den Hell's Angels geht durchaus in die Richtung einer widersprüchlichen, aber gleichwohl freundschaftlichen Beziehung. Für Janis symbolisieren die Angels ihre eigene Sehnsucht nach Stärke und Autorität. Vielleicht fasziniert sie auch deren radikale Anarchie, die sich mit Relikten archaischer und hierarchischer Stammesrituale verbindet. Im Januar 1967 sieht sie in einem Brief an ihre Eltern die Hell's Angels noch als harmloses Phänomen, wobei es auch möglich ist, dass sie deren berüchtigte Gewaltbereitschaft gegenüber den Eltern auch bewusst herunterspielt: »Gestern haben wir bei einer Hippieparty im Golden Gate Park gespielt – sehr nett. Mitveranstalter waren die Hell's Angels, die, zumindest in S. F., wirklich sehr nett sind. Sie haben einen anderen sozialen Code, aber der scheint nur innerhalb ihrer Gemeinschaft zu gelten, und sie versuchen nicht, ihn anderen aufzudrücken.«

In San Francisco gelten die Grateful Dead sowie Janis Joplin mit Big Brother & the Holding Company bald als die »offiziellen« Bands der Frisco Hell's Angels. Bei den Auftritten halten sich die Angels häufig gut sichtbar auf der Bühne oder als zumeist freiwillige und eigentlich ungebetene Ordnungskräfte im Backstage-Bereich auf. Dabei kann es durchaus vorkommen, dass sie ihre Motorräder nicht etwa draußen stehen lassen, sondern in die Säle fahren oder sie demonstrativ auf der Hinterbühne platzieren. Nicht selten dienen die Angels den Bands auch als Drogenkuriere, oder sie organisieren rauschende Feste. Trotz der allgemein bekannten Gefährlichkeit der Hell's Angels kommt Janis Joplin erstaunlich gut mit ihnen zurecht. Mit Sweet William und dem Anführer der Frisco Angels Freewheelin' Frank unterhält sie nahezu freundschaftliche Beziehungen. Sie liebt es, auf dem Rücksitz einer Harley durch die Landschaft zu brausen oder stundenlang, und wie einst in New York, erfolgreich mit »den Jungs« Poolbillard zu spielen. Der extreme Machismus der Hell's Angels stellt für Janis Joplin kein Problem dar. Ihr eigenes Weltbild ist so stark von zwischengeschlechtlichen Machtstrukturen geprägt, dass ihre Werthaltung sich in diesem Punkt nicht prinzipiell von denen der Hell's Angels unterscheidet. Der erste

Durchatmen: Janis gönnt sich und ihrem Motorrad einen Moment Ruhe.
Sie liebt es, mit der Maschine durch die Landschaft zu brausen.
(Cinetext Bildarchiv, Frankfurt)

weibliche Megastar der Rockmusik ist alles andere als eine politische Propagandistin der Frauenbewegung, auch wenn sie als erste erfolgreiche Frau im Rockgeschäft zumindest post mortem zu deren Symbolfigur wird. Der zugleich weiblich-sinnliche und männlich-raue Charakter von Janis Joplin macht sie jedenfalls in ihrer Zeit zu einer Ikone der Hell's Angels.

Gleichwohl schleichen sich bei Janis Joplin und bei den anderen Mitgliedern der Band zunehmend gemischte Gefühle angesichts der Hell's Angels ein, die sich immer offensichtlicher und bedrängender als echte Big-Brother-Fans erweisen. Dabei schwingt durchaus Sympathie für den schwierigen sozialen Hintergrund mit, aus dem die Hell's Angels zumeist stammen, zumal sie einmal mehr eine Variante des ewigen amerikanischen Wildwest-Pioniertyps verkörpern, der ihren Respekt und ihre Achtung verdient. Sam Andrew erinnert sich daran, dass es immer wieder liebevolle und hilfsbereite Gesten einzelner Angels gegeben habe. Berüchtigt allerdings ist die unberechenbare Empfindlichkeit der Hell's Angels und ihre bedingungslose Bereitschaft zum Töten. So wird nicht nur Sam Andrew, sondern bald auch Janis Joplin bewusst, dass die Leute, mit denen sie zusammen Konzerte veranstalten oder Partys feiern, nicht selten feige Mörder sind. Wie gefährlich die Hell's Angels tatsächlich sind, erkennt Janis Joplin in der Tat schon vor der Katastrophe von Altamont am 6. Dezember 1969, denn immer wieder gerät sie in gefährliche Situationen und wird, trotz ihrer freundschaftlichen Beziehung zu Freewheelin' Frank mehrfach brutal misshandelt.

In der Hippieszene wird das Phänomen der Hell's Angels von Anfang an äußerst kritisch gesehen. »Es ist, als ob man mit Hitler ins Bett gehen würde«, ist eine der gängigen Meinungen zur Präsenz der Angels beim großen Human Be-in im Januar 1967. Zwar sind auch sie äußerlich Outcasts wie die Hippies, haben lange Haare und konsumieren Drogen. Sie sind jedoch keinesfalls die liebenswerten Teddybären, als die sie so mancher gelegentlich gerne betrachtet hätte, denn mit den Angels verbinden sich Morde, schwere Raubüberfälle, lebensgefährliche Schlägereien und Vergewaltigungen. Als schützende Polizisten der Subkultur taugen sie daher ganz und gar nicht, wie am 6. Dezember 1969, dem wohl schwärzesten Tag in der Geschichte des Rock 'n' Roll, unwiderlegbar bewiesen werden sollte.

An diesem Tag beenden die Rolling Stones mit einem Free Concert auf dem Altamont-Speedway-Gelände in der Nähe von San Francisco ihre Amerika-Tournee. Das Konzert endet mit einer Katastrophe: Vier Tote, zahlreiche Verletzte, Gewalt und Chaos sind die makabre Bilanz dieses Tages. Zum Preis von 500 Dollar »in Bier« sind die Hell's Angels als »Ordnungskräfte« engagiert und machen rücksichtslos von ihrem Gewaltmonopol Gebrauch. So kommt es schließlich dazu, dass sie vor den Augen von 300 000 Fans einen schwarzen Konzertbesucher zusammenschlagen. Sie verfolgen das panikartig flüchtende Opfer, dem niemand zu Hilfe kommt, und töten es schließlich mit feigen Stichen in den Rücken. Mick Jagger, etwa sieben Meter vom Tatort entfernt, singt nach kurzer Unterbrechung sein *Sympathy for the Devil* weiter und verhilft so dem Motto des Rolling Stones-Albums *Let it bleed!* zu trauriger Wirklichkeit. In wenigen Minuten werden in Altamont Antirassismus, Gewaltfreiheit und Solidarität, die Grundpfeiler der Popkultur und des Summer of Love, zu Makulatur.

Auch das erste Konzert, das Janis Joplin im Mai 1970 im Pepperland von San Rafael mit der Full Tilt Boogie Band gibt, steht unter der massiven und gewaltbereiten Präsenz der Hell's Angels. Die Situation ist oft bis zum Äußersten gespannt. Dennoch verläuft dieser Abend ohne größere Zwischenfälle. »Das Problem mit den Angels ist für mich, dass sie als Freunde einfach nur normale Menschen sind«, sagt Janis Joplin in ihren Gesprächen mit David Dalton, »aber der Club selbst ist absolut rücksichtslos, meine Chemie läuft eben anders ab.«

*

Mit der so genannten Tet-Offensive am 30. Januar 1968, dem massiven Angriff der nordvietnamesischen Armee und der Guerillaverbände auf amerikanische und südvietnamesische Stellungen, wird die stets nach außen hin vertretene Siegessicherheit der Amerikaner massiv erschüttert. Innerhalb von drei Wochen erreicht die Kriegsbilanz die unvorstellbare Zahl von 12 500 Toten. Zudem ziehen Millionen von Flüchtlingen, die sich in einem erbarmungswürdigen Zustand befinden, durch das Land. Die Militärausgaben der USA summieren sich in diesem Jahr auf sagenhafte 75 Milliarden Dollar und damit auf 56 Prozent des gesamten Bundeshaushaltes.

Dem amerikanischen Fernsehzuschauer wird die Bilanz des blutigen Ereignisses in festgefügten Ritualen auf dem Bildschirm präsentiert. Dazu gehört als zentrales Element, dass mit einem verhaltenen und melancholischen Militärsignal allabendlich die Liste der an diesem Tag Gefallenen veröffentlicht wird. Bei seinem Woodstockauftritt im August 1969 montiert Jimi Hendrix ebendiese Melodie, die wie kaum ein anderes Musikstück zu einem Symbol des Todes wird, mitten in seine programmatisch-destruktiven Interpretation der amerikanischen Nationalhymne. Genau dort, wo der patriotische Text aus der Zeit des englisch-amerikanischen Krieges vom »grellroten Schein der Raketen« und von den »in der Luft zerplatzenden Bomben« spricht – von Hendrix eindrucksvoll durch Klangkaskaden auf der E-Gitarre illustriert –, erscheint in großer Klarheit und nahezu sphärischer Entrückung das Dreiklangsmotiv des Todessignals.

Jedoch nicht nur durch die eigenen Verluste wird der Krieg zunehmend zum persönlichen Drama der amerikanischen Bevölkerung, sondern auch dadurch, dass immer mehr von dem Ausmaß an Brutalität bekannt wird, die von den Amerikanern selbst ausgeht. In My Lai, seitdem Symbol der entmenschlichten Grausamkeit dieses Krieges, ermorden amerikanische Soldaten auf grausamste Weise Hunderte von unbewaffneten Zivilisten, unter denen sich nicht wenige Frauen und Kinder befinden. Bis heute haben die USA den ungeheuren kulturellen Schock, den die Bilder von My Lai ausgelöst haben, nicht vollends verkraftet. Filme wie Coppolas *Apocalpyse Now* oder Kubricks *Full Metal Jackett* haben immer wieder dazu beigetragen, die moralischen Grenzen des Selbstverständnisses Amerikas als »Weltpolizei« zu reflektieren.

Komplementär zu der Brutalisierung an der Kriegsfront, die nur noch schwerlich mit der Selbststilisierung Amerikas als Hort der Freiheit in Übereinstimmung zu bringen ist, überstürzen sich auch in den USA selbst die Ereignisse. Am 4. April 1968 wird Martin Luther King von einem weißen Fanatiker ermordet. Das Ereignis führt die schwarze Bürgerrechtsbewegung in tiefe Resignation und stärkt zugleich die Militanz derjenigen, die nie an den friedlichen Ausgleich zwischen den Bevölkerungsgruppen geglaubt haben. Es ist eine Zeit, in der selbst Menschen wie Janis Joplin, deren Leben nicht im Zentrum des politischen Geschehens angesiedelt ist, von den Katastrophen und Umwälzungen in der Gesellschaft tief aufgewühlt wird. Sie wird Zeuge von Antikriegsdemonstrationen in San Francisco und berichtet über ihre Teilnahme an einer Wahlveranstaltung Robert Kennedys, der in San Francisco, einer Hochburg des Pazifismus, wegen seiner zögerlichen Statements zum Vietnamkrieg erbarmungslos ausgepfiffen wird. Wenig später wird auch Robert Kennedy ermordet und hinterlässt damit ein Vakuum, das zur weiteren Verschärfung der Situation führt.

Zwei Monate nach Kennedys Tod tagt in Chicago der Parteikongress der Demokraten, auf dem sich auch Yippies und andere zum Teil militante Antikriegsdemonstranten zu Wort melden. Brutal gehen Bürgermeister und Polizei gegen die außerparlamentarische Opposition vor, eine inhaltliche Solidarisierung des Kongresses mit den Demonstranten, zu Lebzeiten Kennedys vielleicht noch denkbar, unterbleibt. Hubert Humphrey, Vizepräsident unter Präsident Johnson, übernimmt die vakante Präsidentschaftskandidatur und tritt damit gleichzeitig gegen den unabhängig kandidierenden Rechtspopulisten George Wallace und gegen den Republikaner Richard Nixon an. Nixon, der mit knapper Mehrheit das Rennen um die Präsidentschaft für sich entscheidet, forciert ab 1969 sogleich eine deutlich an Law and Order orientierte Politik im Inneren und treibt das Engagement der USA in Vietnam mit 541 000 Soldaten auf einen absoluten Höhepunkt. Zugleich wächst auch das Protestpotenzial in den USA weiter an. Im November 1969 kommt es mit 250 000 Teilnehmern in Washington zur größten Demonstration, die dort je stattgefunden hat. Auch Meinungsumfragen zeigen mittlerweile deutlich, dass eine Mehrheit in der amerikanischen Bevölkerung den Krieg ablehnt. Unmittelbar vor seiner Wiederwahl im Jahre 1972 täuscht Nixon ein Friedensabkommen vor, das definitiv erst im April 1975 nach der Kapitulation Südvietnams Realität werden sollte. Nur wenige Tage nach der Wiederwahl Nixons und dem Abbruch der Pariser Friedensverhandlungen ordnet Nixon am 17. Dezember 1972 zwei Wochen lang die schwersten Bombenangriffe des ganzen Krieges an.

Innenpolitisch führt Nixons Politik zu einer weiteren Polarisierung der amerikanischen Bevölkerung. Von Anfang an denunziert er die Friedensaktivisten als »liberale Bastarde« und weist zudem das Justizministerium explizit an, sich der Durchführung von bürgerrechtsfreundlichen Beschlüssen des Supreme Court zu widersetzen. Als Gegenreaktion verstärken sich beispielsweise in Berkeley die Free-Speech-Aktivitäten, und es kommt zu heftigen Auseinandersetzungen auf dem Campus um die zentrale Begegnungsstätte der Studentenbewegung, dem so genannten »People's Park«. Die amerikanische Jugend ist im Zwiespalt. Während die einen sich politisieren und wie die schwarze Bürgerrechtlerin Angela Davis dafür auch kriminalisiert und verfolgt werden, ziehen sich andere in esoterische Innerlichkeitsrituale zurück und feiern beispielsweise auf kommerziellen Happenings wie dem Woodstock-Festival ihre eigene Depolitisierung.

*

Anlässlich der Ermordung Martin Luther Kings am 4. April 1968 gibt Big Brother & the Holding Company zusammen mit anderen Bands in New York ein Benefizkonzert zugunsten der schwarzen Bürgerrechtsbewegung. Auch wenn Janis Joplin sich in die politischen Debatten dieser Zeit nicht einmischt, so spürt sie doch deutlich, dass sich in Bezug auf ihre eigene Vorstellung von weiß-schwarzer Harmonie im menschlichen wie im musikalischen Sinn Veränderungen abzeichnen. In ihren Konzerten hatte sie bisher auch immer recht viele schwarze Fans, die sich durch die Rock-Blues-Stilistik von Janis Joplin offensichtlich angesprochen fühlten. Nachdem die Idee von der Great Society und vom rassenübergreifenden Bürgerrechtskompromiss geplatzt war, gilt die Aneignung des schwarzen Blues durch weiße Musiker vielen Afroamerikanern als suspekt. Umgekehrt verstärkt sich in der polarisierten innenpolitischen Situation am Ende der sechziger Jahre auch der Eindruck vieler Weißer, Janis Joplin würde mit den Schwarzen gemeinsame Sache machen. Insbesondere als sie Ende des Jahres mit ihrer neuen Kozmic Blues Band stärker als bisher in das Soul-Segment vordringt, ist die Aufnahme ihrer Musik bei der schwarzen Bevölkerung sehr verhalten. Nicht wenige sind grundsätzlich dagegen, dass eine Frau aus der weissen Mittelschicht sich ihrer Musik und damit ihrer kulturellen Identität bemächtigt.

Entgegen dem Versprechen, das Janis Joplin Albert Grossman gegeben hat, beginnt sie im Frühjahr 1968 wieder damit, regelmässig Heroin zu fixen. Wenn sie auch den Stoff nach der Erinnerung ihrer Freunde immerhin nicht täglich nimmt, so passiert es doch gelegentlich, dass sie sich bis zu drei Injektionen nacheinander setzt, um sich, wie einer von Janis' Fixer-kumpels es ausdrückt, in ein »traumartiges, warmes und sicheres Gefühl« zurückzuziehen. »Niemals habe ich mich kuscheliger, geschützter, umsorgter oder stärker bemuttert gefühlt, als wenn ich Heroin genommen hätte«, äußert sie sich gegenüber Milan, einem der Roadies von Big Brother, mit dem sie eine etwas längere Beziehung eingeht.

Im Juli wird sie aufgrund ihres völlig unkontrollierten Heroin-konsums schließlich zum ersten Mal Opfer einer drastischen Überdosierung, die sie nur knapp überlebt. Durch heftiges Eintauchen in kaltes Wasser gelingt es Linda Gravenites und »Sunshine«, Janis wieder zu Bewusstsein zu bringen. Dr. Rothschild, ein später von ihr konsultierter Drogentherapeut, erinnert sich daran, dass es bei Janis Joplin bis zum Ende des Jahres 1969 insgesamt sechsmal zu Überdosierungen kommt und dass sie diese zumeist nur äußerst knapp überlebt. Als problematisch im Umgang mit den Drogen erweist sich vor allem die Co-Abhängigkeit, die sich zwischen Janis und ihrer Freundin »Sunshine« entwickelt hat. »Wir brauchten uns nur anzusehen und mit den Augen zu zwinkern, und das war's dann schon«, erinnert sich »Sunshine«. Für Linda Gravenites, die Drogen hasst und die dem gefährlichen Treiben hilflos zusehen muss, ist das Drogenproblem die grösste Belastung ihrer Freundschaft mit Janis Joplin. Umgekehrt entwickelt Janis gegenüber Linda einen geradezu extremen Besitzan-spruch. Eifersüchtig wacht sie darüber, dass sie möglichst für niemanden sonst Kleidung entwirft. Linda ist allerdings auch nur zu bereit, Janis zur Verfügung zu stehen und ihr bei der Erledigung aller möglichen Kleinigkeiten behilflich zu sein. Dass Janis auch in regelmäßigem Kontakt mit Nick Gravenites steht, diesem eines Tages einen möglicherweise sogar ernst gemeinten Heiratsantrag macht, scheint Linda nur wenig zu interessieren.

Im April 1968, unmittelbar nach den mühsamen Sitzungen im

233

Plattenstudio, sind die Probleme, die sich zwischen Janis Joplin und Big Brother angesammelt haben, nicht mehr zu übersehen. Sam Andrew, dem sie innerhalb der Band menschlich am nächsten steht, vertraut sie an, wie sehr sie sich durch das schmale Repertoire der Band eingeengt fühlt und wie sehr sie sich eine grundlegende Weiterentwicklung ihrer Musik wünscht. Außerdem, so Janis, stoße sie ständig mit ihrem Wunsch auf Granit, Bläser in die Band aufzunehmen. In der Tat träumt Janis seit langem davon, wie Otis Redding oder Aretha Franklin, mit einer Soulband aufzutreten. Aber nicht nur ihr eigener Druck, sondern auch der von außen nimmt immer größere Ausmaße an. Der Rolling Stone, 1967 von Ralph J. Gleason und Jann Werner in San Francisco gegründet und von daher besonders stark für die Musik der Bay Area engagiert, findet zunehmend kritische Töne in Bezug auf die musikalischen Fähigkeiten der einzelnen Bandmitglieder. Dabei wird vor allem James Gurley, dessen persönliche Ausstrahlungskraft und psychedelische Soundgestaltung in einem unüberhörbaren Kontrast zu seinen oft planlosen und intonationsschwachen Gitarrensoli stehen, Gegenstand der sich mehrenden Angriffe. Hinzu kommt, dass Gurley bei manchen Auftritten so stark unter dem Einfluss von Drogen und Alkohol steht, dass er sich zuweilen kaum auf den Beinen halten kann. »Big Brother ist nichts weiter als eine elende und lahme Gruppe von Pennern, die von ihr [Janis Joplin] aus unerklärlichen Gründen ausgehalten wird«, heißt es im Rolling Stone unmissverständlich und in einer Drastik, die auch Janis Joplin verletzt. Ihr Verhältnis zum führenden Blatt der Musikszene wird jedoch erst richtig schwierig, als ein Kritiker des Magazins wenige Monate später, nach ihrer Trennung von Big Brother, erneut und massiv seine Feder spitzt. Tränenreich und sentimental verweist das Blatt diesmal auf Janis Joplins großartige Zeiten mit Big Brother, lobt deren authentischen Sound sowie die Spontaneität der Auftritte und lässt an der neuen Band kein gutes Haar. Mehr als ein Jahr wird vergehen, bis Janis Joplin sich wieder auf einen Mitarbeiter des Rolling Stone einlassen wird. Es ist David Dalton, der sie auf ihrer Europatournee begleitet und der die beeindruckenden Tonbandinterviews, die er im Sommer 1970 mit Janis Joplin geführt hat, in seinem Buch *Piece of my Heart* veröffentlicht und einfühlsam kommentiert hat.

Dass eine Trennung zwischen Janis Joplin und Big Brother & the Holding Company unvermeidlich und zwangsläufig ist, scheinen fast alle Beteiligten zumindest zu ahnen. Vor allem James Gurley, der schließlich immer wieder zur Zielscheibe der Kritik auch durch Janis wird, empfindet zunehmend eine große emotionale Kluft zwischen Janis und der Band. Er interpretiert den unübersehbaren Ehrgeiz der Leadsängerin in erster Linie als Ausdruck von Egozentrik und Egoismus. In seinen späteren Erinnerungen wird viel von den damaligen Verletzungen deutlich: »Als sie eine Berühmtheit wurde, setzte sie sich emotional von uns ab, aber gleichzeitig verlangte sie, dass jeder, der für sie arbeitete, ob Musiker oder Roadie, nach ihrer Pfeife tanzen sollte. Wir empfanden das als einen ziemlichen Machtmissbrauch. Natürlich waren wir auch alle irgendwie auf dem Egotrip.« Wenn Janis Joplin im Sommer 1970 lakonisch resümiert: »Wir haben uns gegenseitig aufgebraucht«, so verdeutlicht diese Formulierung auch, wie stark sie die Lösung von Big Brother auch mit den Kategorien der Dynamik beschreibt, die für ihre Liebesbeziehungen gelten. Nicht zufällig bezeichnet sie daher James Gurley und Sam Andrew als »die beiden Männer in meinem Leben«. Es scheint geradezu so, wie Alice Echols ausführt, als müsse Janis Joplin jetzt die klassische Entscheidung zwischen Familie und Karriere fällen. Konsequenterweise entscheidet sie sich, wie sie später David Dalton gegenüber erklärt, letztlich weniger wegen des Drucks, der sich um sie herum aufgebaut hat, sondern aus künstlerischen Gründen für das Ende der Zusammenarbeit: »Was mich wirklich verrückt gemacht hat, war, dass ich keine Ehrlichkeit mehr aus der Musik herausholen konnte. Daran war keiner so richtig schuld. Vielleicht lag es daran, dass wir zu viel zu tun hatten. Vielleicht waren wir auch einfach ein bisschen zu träge, was ich übrigens wirklich glaube. Die dachten einfach: ›Warum arbeiten, die Leute mögen's doch!‹. Wir haben überhaupt nichts Neues mehr gemacht und ich sang jeden Abend immer wieder die gleichen alten Songs. Schließlich sagte ich mir: ›Du hältst dich zwar für eine Sängerin, aber du bist nur eine Schauspielerin.‹«

Mitte September, etwas weniger als ein Monat nach dem Erscheinen von *Cheap Thrills,* kündigt das Büro von Albert Grossman in einer Presseerklärung die Trennung von Janis Joplin und Big Brother & the Holding Company an. Kurz zuvor hatte Janis in einer Versammlung der Band knapp erklärt: »Ich bin nicht mehr dabei.« Sam Andrew ist der Einzige, der von ihren Plänen weiß, zumal nur er mit in eine neue, noch zu gründende Formation übernommen werden soll, wie die verbleibenden Musiker nun auch erfahren. Für Peter Albin, David Getz und James Gurley bricht geradezu eine Welt zusammen. Mit Sam Andrew hätte die Band eine Chance, sich als ehemalige Joplin-Band auf dem Markt zu behaupten – nun scheint für Big Brother eine Zukunft gänzlich unmöglich. Das tief enttäuschte Trio nimmt Janis Joplin vor allem übel, dass ihre Entscheidung, Sam Andrew zu übernehmen, offensichtlich weniger künstlerisch motiviert ist, sondern eher dem Wunsch entspringt, in ihrer unsicheren Zukunft einen Freund in ihrer Nähe zu haben. In diesem Punkt beinhalten die Mutmaßungen sicherlich einen wahren Kern, wenngleich Sam Andrew auch in musikalischer Hinsicht der profilierteste Kopf von Big Brother ist. Mit Sam zusammen hat sie eine Reihe von Songs geschrieben, sein Summertime-Arrangement hat sie berühmt gemacht.

Andererseits ist Janis Joplin in Bezug auf ihre Zukunft und auf die Rolle, die Sam Andrew darin spielen sollte, keineswegs sentimental. Zermürbt von den unendlichen und häufig fruchtlosen Diskussionen, zu denen das basisdemokratische Bandkonzept von Big Brother sie genötigt hatte, vollzieht Janis Joplin nun endgültig den entscheidenden unternehmerischen Schritt und gründet eine Firma. In Zukunft wird Sam Andrew daher nicht mehr ihr gleichberechtigter Partner sein, sondern Angestellter von »Fantality«, wie Janis ihr Unternehmen nennt. Die Kombination der Begriffe »Fantasy« und »Reality« im Namen der Joplin-Firma ist ein bezeichnender Hinweis sowohl auf ihre Lebensphilosophie als auch auf ihren mittelschichtsbezogenen Geschäftssinn. Andrew ist nun bei aller Freundschaft, die ihn weiterhin mit Janis Joplin verbindet, de facto genau zu dem Typ von Back-up-Musiker geworden, den Big Brother so sehr verabscheut hatte.

Nach dem Ende von Big Brother im Dezember 1968 und dem Wechsel von Sam Andrew in Janis Joplins neue Formation, der Kozmic Blues Band, gehen Peter Albin und David Getz ohne James Gurley zu Country Joe and the Fish. Im Herbst 1969 wird Big Brother & the Holding Company unter der Beteiligung von James Gurley wieder gegründet und spielt bis 1971 in wechselnden Besetzungen. Mit der Leadvokalistin Kathi McDonald versucht die Band, mit allerdings nur mäßigem Erfolg, auf das bewährte Janis-Joplin-Konzept zurückzugreifen. Nach der Veröffentlichung der insgesamt vierten Big Brother-LP mit dem Titel *How Hard Is It?* hört die Band für fünfzehn Jahre auf zu existieren. 1987, es ist der zwanzigste Jahrestag des Summer of Love, kommt es mit der Originalbesetzung zu einer Wiedergeburt der Band, zu der seit 1997 mit Tom Finch ein weiterer Gitarrist gehört. 1998 veröffentlichen sie mit *Do What You Love* ihr vorläufig letztes Album.

Von der Entscheidung im Sommer 1968 bis zum definitiven Ende der Zusammenarbeit zwischen Janis Joplin und Big Brother vergehen noch einige Monate, in denen auch aus-

Von dem bekannten Countrysänger und Janis' zeitweiligem Liebhaber
Kris Kristofferson stammt der populäre Song Me and Bobby McGee.
(Cinetext Bildarchiv, Frankfurt)

stehende Konzerttermine wahrgenommen werden müssen.
Das Newport Folk Festival am 27. Juli gehört zu den wichtigen Ereignissen dieses Sommers. Die Kritik, die sich nun
offensichtlich regelrecht auf Janis Joplin und Big Brother
eingeschossen hat, bemängelt ihre Überreiztheit, ihr pseudo-
professionelles Stargetue und das beklagenswerte musikalische Niveau der Band. Immerhin geschieht am Rande des
Festivals etwas Erfreuliches, denn Janis Joplin lernt Kris Kristofferson kennen. Der ganze Sommer ist eine Zeit des hemmungslosen Hedonismus. Janis Joplin trinkt Unmengen
Southern Comfort, nimmt nicht zuletzt wegen des beinahe
ausschließlichen Konsums von Alkohol und Süßigkeiten
wieder deutlich an Körpergewicht zu und feiert wilde Partys.
Nach allgemeiner Auffassung in ihrer Umgebung entwickelt

sie jedoch auch zunehmend ein selbstsüchtiges und launisches Wesen.

Im September kauft sich Janis Joplin einen 1965er Porsche Cabriolet Super C – und eben keinen Mercedes-Benz, wie einer ihrer berühmtesten Songs nahelegen könnte. Den Porsche lässt sie von dem begabten Kunstmaler und Big-Brother-Roadie Dave Richards auffällig und flächendeckend bemalen. Den Kofferraum ziert beispielsweise eine blutbesudelte amerikanische Flagge, das Amaturenbrett zeigt ein kotzendes Gesicht. Auch das »magische Auge« von Big Brother sowie Blumen, Schmetterlinge und diverse Hippieornamente sind auf der Karosserie verewigt. Die Bemalung ihres Porsche spiegelt nicht in erster Linie den typischen Spleen einer neureichen Popdiva wieder, sondern dokumentiert etwas von den Grenzüberschreitungen, die für Janis Joplin so typisch sind. Das Porsche Cabriolet gilt in den sechziger Jahren als ultimatives Statussymbol der Schönen und Reichen im Süden Kaliforniens. Es psychedelisch zu bemalen wird von diesen nicht nur als geschmacklos betrachtet, sondern stellt geradezu einen beleidigenden Affront gegenüber dem Establishment dar, das, wie mehrfach belegt ist, auf dem Highway zuweilen mit offener Aggression auf die Entehrung des Emblems ihrer sozialen Kaste reagiert. Neben diesem provokativen Aspekt spielt Janis' Porsche noch auf einen anderen Zusammenhang an, nämlich auf die Bemalung des psychedelischen Busses Ken Keseys und seiner Merry Pranksters im Jahre 1964. Kesey und seine Neon-Revolutionäre hatten von dem Schulbus, Jahrgang 1939, das Dach aufgeschnitten, Lautsprecher installiert und auf diese Weise eine Art überdimensionales, mit psychedelischen Mandalas verziertes Cabriolet gebaut.

Der Song *Mercedes Benz,* den Janis Joplin kurz vor ihrem Tod als reinen Vokaltrack aufgenommen hat, spiegelt im Übrigen weniger ihre Leidenschaft für schnelle und teure Autos wieder, sondern bezieht sich auf eine in den fünfziger und sech-

Janis mit ihrem psychedelisch bemalten Porsche. Durch die provozierenden Motive auf diesem Statussymbol brüskierte sie offen das Establishment.
(Cinetext Bildarchiv, Frankfurt)

ziger Jahren sehr populäre Fernsehshow im Familienprogramm. Während der Show wurden aus dem Fernsehstudio zufällig ausgewählte Menschen angerufen, die dann etwas gewinnen konnten. In der zweiten Strophe von *Mercedes Benz* wird der erstrebte Besitz eines Farbfernsehgeräts und das Warten auf den ersehnten Anruf konkret angesprochen: »Ich hätte so gerne einen Farbfernseher. Dollars per Telefon, na hoffentlich trifft's mal auf mich!«
Das definitiv letzte Konzert von Janis Joplin und Big Brother findet am 1. Dezember 1968 in einer hochemotionalisierten

Atmosphäre in San Francisco statt. Die Szene von Haight-Ashbury hatte die Trennung Janis Joplins von der Band, mit der sie sich und die gesamte Bay Area berühmt gemacht hatte, mit großer Bestürzung wahrgenommen. »Janis, bitte verlasse Big Brother nicht«, ist verschiedentlich an den Hauswänden in der Stadt zu lesen. Alice Echols ist sicher darin zuzustimmen, dass die Kritik an Janis Joplins Verhalten nicht nur künstlerisch motiviert ist, sondern auch aus einem ganzen Bündel tiefer gehender Ressentiments gespeist wird. Ein junges, unerfahrenes Mädchen aus der Provinz, mit Akne im Gesicht und auch sonst ohne besondere körperliche Reize, hat es fertiggebracht, erfolgreicher zu sein als ihre männlichen Zeitgenossen. Innerhalb und außerhalb der Band empfindet man daher ihr Verhalten als unangebracht, undankbar und arrogant. Wie stark die Musikszene dieser Zeit eine beinahe ausschließlich von Männern dominierte Sphäre darstellt, mag man daraus ersehen, dass der erste Artikel über Frauen in der Rockmusik, der im *Rolling Stone* erscheint, ein Beitrag über Groupies ist. Janis Joplins Emanzipation von ihrer Band, verbunden mit ihrem unerschütterlichen Festhalten am Primat der künstlerischen Qualität, stellen daher in der Rockmusikszene der sechziger Jahre eine enorme Provokation dar. Auch hier ist sie wieder die erste Frau, die sich auf sich selbst beruft. Andere, etwa Tina Turner oder Cher, werden ihr folgen.

Am 21. Dezember bereits tritt Janis Joplin in Memphis mit einer neuen Formation der Kozmic Blues Band an die Öffentlichkeit. Das überwiegend schwarze Publikum reagiert kühl auf die kurzfristig zusammengewürfelte, bis auf einen Musiker vollständig weiße Band, die zudem vorgibt, eine Soulband zu sein. Die Kritiken insbesondere durch den Rolling Stone sind geradezu vernichtend. Die Fangemeinde empfindet Janis' Trennung von Big Brother als Verrat und fühlt sich durch Janis' waghalsige und problematische Entscheidung, in einem Atemzug außer ihren Musikern auch ihre Stilistik zu ändern, in seinem Urteil bestätigt. Das Desaster des Memphis-Auftritts erscheint der sich von Janis verlassen fühlenden Szene wie eine gerechte Strafe. Dabei ist es eigentlich der wütend von Janis Joplin beschimpfte *Rolling Stone*, der in seinem Abgesang auf Janis Joplin die Verantwortung für die Misere durchaus differenziert zur Sprache bringt. »Janis Joplin starb in Memphis«, schreibt Stanley Booth in seinem Artikel, »aber es war nicht ihre Schuld«, fügt er sogleich hinzu. Verantwortlich seien vielmehr diejenigen, die ihr dazu geraten hätten, so kurzfristig und unvorbereitet mit einer völlig neuen und nicht harmonisch eingespielten Band aufzutreten. Als auch im *Playboy* Gerüchte aufkommen, ihre Karriere gehe nun bereits zu Ende, kontert Janis Joplin kampfeslustig: »Vielleicht waren sie nicht so scharf wie Santana, aber wir waren schließlich auch erst verdammte zwei Monate zusammen!«

242

10. KAPITEL

Kozmic Blues:
Abstieg in die Hölle

Auch wenn das »Jahr des Kozmic Blues«, wie Janis Joplin ihr vorletztes Lebensjahr selbst nannte, mit dem missglückten Prolog im Dezember 1968 nicht gerade verheißungsvoll begonnen hatte, so hat sie doch zumindest vordergründig einen wichtigen, wenn auch nicht unumstrittenen Schritt zur Profilierung ihrer Karriere unternommen. Ihre neue Band besteht jetzt mit Ausnahme von Sam Andrew aus professionellen Studiomusikern, die ihr Metier beherrschen. Die Beziehungsebene in der Kozmic Blues Band ist hingegen mit der Familienstruktur von Big Brother nicht annähernd vergleichbar. Janis Joplin ist die Chefin, von der die Musiker für ihre Arbeit bezahlt werden, weitergehende Interessen bestehen auf der Seite der Musiker nicht. Die Stimmung ist vor allem zu Beginn steif und im Vergleich zu der lockeren Atmosphäre bei Big Brother geradezu humorlos. Janis Joplin, die ihr Alkohol-Image immer weiter ausbaut und jetzt auch auf offener Bühne Southern Comfort trinkt, wird von ihren Musikern allenfalls mit dem müden Scherz kommentiert, sie sei ja nun offensichtlich keine psychedelische, sondern eher eine »psychoholische« Sängerin. Dass sie und Sam Andrew ihre Alkoholexzesse mit Heroin kombinieren, bleibt ebenfalls niemandem verborgen. Während Janis jedoch immer wieder Phasen hat, in denen sie gar nicht oder nur wenig fixt, ist Sam mittlerweile zu einem extrem abhängigen Junkie geworden.

Die Proben mit Kozmic Blues gestalten sich aufgrund des instabilen Zustandes von Janis Joplin und der großen Unsicherheit, die sie in Bezug auf ihre neue Rolle als Chefin empfindet, als schwierig. Die Bandleaderin, die selbst Autodidaktin ist und nun zum ersten Mal in ihrem Leben mit professionellen Musikern umgehen muss, ist nach Auffassung der von ihr angestellten Musiker mit der Aufgabe der musikalischen Leitung überfordert, da sie nicht weiß, wie sie ihre eher intuitiv entstehenden musikalischen Vorstellungen in konkrete Spielanweisungen oder musikalische Begriffe übersetzen soll. In den von gereizter Stimmung geprägten Proben beschimpft sie die Musiker daher zuweilen hilflos und impulsiv, um sich unmittelbar danach für ihr Verhalten zu entschuldigen.

Wie es im New Yorker Theater- und Musikbetrieb üblich ist, geht die Band einige Wochen vor ihrem offiziellen New Yorker Debüt in die Provinz, um die Show auszufeilen. Bei diesen Try-outs genannten Voraufführungen werden die Reaktionen des Publikums und der lokalen Musikkritik getestet, um gegebenenfalls Änderungen vornehmen zu können. Janis Joplin und Kozmic Blues gehen zu diesem Zweck nach New Hampshire und Boston. Am 11. Februar 1969 ist es dann so weit. Janis Joplin tritt mit ihrer neuen Band im Fillmore East auf, Bill Grahams New Yorker Dependance des mittlerweile

Janis hat ihren Heroinkonsum noch einigermaßen unter Kontrolle. Ihrer Hauptdroge Alkohol frönt sie inzwischen jedoch schon öffentlich auf der Bühne. (Ullstein Bilderdienst, Berlin)

berühmten, nun Fillmore West genannten Veranstaltungs-zentrums in San Francisco.

Das zweite New Yorker Debüt von Janis Joplin entwickelt sich zu einem gewaltigen Medienereignis. Nicht nur die großen Rundfunk- und Fernsehanstalten sind vertreten, sondern auch Reporter und Kritiker der großen Nachrichtenmagazine und Illustrierten wie *Time, Life, Look* und *Newsweek*. Aufgrund des geradezu mythischen Stellenwerts, den das *Time*-Magazin für die Familie Joplin besitzt, ist Janis Joplin von der An-wesenheit eines Reporters dieser Zeitschrift besonders be-eindruckt. In den vergangenen Jahren hatte sie dieses Magazin immer regelmäßig gelesen und sich dabei oft an die mahnenden Worte ihres Vaters erinnert. Nun sollte sie selbst Gegenstand der Berichterstattung im *Time*-Magazin werden.

Das Publikum verhält sich wenig euphorisch, aber insgesamt fair. In New York hatte Big Brother nie den Rückhalt aus der Szene wie in San Francisco, so dass es auch kaum Ressenti-ments gegenüber der neuen Band gibt, die man gleichwohl nicht überragend findet. Benny Goodman und Frank Zappa gratulieren ihr aufrichtig und ermutigend zu ihrem künstleri-schen Erfolg, wobei Zappa wohl etwas murmelt, das sie als »Die Band wird's nicht mehr lange machen« identifiziert.

Die Aufnahme des Konzertes durch die Pressevertreter ist bei-nahe erwartungsgemäß kühl. Vor allem der *Rolling Stone* bleibt bei seiner abweisenden Haltung. In Bezug auf dieses Blatt war dem Pressebüro Albert Grossmans allerdings ein schwerer taktischer Fehler unterlaufen. Wegen der harschen Kritik des Magazins am Memphis-Auftritt im vergangenen Dezember hatte man den *Rolling Stone*-Kritiker Paul Nelson nicht gerade zuvorkommend behandelt und ihm nicht wie den anderen Medienvertretern einen Stuhl angeboten. Als käme er von einer Schülerzeitung, muss Nelson sich daher mit einem Stehplatz in der Menge begnügen. Dass der *Rolling Stone* in der Musikszene tonangebend ist und empfindlich auf Herabwürdigungen dieser Art reagieren würde, hatte das Management von Albert Grossman und insbesondere seine Pressechefin Myra Friedman nicht bedacht. Während der Memphis-Kritiker des *Rolling Stone* immerhin Janis Joplins Anteil an dem Debakel relativiert hatte, bezieht Paul Nelson sie nun rücksichtslos in seine Schmähungen mit ein. Sie sei eine »Judy Garland des Rock 'n' Roll«, schreibt er und fügt hinzu, sie sei selbstzufrieden, höre nicht auf Kritik, sondern lobe sich in geradezu überheblicher Weise ständig selbst.

In der Tat gibt Janis hinter der Bühne jedem zu verstehen, dass sie zweifellos einen großartigen Auftritt hingelegt habe. Über ihre Band äußert sie sich allerdings kritisch, indem sie ihrer Hoffnung Ausdruck verleiht, dass diese »bald genauso hart arbeiten würde« wie sie. Aber auch Big Brother bekommt noch sein Fett weg, ohne dass dazu nur die geringste Notwendigkeit bestehen würde: »Wir haben den Leuten was vorgeschwindelt«, sagt sie, »wir haben uns immer wieder selbst wiederholt, wir haben nichts Neues geschaffen.« Hat der *Rolling Stone* so unrecht, wenn er Janis für Äußerungen dieser Art tadelt und an die Zeiten erinnert, in denen sie zwar noch kein Star, aber eben freundlich, glaubwürdig und solidarisch war?

Immerhin sind die Kritiken in der *New York Times,* in *Newsweek* und glücklicherweise auch im *Time*-Magazin freundlich und sprechen in Bezug auf das Konzert fast ausschließlich von Janis Joplins stimmlichen und interpretatorischen Höchstleistungen sowie von ihrer fulminanten Bühnenpräsenz.

Zurück in San Francisco, macht sie es sich zunächst in ihrem Vier-Zimmer-Apartment in der Noe Street bequem, in dem nun außer Linda Gravenites auch »Sunshine« eingezogen ist. Außerdem gibt sie einige Konzerte in Bill Grahams Fillmore West und im Winterland. Insbesondere das Konzert im Winterland wird vom Publikum sehr kühl aufgenommen. Es gibt wenig Applaus, Zugaben werden nicht gefordert. Offensichtlich betrachten die Fans ihre Trennung von Big Brother immer noch als Verrat an ihren Wurzeln in der alternativen Szene San Franciscos. Der *San Francisco Chronicle*, der sie zu Beginn ihrer Karriere fast vollständig ignoriert hatte, spricht aus, was viele denken: »Ihre neue Band ist der letzte Dreck. Janis Joplin sollte zu Big Brother zurückkehren, wenn die sie jetzt überhaupt noch haben wollen.« Janis Joplin hat eine neue Beziehungskrise, und zwar diesmal mit ihrem Publikum.

Nachdem sich John Cooke anderen Aufgaben zugewandt hatte, wird dessen Freund Bob Neuwirth, der ehemalige Roadmanager Bob Dylans, neuer Tourchef von Janis Joplin und der Kozmic Blues Band. Durch seine guten Beziehungen bringt er es schließlich auch fertig, dass der *Rolling Stone*, der jüngst noch in einem Kommentar davon sprach, dass »die ganze Janis-Joplin-Welle grauenhafte Formen angenommen« habe, seinen Krieg gegen Janis einstellt. In dieser verfahrenen Situation zwischen Janis, ihrer Band und vor allem ihrem Publikum erscheint es wie ein Segen, dass für den April eine Europatournee geplant ist. Der Zeitpunkt konnte gar nicht besser sein, da Janis Joplin mittlerweile unter den kritischen Tönen der Presse enorm leidet. Natürlich steigert sie sich, wie in allen ihren »Man-hat-mich-so-verletzt«-Geschichten auch sehr in die Situation hinein und sagt aus Angst vor schlechter Presse sogar Interviews ab. In Europa hat sie, davon ist sie genauso überzeugt wie Albert Grossman, die Chance, unabhängig von den komplizierten Querelen mit Presse und Publikum wieder ganz sie selbst zu sein. Sicher würde sie dort ihr Publikum finden und es genauso für sich einnehmen können wie einst das amerikanische in Monterey.

Die Tournee führt Anfang April zunächst nach London, wohin Janis Joplin sich mit ihrer Band zu Proben zurückzieht, und wird dann schließlich am 11. April offiziell in Amsterdam eröffnet. Ihre beiden Auftritte am 12. und 13. April in Frankfurt sind teilweise als Ton- und Filmmitschnitte dokumentiert. Sie zeigen Janis Joplin in hervorragender Verfassung vor einem begeisterten Publikum. Am 14. April geht es nach Paris, danach folgen Stockholm und Kopenhagen. Den Abschluss findet der fulminante Siegeszug Janis Joplins am 21. April in der ausverkauften Londoner Albert Hall.

Zu Janis' großer Freude ist nicht nur das Publikum begeistert, sondern auch die Kritiken sind ganz hervorragend. Der *Daily Mirror* spricht vom »wildesten Ereignis seit Elvis«, der *New Musical Express* nennt sie eine »Legende« und selbst der *Rolling Stone*, der Jonathan Cott und David Dalton nach London geschickt hat, schreibt freundlich und zweideutig: »Janis kam und London kam mit ihr.« Trotz der Friedensangebote Bob Neuwirths an den Rolling Stone hatte Janis Joplin ihre Vorbehalte gegenüber dem Blatt noch keineswegs abgelegt und reagiert auf die Anwesenheit der beiden Reporter nervös und gereizt. David Dalton gelingt es jedoch, ein Vetrauensverhältnis aufzubauen, das sich im Sommer 1970, als er sie mehrere Wochen begleitet, zu einer echten Freundschaft entwickelt.

Am Ende der Tournee in London kommt es im Hotel zu einem heftigen kollektiven Drogenexzess, bei dem Linda Gravenites einmal mehr Zeugin einer Überdosis wird. Diesmal erwischt es jedoch nicht Janis, sondern Sam Andrew, der frustriert durch seinen Rollenwechsel vom Partner Janis Joplins zu ihrem bezahlten Back-up-Musiker tief im Heroinstrudel versunken ist. Wieder einmal wird die bewährte Therapie angewandt, wobei das Opfer in einem dramatischen Wettlauf mit dem Tod abwechselnd in eine Badewanne mit eiskaltem Wasser getaucht und dann massiert wird. Während Sam Andrew mit dem Tode ringt und die Heroinattacke auch nur knapp überlebt, genießen die übrigen Partygäste ihren beim Zimmerservice georderten Pfirsich Melba. Janis Joplin tobt währenddessen durch die Hotelsuite und klagt lautstark darüber, dass durch Sams »Unaufmerksamkeit« nun ihr ganzer Drogenvorrat aufgebraucht sei. Es muss wohl dieser Augenblick sein, in dem Linda Gravenites schweren Herzens beschließt, nicht mehr mit Janis in die Noe Street zurückzukehren. Ihre Liebe und Freundschaft zu Janis konnte nicht so groß sein, als dass sie weiterhin in der Lage gewesen wäre, solche entwürdigenden Situationen zu ertragen.

Für Linda Gravenites fügt es sich gut, dass sie in London mit Janis Joplin zusammen George Harrison kennen lernt. Harrison ist von Lindas Modeentwürfen so begeistert, dass er ihr ein Angebot macht, ihm eine extravagante Bühnenenkleidung zu schneidern. Der Auftrag bleibt zwar finanziell in einem bescheidenem Rahmen, durch den prominenten Kunden sieht Linda Gravenites jedoch eine Möglichkeit, sich in London als Kostümdesignerin niederzulassen. Die Begegnung zwischen dem Mystikbeatle und Janis bleibt im Übrigen folgenlos, denn Harrison hat offensichtlich keinerlei Absicht seiner Frau Patti untreu zu werden. Zudem liegen unüberbrückbare Gegensätze zwischen dem komplizierten Popphilosophen George Harrison und der pragmatischen Rock 'n' Roll-Lady Janis Joplin.

Zurück in den USA, beginnen Mitte Juni in Los Angeles Aufnahmen für ein neues Album. Diesmal ist im Unterschied zu den schwierigen Sitzungen für *Cheap Thrills* die Stimmung während der Aufnahmen weitgehend gelöst, wenngleich auch nicht vollkommen frei von Spannungen. Kozmic Blues hatte es bis jetzt nicht geschafft, zu einer Einheit zu verschmelzen, und es sieht so aus, als würde dies auch nie geschehen.

Wie übereinstimmend berichtet wird, ist Janis Joplin zumindest während der knapp vierzehn Tage dauernden Studiotermine frei von Drogen. Sie wohnt im Haus des Produzenten Gabriel Mekler, der berichtet, dass sie sich im Kreis seiner Familie außerordentlich wohl gefühlt habe. Nach den Exzessen vor und während der Europatournee durchläuft sie, wenn auch nur kurzfristig, eine ihrer erstaunlichen Regressionen in bürgerliche Lebensformen. Sie frisiert ihr Haar, erscheint wieder adrett im schlichten Kleid und verspricht den verblüfften Meklers, »in Zukunft ein braves Mädchen zu sein«. Dieser definitiv letzte und hilflose Versuch, ihre Einsamkeit zu überwinden und zumindest ein Stück des geordneten Kosmos von Port Arthur zu rekonstruieren, scheitert jedoch schon bald. Die schweren Depressionen, die sie nach den Ereignissen des letzten Jahres nun immer stärker befallen, unterdrückt sie mit großen Mengen Alkohol, und es wundert daher nicht, dass auch das Heroin bald wieder zu ihrem ständigen Begleiter wird.

Der Heroinkonsum wird in diesem Sommer zum täglichen Ritual, das bald auch sichtbare Spuren hinterlässt. »Manche Leute sterben und manche Leute überleben es. Ich gehöre zu den Überlebenden«, ist Janis Joplins Kommentar zu den immer zahlreicher werdenden Drogentoten in ihrer unmittelbaren Umgebung. Mit ihrem typischen kehligen Lachen fügt sie hinzu: »Ich komme übrigens aus einem guten alten Pioniersstamm.« Ist es Selbstverleugnung, pure Naivität oder hemmungslose Lust am Spiel mit dem Feuer, das sie blind gegen die Gefahren macht? Es ist wohl eine Mischung von allem, zusammengehalten vom Kampf gegen die Angst, die immer stärker von ihr Besitz zu ergreifen scheint.

Heroin nimmt Janis Joplin nun nach jeder Show, um das große Loch der Melancholie, die sie stets umfängt, zu unterdrücken. Dass vergleichsweise wenig Menschen in ihrer Umgebung das Ausmaß ihres Heroinkonsums begreifen, hat nur zum Teil damit zu tun, dass man sich in ihrer Umgebung an das Wegsehen, Verdrängen und Ignorieren gewöhnt hat. Janis Joplin selbst ist es vielmehr, die darauf achtet, ihren Heroinkonsum vor der Öffentlichkeit und sogar vor ihrem näheren sozialen Umfeld möglichst geheim zu halten. Im Unterschied zu ihrem öffentlichen Umgang mit Alkohol – die Southern-Comfort-Flasche bezeichnet sie gelegentlich als ihren Talisman – verwischt sie in der Regel die Spuren des Heroins, entfernt sorgfältig die benutzten Instrumente und behandelt auch die Beschaffungsfrage äußerst diskret. Daher wissen nur wenige Menschen, zu denen zweifellos Peggy Caserta gehört, wie es um Janis' Drogenkonsum steht.

Peggy Caserta stellt in Bezug auf Janis Joplin gewissermaßen die Schnittstelle zwischen Sexualität und Drogenkonsum dar. Ihre Beziehung wird in dieser Zeit so eng, dass man Peggy Caserta mit einem gewissen Recht als Janis' einzigen wirklichen Lebenspartner bezeichnen kann. Dabei wird das Heroin nicht nur zunehmend zu einem festen Teil ihrer Beziehung und ihrer Sexualität, es festigt ihre Bindung auch in der Welt außerhalb ihrer Zweisamkeit. Peggy Caserta ist es, die beim Transfer zum Festivalgelände von Woodstock den Platz neben Janis Joplin im Helikopter einnimmt. Sie ist auch die einzige, die jederzeit im Besitz eines Schlüssels für das Zimmer im Landmark Hotel ist, wenn Janis sich aufgrund von Konzerten oder Plattenaufnahmen in Los Angeles aufhält. Nur in der verhängnisvollen Nacht vom 3. auf den 4. Oktober 1970 ist sie nicht in ihrer Nähe, um vielleicht eine Kaltwasserschocktherapie durchzuführen, die doch bei Überdosierungen bisher immer so erfolgreich war. Für die Intensität der Beziehung zu Peggy spielt ein weiterer Aspekt eine nicht unwesentliche Rolle. Peggy Caserta ist eine selbstständige, wirtschaftlich unabhängige und erfolgreiche Geschäftsfrau. Sie kann daher im Drogenkonsum mithalten, ohne sich finanziell von Janis Joplin abhängig zu machen. Wie der Episode in London zu entnehmen ist, hasst es Janis, wenn auf ihre Kosten Drogen genommen werden.

Die Beziehung zu Peggy Caserta, die weit in Janis' Anfangszeit in San Francisco zurückreicht, verdrängt jedoch nie Janis Joplins tief verankerten Wunsch, den Mann ihrer Träume kennen zu lernen und ein bürgerliches Leben in der Provinz zu führen. Immer wieder wird daher auch Peggy von den

Janis Joplin gibt alles für ihr Publikum, hier auf einem Open-Air-Festival.
(Cinetext Bildarchiv, Frankfurt)

merkwürdigen, kleinbürgerlichen Anwandlungen überrascht, die Janis gelegentlich heimsuchen. Es ist nicht nur die
schwärmerische Phantasie vom Haus mit dem weißen Lattenzaun und den Kletterrosen, die Janis zuweilen wortreich aus-
malt, Janis Joplin liebt es auch, in ihrem jetzigen Leben gelegentlich die zwanghaften Rollenmuster einer überkorrekten
Hausfrau zu übernehmen. Berüchtigt geradezu sind ihre peni-
blen Preisvergleiche im Supermarkt, an denen sie auch fest-
hält, als sie sehr viel Geld verdient.
Ende Juni und Anfang Juli tritt Janis Joplin mit Kozmic Blues
unter anderem bei den großen Festivals in Newport und in
Atlanta auf. Einen vorläufigen Höhepunkt bildet dann am
19. Juli ein Konzert im Forest-Hills-Stadion in New York. Die
Band spielt immer noch nicht optimal zusammen und das
Publikum, das gekommen ist, um die alten Hits aus der Zeit

253

mit Big Brother zu hören, reagiert teilweise kühl auf das neue Repertoire. Janis Joplin hat sich jedoch entschlossen, die Beziehungskrise mit ihrem Publikum für sich zu entscheiden. Sie steigert ihre Bühnenshow weiter und gibt ihren Körperbewegungen einen immer deutlicheren und eindeutigeren erotischen Anstrich, ganz so wie das Publikum es von Jimi Hendrix oder Jim Morrison kennt. Und in der Tat versteht sie es, die träge Masse zu wahren Begeisterungsstürmen zu motivieren. Die begeisterte Unruhe im Publikum wird schließlich so groß, dass Polizisten auf die Bühne kommen und Janis Joplin bitten sich zu mäßigen, damit die Sicherheit der Veranstaltung nicht gefährdet werde. »Die müssen verstehen, diese Schweine, dass das, was hier passiert, *uns* betrifft, nicht sie!« schreit Janis Joplin in das Mikrofon und drängt die verblüfften und entrüsteten Polizisten damit von der Bühne. In anderen Städten verlaufen Zwischenfälle dieser Art nicht so glimpflich. Janis Joplins Bühnenshow wird für viele Veranstalter allmählich zum unkalkulierbaren Sicherheitsrisiko.

Das New Yorker Konzert stellt aber auch in einem anderen Punkt eine Wende dar. Es ist das letzte Mal, das Sam Andrew, einziges verbliebenes Mitglied aus Big Brother & the Holding Company, mit Janis Joplin zusammen auftritt. Sein Ausscheiden geschieht jedoch keineswegs freiwillig, vielmehr ist es die Bandleaderin, die ihren alten Weggefährten kurz und bündig entlässt. Nicht ganz ausgeschlossen ist allerdings, dass jetzt wie vor einem Jahr Albert Grossman seine Hand im Spiel hat. Ihm ist natürlich klar, dass sein vehement geäußertes Drogenverbot vor allem durch Janis und Sam seit langem unterlaufen wird. Vielleicht erhofft er sich, dass Janis weniger stark im Drogenstrudel versinke, wenn ihr Junkiepartner Sam Andrew nicht immer in der Nähe ist. Nachdem sie ihn aus der Band entlassen hat, schläft Janis im Übrigen das erste und das letzte Mal mit Sam Andrew. Es ist wohl ihre Art einer Geste, die gleichermaßen Dankbarkeit, Schuldgefühle und das letzte

Mal auch die Empfindung von Nähe zu einem Freund miteinander vereint.

Die Trennung von Sam ist allerdings kaum nur als taktisches
Manöver Grossmans zu interpretieren. Es ist zu bezweifeln, ob
sein Einfluss auf Janis Joplin tatsächlich so weit geht, dass er
Entscheidungen durchsetzen kann, die Janis nicht nur künstlerisch, sondern auch persönlich geradezu existenziell tangie-
ren. Vieles spricht dafür, dass Janis Joplin vor allem künstlerische Gründe hat, Sam Andrew durch einen anderen Musiker
zu ersetzen. Ihre Wahl fällt auf den hervorragenden und dazu
auch noch menschlich angenehmen John Till. Sein Gitarrenspiel verkörpert für Janis Joplin die ideale Mischung aus der
psychedelischen Klanglichkeit Gurleys und der konzeptionel-
len Klarheit Andrews. Hinzu kommt, dass er ein zugleich
hochmusikalisches Gehör besitzt und über eine nahezu perfekte Technik verfügt. Till findet gleich einen Draht zu Janis.
Er weiß, wie er die intuitiven musikalischen Vorstellungen der
Bandleaderin auf sein Instrument übertragen kann.

Den Sommer über hat Janis ein vornehmlich sexuelles Inter-
mezzo mit Vince Mitchell, einem neuen Roadie der Kozmic
Blues Band. Er ist der Nachfolger der beiden Roadies Dave
Richards und Mark Braunstein, mit denen Janis ebenfalls
regelmäßig geschlafen hatte. Beischlaf gehört für Janis Joplin
gewissermaßen zu den inoffiziellen Bestandteilen der Verträ-
ge, die sie mit dem Tourpersonal abschließt. Vince Mitchell ist
ausdauernd, ständig bereit und stellt keine weiteren Ansprüche. Damit entspricht er in hohem Maße dem, was Janis von
einem männlichen Sexualpartner erwartet, mit dem sie keine
Liebesaffäre verbindet.

*

Der Sommer des Jahres 1969, genauer die Tage vom 15. bis
17. August 1969, ist in der kollektiven Erinnerung einer gan-

Woodstock 1969. Die Zahl der Teilnehmer übertraf die Erwartungen der Veranstalter bei weitem. Die Organisation brach zusammen, was die Fans jedoch nicht daran hinderte, das legendäre Fest voll auszukosten.
(Cinetext Bildarchiv, Frankfurt)

zen Generation geradezu mythisch verankert. Das Woodstock-Festival, von Allen Ginsberg zum »bedeutendsten planetarischen Ereignis der Geschichte« stilisiert, verdichtet sich in den vielen, immer wieder erzählten Reminiszenzen zu Bildern einer in friedlicher Solidarität vereinten Menschenmenge im Urzustand archaischer Freiheit. Der unvorhergesehene oder zumindest ungeplante Massenandrang führt im Verlauf der Veranstaltung zu vielfältigen und unmittelbaren Erfahrungen mit Selbstverantwortung und Selbstregulierung, die von vielen Besuchern und Beobachtern euphorisch als Modell einer neuen, menschengerechten Gesellschaft gefeiert werden. Erstaunlich bleibt in der Tat auch im kritisch-distanzierten Rückblick auf dieses nun mehr als dreißig Jahre zurückliegende Ereignis, dass an diesem Wochenende die Bevölkerung einer Halbmillionenstadt ohne die vertrauten Organisationsmuster der Zivilisation, mit einer nur notdürftig vorhandenen Infrastruktur im Sanitärbereich oder in der Lebensmittel- und Trinkwasserversorgung fast völlig gewaltfrei miteinander lebt, liebt und feiert.

Vielen Woodstockbesuchern scheint es sogar zu gelingen, den Dauerregen, der bekanntermaßen am zweiten Festivaltag heftig einsetzt, sowie die daraus resultierenden Probleme mit Schlamm und Morast in ein spielerisches oder transzendentales Medium der Selbsterfahrung zu verwandeln. Die kollektiv erlebte Spontaneität von Woodstock besteht allerdings auch in der offenbar unbegrenzten Freiheit, massenhaft Müll und Fäkalien zu produzieren. Dies führt bei nicht wenigen Teilnehmern zu einem spontanen und geradezu sinnlichen Begreifen nicht nur kultureller, sondern auch umweltpolitischer und wirtschaftlicher Zusammenhänge und Verantwortlichkeiten. Dieses Woodstock der Hunderttausende, von dem Musikjournalisten und Love-and-Peace-Veteranen Paul Williams als »politischer Kongress des Wassermann-Zeitalters« bezeichnet, ist jedoch nicht das Woodstock der insgesamt 32 Gruppen und Interpreten, die auf der zentralen Bühne des Festivalgeländes auftreten. Zwar bilden diese den Anlass für die legendäre Massenbewegung hin zum Farmgelände von Max Yasgur, andererseits ist die Musik der Stars und Ikonen der Hippie-Generation durch die völlig unzureichende technische Ausstattung des Festivals dort nur sehr eingeschränkt wahrzunehmen. Hinzu kommt, dass eine unmittelbare Begegnung zwischen Musikern und Publikum, wenn überhaupt, nur in der näheren Umgebung des Auftrittsbereichs gelingen kann. Dieses Faktum verdeutlicht der monumentale Kinofilm über Woodstock ebenso wenig wie die Tatsache, dass die auftretenden Gruppen

*Eine Million Menschen kam nach Woodstock, 500 000 schafften es
auf das Festgelände, wo sie im Namen des Friedens und der Liebe bis zur
totalen Erschöpfung sangen, tanzten und feierten.*
(Cinetext Bildarchiv, Frankfurt)

keineswegs in die Beziehungs- und Lebenskultur der Wood-
stockgemeinde eingebunden sind, sondern den Luxus von
Helikoptertransfers, frischem Wasser und eines wohl organisierten, von der Öffentlichkeit abgeschotteten Caterings genießen.

Die nostalgische Phantasie vom friedlichen Sommer verdeckt,
dass das Jahr 1969 eigentlich kein gutes Jahr war. Nicht nur
steuert der Vietnamkrieg auf seinen Höhepunkt zu und steigern sich die innenpolitischen Krisen, sondern auch in der
Popkultur selbst wird am Ende des Jahres beim Konzert der
Rolling Stones in Altamont der Mythos der Gewaltfreiheit
begraben. Ein anderes grausames Ereignis überschattet zu-

dem die Woodstockutopie: Nur drei Tage vor Beginn des Festivals werden in Kalifornien die brutalen Morde der »Manson-Familie« begangen, als deren prominentestes Opfer Sharon Tate, die hochschwangere Schauspielerin und Ehefrau des Regisseurs Roman Polanski, mit unzähligen Messerstichen bestialisch ermordet wird. Bestürzend ist nicht nur die ungeheure Brutalität der Morde, sondern auch, dass Manson seine Taten als Aufträge etikettiert, die er geheimen, angeblich im »Weißen Album« der Beatles versteckten Botschaften entnimmt. Außerdem scheint auch der äußere Lebensstil der Hollywood-Hippie-Schickeria dem der Kommune von Charles Manson nicht völlig entgegengesetzt zu sein. Beide Welten haben deutliche Verbindung zu psychedelischer Musik, Drogenkonsum und Bewusstseinserweiterung. Der Schock, den die Manson-Morde auslösen, besteht deshalb vor allem in der Erkenntnis, dass auch der Bodensatz der friedlichen Hippie-Kultur ein nahezu unvorstellbares Aggressions- und Gewaltpotenzial enthält. Die Inschrift PIGS, mit dem Blut der Opfer an die Wände der Mordstätten angebracht, zeigt folglich, dass die Kluft innerhalb der 60er Generation kaum größer sein kann. Es ist daher nach dem Selbstverständnis Mansons nur folgerichtig, dass er seine blutige Abrechnung mit dem intellektuellen Establishment als Hinrichtungen bezeichnet.

*

Die Berichte über Janis Joplins Auftritt auf dem Woodstock-Festival machen deutlich, dass Woodstock ganz anders als Monterey nicht zu ihren großen Triumphen gehört. Wie alle anderen Stars verbringt sie die meiste Zeit in einem Hotel und wird zu ihrem Auftritt mit dem Helikopter eingeflogen. Vor Ort steht den Künstlern in einem VIP-Zelt ein luxuriöses Büfett und Champagner zur Verfügung, während die Men-

Janis zieht sich für eine kurze Pause von den riesigen Menschenmassen auf dem Festgelände zurück. Im Gegensatz zu den Fans wurden die Bands und Interpreten erstklassig mit Lebensmitteln und Service versorgt.
(Keystone Pressedienst, Hamburg)

schen draußen zum Teil hungrig und durchnässt die Ikonen der Popkultur erwarten.

Im offiziellen Woodstockkinofilm ist Janis Joplin nicht vertreten, möglicherweise weil ihr Auftritt nicht den künstlerischen Erwartungen der Produzenten entsprach. Die immer wieder getroffene Feststellung, sie habe auf dem Woodstock-Festival ein künstlerisches Desaster erlebt, hält allerdings der Realität kaum stand. Die ergänzend zum Kinofilm entstandene Fernsehdokumentation *Woodstock Diary* sowie die erhaltenen Tonaufnahmen ihres Auftritts zeigen Janis Joplin zwar äußerlich derangiert und mit glasigen Augen, ihre physische und mentale Bühnenpräsenz sowie ihr musikalisches Feuer scheinen davon jedoch weitgehend unbeeinflusst zu sein. *Ball and Chain* interpretiert sie mit geradezu trancehaftem Zauber, der Schlussmonolog gerät erneut zu einem Feuerwerk faszinierender Spontanpoesie und zum brachialen Schlussakkord springt sie, ohne dass auch nur der Ansatz heroinbezogener Lethargie zu erkennen wäre, mehrmals hoch in die Luft. Auch die Aufnahmen von *Work me Lord* und *Summertime* können nicht als Belege für ihren vermeintlichen künstlerischen Niedergang herangezogen werden.

Janis Joplins persönliche Verfassung allerdings ist äußerst dramatisch, da sie entgegen ihrem in dieser Hinsicht immerhin eisernen Grundsatz bereits vor dem Auftritt Heroin gefixt hat. Wieder ist es eine Verkettung ungünstiger Umstände, die dazu führt, dass Janis die Kontrolle über sich zu verlieren scheint.

Bereits unmittelbar vor dem Festival befindet sie sich in einer außerordentlich schlechten psychischen Verfassung. Jim Morris, einer der Veranstalter von Woodstock, erinnert sich an den Eindruck von tiefer Traurigkeit und Einsamkeit, den Janis Joplin bei ihrer Ankunft im Hotel auf ihn gemacht habe. Sie hatte sich in den vergangenen zwei Wochen etwas Ruhe verschafft, die ihr aber offensichtlich nicht gut bekommen war.

Das legendäre Woodstock-Festival wird filmisch dokumentiert und vermittelt so der Nachwelt einen Eindruck von der unvergleichlichen Atmosphäre jener Tage. Der Auftritt von Janis und Band fehlt jedoch in diesem Zeitzeugnis – angeblich, weil ihr künstlerisches Niveau nicht überzeugend war. (AKG, Berlin)

Janis ist nicht nur süchtig nach Drogen, sondern auch nach öffentlichen Auftritten, aus denen sie ihre Energie und ihre Selbstbestätigung schöpft. Daher hatte ihr die von Freunden dringend ans Herz gelegte, gut gemeinte Erholungspause eher geschadet als genutzt. »Janis, wie war dein Urlaub?« fragt Jim Morris. »Es war wie immer«, antwortet sie, diesmal jedoch ohne den für sie typischen witzig-spöttischen Unterton, »ich habe mit 'ner Menge seltsamer Leute gebumst.«

Ist nun ihre allgemeine Verfassung an einem Tiefpunkt, so führen die erheblichen organisatorischen Probleme des Festivals zu einer weiteren Zuspitzung der Situation. Aufgrund einer schier unendlichen Kette von Schwierigkeiten und Pannen hatte sich die Verspätung, die bis zum geplanten Auftritt von Janis Joplin entstanden war, auf immerhin zehn Stunden addiert. Dadurch gerät nun Janis' ausgeklügeltes Zeitsystem der Drogeneinnahme gehörig durcheinander. Immer wieder schaut sie daher auf die Uhr und ist auf dem Helikopterflug, bei dem sie von Peggy Caserta begleitet wird, wohl noch willens, mit der Heroininjektion bis nach ihrem Auftritt zu warten. Der Druck wird aber durch die allgemeine Anspannung so groß, dass sie nicht umhin kann, sich noch vor dem Konzert einen Schuss zu setzen. Im Anflug zum Ort ihres Auftritts stellt sie jedoch besorgt fest, dass es nirgends einen abgeschlossenen Bereich gibt, in dem sie sich unbeobachtet die Nadel setzen kann. Sie sucht daher ein mobiles Toilettenhäuschen auf und verschafft sich und Peggy aufgrund ihres Prominentenstatus einen Weg an der langen Warteschlange vorbei. Der hygienische Zustand der Toiletten spottet jeglicher Beschreibung. Trotz des unerträglichen Ekels, der sich der beiden Frauen bemächtigte, ist der Zwang so groß, dass sie sich wenige Minuten vor dem Auftritt den Stoff injizieren. Wenn es ein äußeres Zeichen dafür gibt, dass Janis Joplin im Sommer 1969 zumindest im psychischen Sinne in der Gosse gelandet ist, dann ist es vielleicht dieser Augenblick auf dem verschmutzen

Chemieklo in Woodstock. Es ist eine von den vielen Geschichten, die nicht dem gängigen Image dieses Festivals und dessen Love-and-Peace-Parolen entsprechen.

Nach ihrem Auftritt, der sie aufgrund der belastenden Begleitumstände sehr angestrengt hat, lehnt Janis Joplin jedes Interview mit einem der zahlreich anwesenden Reporter ab und verlangt nur noch, so schnell wie möglich zurück in ihr Hotel gebracht zu werden. Diese Situation ist, wie Alice Echols zu Recht herausstellt, Janis Joplins eigentliche Niederlage von Woodstock. Nicht etwa, dass sie sich künstlerisch unter Wert verkauft hätte, muss sie sich vorwerfen, dazu ist sie zu professionell und trotz aller physischen und psychischen Probleme auch zu diszipliniert. Dass sie aber den Kontakt zu den Menschen nicht mehr herstellen will oder kann, dass sie keinerlei Freude mehr an der Kommunikation mit ihrem Publikum hat, dass ihr damit die eigentliche Triebfeder ihrer Kreativität und ihrer Authentizität abhanden gekommen ist, markiert ihr eigentliches Desaster. Seit Monterey hatte Janis Joplin sich sehr verändert. Nach außen ist sie der erste weibliche Megastar der Rockmusik, professionell und unnachahmlich. Innerlich ist sie zerrissen und schwach wie kaum je zuvor. Janis Joplin ist ein alkoholabhängiger Junkie, ohne Sinn für Realitäten, gesteuert lediglich durch die Zwanghaftigkeiten ihrer Sucht.

Woodstock steht am Höhepunkt einer Krise, die nicht nur die geistige und körperliche Verfassung von Janis Joplin betrifft, sondern ihr auch schmerzlich bewusst macht, dass ihr die aus professionellen Gründen notwendig gewordene Trennung von Big Brother und schließlich auch von Sam Andrew einen hohen Preis abverlangt. Sie hatte nicht nur die ihr vertraute, familiäre Atmosphäre aufgegeben, auch in künstlerischer Hinsicht hatte sie keine wirklich bessere Wahl getroffen.

Die Musiker der Kozmic Blues Band sind keine Amateure, sondern hatten sich als Studiomusiker und in verschiedenen

Livebands bereits einen Namen gemacht, so dass vor allem mit dem hervorragenden John Till in der Band die musikalische Professionalität deutlich gestiegen war. Problematisch ist jedoch, dass Janis Joplin nicht nur die spontanen Freaks von Big Brother durch bessere Musiker ersetzt hatte, sondern gleichzeitig auch den Stil ihrer Musik stärker in den Bereich des Souls verlagern wollte. Darin liegt das eigentliche Problem der Kozmic Blues Band, die nun nicht nur aus dem Schatten von Big Brother heraustreten muss, sondern auch mit den bedeutenden schwarzen Soulbands konkurriert, Bands, die mit Stars wie Otis Redding, King Curtis, Wilson Pickett oder Aretha Franklin spielen. Diese Herausforderung war Janis Joplin offenbar bewusst, denn sonst hätte sie wohl kaum ausgerechnet in Memphis ihr Debüt mit Kozmic Blues gegeben. In Memphis befinden sich die Stax Studios, in denen die wichtigsten schwarzen Soulproduktionen entstehen und wo mit Bands wie den Mar-Keys and Booker T. oder den MGs Maßstäbe für die Qualität von bläserorientierten Soulbands gesetzt wurden. War es Selbstüberschätzung oder Ignoranz, ausgerechnet Memphis als Feuerprobe für das Funktionieren einer weißen, soeben erst zusammengestellten Soul-Blues-Band zu wählen? Hielt Janis sich für unbesiegbar? War ihr nicht klar, dass die Situation für weiße Musiker in schwarzen Hochburgen nach dem Tode von Martin Luther King schwierig geworden war? Hatte Albert Grossman, der die spezifischen Bedingungen der schwarzen Musik wohl nicht genügend kannte, sie falsch beraten?

Trotz der Erfolge, insbesondere in Europa, steht das ganze konzeptionell wenig durchdachte Experiment mit Kozmic Blues daher von vornherein unter einem ungünstigen Stern. Die musikalische Zusammenarbeit führt zu keinem homogenen Stil, da die häufig fluktuierende Crew zwar technisch versierter ist als ihre Vorgänger, aber auch nach einem halben Jahr noch keinerlei Gruppenidentität entwickelt hat. »Es wur-

de immer schlimmer und schlimmer«, sagt Janis Joplin rück-
blickend, »wir kamen einfach nicht miteinander klar und die
Musik war einfach nicht gut zusammen.«

Die Unzufriedenheit mit ihrer Band ist einer der wesentlichen
Gründe, die Janis Joplin in der Zeit vor dem Woodstock-Auf-
tritt in tiefe Depressionen treiben. Das andere, damit zusam-
menhängende Motiv für ihr Stimmungstief liegt in dem
Umstand, dass Janis sehr sensibel und beinahe panikartig auf
die leisesten Anzeichen von Zurückhaltung bei ihrem Publikum reagiert. Insbesondere seitdem sie mit Kozmic Blues
unterwegs ist, ist das Feedback der Fans im Vergleich zu den
orgiastischen Reaktionen in früheren Konzerten häufig deutlich kühler. »Das Publikum musste in den Gängen herum-
laufen, sich zur Bühne drängen, pfeifen, schreien, kreischen
und tanzen. Sonst war es einfach kein Joplin-Konzert«, erinnert sich Myra Friedman. Erfüllt das Publikum die ihm durch
Janis zugewiesene Rolle nicht in ausreichender Weise, hilft sie
nach, indem sie zum Entsetzen der Veranstalter und der
Sicherheitskräfte, die ihrer Meinung nach träge Masse dazu
bewegt, ihre Plätze zu verlassen, sich auf die Stühle zu stellen
oder zu tanzen. Die daraus resultierenden Konflikte mit den
Veranstaltern führen zunehmend zu heftigen Auseinandersetzungen, die schließlich in einer vorübergehenden Verhaftung von Janis Joplin am 16. November in Tampa/Florida gipfelt. Wegen »ungebührlichen Verhaltens« wird sie im Mai
1970 zu 200 Dollar Geldstrafe verurteilt.

Tampa ist das Paradebeispiel einer Joplin-Eskalation, die seit
dem New Yorker Konzert im Juli ständig weiter ausufert. Etwa
in der Mitte des Konzertes hat Janis Joplin das Publikum derart in Fahrt gebracht, dass es in der großen Halle begeistert
mitgeht und zum Teil schon auf den Stühlen steht. Mitten in
Janis' Darbietung von *Summertime* beginnen die zahlreich
anwesenden Polizisten damit, per Megafon Ruhe herzustellen. Über diesen unerhörten Eingriff in den Ablauf des Kon-

zerts zutiefst erbost, beginnt Janis mit den Polizisten zu streiten. Zunächst bleibt sie erstaunlich kontrolliert und besonnen, bis die Veranstalter den Strom abstellen. Nun kennt Janis Joplin kein Halten mehr. Bar jeglicher Kontrolle beschimpft sie die Polizisten als »Schweine« und garniert ihre Verbalattacken zudem mit unzähligen »fuckings«. Das Ergebnis ist, dass die zur Aufrechterhaltung der öffentlichen Ordnung aufgefahrenen Ordnungshüter schließlich einen Haftbefehl besorgen. Zwar kann Janis das Konzert noch zu Ende bringen, hinter der Bühne stehen aber schon die Beamten bereit, die sie nach stundenlangen Verhören auf dem Revier in das städtische Gefängnis bringen. Am frühen Nachmittag kommt sie wieder frei. Das gewaltige Presseecho, das diese Aktion auslöst, bringt schließlich zu Tage, dass es der Polizei offensichtlich auch darum gegangen ist, ein Exempel zu statuieren. Die durch den Einsatz der Megafone eskalierte Situation war mit provokativer Absicht bewusst initiiert worden. Insbesondere die lokale Zeitung stellt sich auf Janis' Seite und betont, dass es während des Konzertes kaum mehr zu beanstanden gegeben habe als bei einem durchschnittlichen Footballspiel. Reportern gegenüber erklärte Janis später: »Auf der Bühne sage ich alles, was ich sagen will. Wenn ich dafür verhaftet werde, dass ich einen Haufen Kids angeturnt habe, meinetwegen.« Popkonzerte waren mittlerweile zu einem gesellschaftlichen und politischen Risiko geworden, für das Veranstalter immer seltener Verantwortung übernehmen wollten. Popkünstler wie Janis Joplin oder Jim Morrison, die sich nicht nur nicht an die Sicherheitsauflagen halten, sondern geradezu zum aktiven Widerstand dagegen aufrufen, sind in den Augen eines Großteils der Bevölkerung keine Stars, sondern Kriminelle.

Nach dem Sommer der Katastrophen begibt sich Janis Joplin im Herbst 1969 auf die dringliche Anordnung Albert Grossmans hin bei Dr. Edmund Rothschild in ärztliche Behandlung. Dr. Rothschild, ein bekannter Suchtspezialist, stellt zu seinem und zu Janis Joplins nicht geringem Erstaunen fest, dass die mutmaßlich durch die enormen Alkoholmengen geschädigten Organe ohne jeglichen Befund sind. Der Arzt rät ihr etwas hilflos, dennoch Maß zu halten, und bietet ihr vor allem seine Unterstützung für den Heroinentzug an, den Janis Joplin nun wohl ernsthaft erwägt. Der kurze Urlaub, der sich anschließt, führt nach Texas, wo sie sich in den Wäldern um Austin herum mit den beiden Roadies Vince Mitchell und George Ostrow beim Zelten entspannt. Anschließend geht sie zu Konzerten nach Austin und Houston.

Janis Joplin ist mittlerweile eine wohlhabende Großverdienerin im Musikgeschäft. Sie kann sich daher einen Traum erfüllen, den sie schon seit langem hegt. Im Herbst kauft sie sich in Larkspur ganz in der Nähe von San Francisco ein eigenes Haus. Ihr neues Domizil ist nicht das typische Vorstadthäuschen mit dem weißen Zaun und den Kletterrosen, das sie so oft in ihren Phantasien beschworen hat, sondern eine sehr individuell geschnittene Landvilla mit vielen Zimmern und einem großen wilden Garten. Hier baut sie sich ihr Nest, das sie bald mit den unzähligen Nippesfiguren und sonstigen Accessoires ihres Lebensstils einrichtet. Natürlich bekommt auch die Gabriel-Statue einen Ehrenplatz. Eigentlich fehlt nun nur noch Linda Gravenites, die weiterhin in London lebt und dort versucht, sich eine Existenz aufzubauen. Ein Anruf von Janis Joplin in London bleibt erfolglos. Linda ist über Janis' ungebrochenen Drogenkonsum offensichtlich informiert und lehnt es daher ab zurückzukommen.

Im November erscheint schließlich die neue Platte. Der Titel *I Got Dem Ol' Kozmic Blues Again Mama!* macht deutlich, dass Janis Joplin nun mehr als bisher die schwarze Musik Amerikas zum Zentrum ihres musikalischen Stils erklärt hat. In San Francisco kommt es nach der Veröffentlichung der LP zu einem heftigen Zwischenfall mit den Hell's Angels. Janis hat Sweet William zu einer kleinen Party eingeladen, um das

268

Erscheinen der Platte zu feiern und um ihm eines ihrer Beleg-exemplare zu schenken, von denen sie eine Menge in ihrer Wohnung hat. Mit der Bemerkung »Lädst du mich ein, lädst du uns alle ein«, entert Sweet William mit einer ganzen Horde von Hell's Angels das Haus und bemächtigt sich sogleich des ganzen Stapels von Kozmic-Blues-Platten. Janis Joplin, die nicht bereit ist, diese Grenzüberschreitung hinzunehmen, reißt einem vorbeigehenden Angel die Platte aus der Hand und tituliert ihn für alle hörbar mit dem Wort »Mother-fucker«. Janis müsste eigentlich wissen, dass Provokationen dieser Art außerordentlich gefährlich sind. Tatsächlich beginnt der angesprochene Angel heftig auf Janis Joplin ein-zuschlagen. Nur dem vorsichtig beschwichtigenden Einwir-ken Sweet Willliams ist es zu verdanken, dass die Attacke für Janis einigermaßen glimpflich ausgeht. Es ist bereits Anfang Dezember 1969. Wenige Tage nach diesem Vorfall werden die Hell's Angels in Altamont beweisen, zu welcher Brutalität sie fähig sind, wenn sie ihre letzten Hemmungen verlieren.

Die musikalische Qualität des Kozmic-Blues-Albums ist rück-blickend betrachtet viel besser als der schlechte Ruf, der ihm von Anfang an vorauseilt. Denn im Studio erweist sich in Bezug auf die Kozmic-Blues-Band offensichtlich das als Vor-teil, was bei Big Brother fehlte. Die Musiker beherrschen ihre Parts, intonieren sauber und schaffen ein Soul Spirit, das auf der Platte fast überzeugender wirkt als live. Wenn Big Brother eine Live-Band war, so ist Kozmic Blues eine zumindest akzeptable Studioband. Manche Bläsersätze klingen zwar etwas statisch und massiv und sind im Vergleich zu den bedeu-tenden Soulbands des Memphis-Sounds weniger profiliert, dennoch bilden sie einen Klanggrund, der eine hervorragende Basis für die Stimme Janis Joplins abgibt. Im Vergleich zu *Cheap Thrills* klingt ihre Stimme geradezu befreit, sicher und souverän, ganz so als könne sie sich ohne jede Anspannung auf ihre musikalische Aussage konzentrieren. Ein Highlight dieser Platte ist der lyrische Titel *Little Girl Blue,* dessen exzellentes Timing und geradezu brillante Intonation bestechend wirken. Hinzu tritt ein bewundernswerter Variantenreichtum der sehr virtuos-instrumental geführten Gesangsstimme, die sich dennoch nie im rein Vokalästhetischen verliert, sondern immer Ausdrucksmittel bleibt, immer Trägerin einer Botschaft ist. Ähnlich wie in *Summertime* ist auch hier die Stimme mit dem barockisierenden Gitarrenspiel von Sam Andrew kombiniert. Allerdings bleibt die Aura klassischer Musik nicht zuletzt durch das Hinzutreten eines Streichquartetts weitgehend gewahrt. Janis Joplins Stimme changiert zwischen den für sie typischen, kraftvoll artikulierten und mit Nachdruck exponierten, kehligen Zieltönen und ganz im Kopfklang oder sogar im Falsett angesiedelten Kantilenen – der Blues in Gestalt einer barocken Aria.

Unter dem Einfluss von Dr. Rothschild und Albert Grossman und vielleicht sogar aus der eigenen Einsicht heraus, dass ihre bisherige Lebensführung sie wieder einmal an die Grenze ihrer physischen und psychischen Existenz gebracht hat, beschließt Janis Joplin erneut ihr Leben grundlegend zu ändern. Sie verzichtet auf Drogen und mindert zumindest ihren Alkoholkonsum. Außerdem nimmt sie das seit ihrer Jugend unterbrochene Klavierspiel wieder auf und beginnt sich mit Musiktheorie zu beschäftigen. Doch damit ist es nicht genug. Zum Erstaunen aller nimmt Janis Reitstunden und interessiert sich auch für Yoga und gesunde Lebensführung. Nun ist auch Linda Gravenites bereit, wieder zu Janis zurückzukommen. Anfang November treffen sich Linda und Janis in New York und besprechen die Kleiderentwürfe für die beiden Auftritte im Madison Square Garden, die für Ende November und für Mitte Dezember vorgesehen sind. Das erste der beiden Großereignisse bestreitet sie am 27. November zusammen mit Tina Turner.

Der Rhythmus, in dem Janis Joplin Vorsätze fasst, ihr Leben zu ändern und in dem diese Pläne dann wieder aufgegeben werden, beschleunigt sich ständig. Es ist daher nicht ganz klar, wie lange sie Phasen der Drogenenthaltsamkeit tatsächlich durchhält. Es muss jedoch noch im Laufe des Novembers zu Rückfällen gekommen sein, da sie sich am 9. Dezember erneut zu einer zehntägigen Kurztherapie bei Dr. Rothschild einfindet. Er verschreibt ihr als Heroinsurrogat Methadon und Valium, muss aber zu seinem Bedauern feststellen, dass Janis Joplin an einer längerfristigen Behandlung nicht interessiert ist. Sie fühle sich gut, sie komme »damit« klar, sagt sie, außerdem seien ihre medizinischen Befunde ja in Ordnung. Es ist das Bild vom »guten alten Pionierstamm«, das sie zum wiederholten Mal bemüht, um ihre physische Unverletzbarkeit zu demonstrieren. Am 19. Dezember, es ist der Tag ihres zweiten großen Konzertes im Madison Square Garden, endet die Medikation von Dr. Rothschild. Janis' Lösung des Problems ist einfach: Sie »substituiert« Methadon durch Heroin.

Bis zum Ende des Jahres bleibt ihr Heroinkonsum uneinheitlich. Ihr inkonsequentes Lavieren zwischen Konsum, Enthaltsamkeit und Substitutionstherapie macht deutlich, dass sie eher auf der Suche nach einem Weg ist, mit den Drogen zu leben, statt sich von ihnen zu lösen. Die Bedeutung des Heroins als Angstkiller ist so groß, dass sie glaubt, ohne Drogen nicht leben zu können. Der verhängnisvolle Widerspruch, den sie damit zugleich provoziert, ist ihr wohl nebelhaft bewusst. Daher zieht sie immer wieder die Notbremse des Methadons oder kurzfristigen Entzugs, um nicht wie in Woodstock vollkommen die Kontrolle über sich zu verlieren.

Trotz der positiven medizinischen Befunde, die Janis Joplin wie Trophäen vor sich herträgt, ist der äußere Eindruck, den sie im Winter des Jahres 1969 bei Freunden und Bekannten hinterlässt, zumindest zwiespältig. Auf der Bühne ist sie ein Energiebündel, dessen Konstitution niemals zu erlahmen scheint. Hinter der Bühne ist sie oft niedergeschlagen und kraftlos, ihr Blick zuweilen leer und abwesend. Aufgrund des durch Heroin begünstigten Heißhungers auf Süßes hat sie zudem wieder enorm zugenommen. Janis Joplin wiegt jetzt mit etwa 70 Kilo etwa 40 Pfund mehr als noch vor einem guten halben Jahr.

Zu den wenigen Kontrollmechanismen, die sie rational steuert, gehört auch eine Verabredung mit »Sunshine«. Die beiden beschließen zu ihrer jeweils eigenen Sicherheit, dass man sich einstweilen trennen wolle und erst wieder zusammentreffen werde, wenn man sich nicht mehr gegenseitig zum Fixen verführen wird. Es ist aufschlussreich, dass der Kontakt ein Dreivierteljahr lang, bis zum September 1970, unterbrochen bleibt. In einem Telefonat verabreden sich die beiden Freundinnen für den 5. Oktober. Es ist der Tag nach Janis Joplins Tod.

Der 19. Dezember 1969, ein Jahr nach dem Debakel von Memphis, wird zu einem der größten Erfolge von Janis Joplin. Es ist zugleich das letzte Konzert mit der Kozmic Blues Band, aus der 1970 nur John Till in ihre dritte und letzte Band, die Full Tilt Boogie Band, übernommen werden wird. Gäste und Partner ihrer Show sind Johnny Winter und Paul Butterfield. Ob es ihr professionelles Kalkül ist oder die Gunst der Stunde, was Janis Joplin dazu bringt am Ende dieses Katastrophenjahres wie Phönix aus der Asche zu steigen und in ihrem Schwanengesang auf Kozmic Blues letztendlich das zu erreichen, was sie sich nach der Trennung von Big Brother erträumt hat, bleibt dahingestellt. Im Madison Square Garden ist Janis Joplin zurück im Leben, auch wenn es ihrer eigenen paradoxen Logik entsprechend der Tag ist, an dem sie wieder mit dem Fixen beginnt.

Das Konzert verläuft insgesamt ruhig, obwohl Janis erneut die Sicherheitskräfte und die Veranstalter provoziert. Passend zum Otis Redding-Song *I Can't Turn You Loose* hält Janis eine ihrer berühmt-berüchtigten Ansprachen an ihr Publikum,

Janis' Auftritt mit ihrer Kozmic Blues Band in der Dick-Cavett-Show im Juli 1969 war schon der zweite und somit Zeichen ihres Erfolgs auch bei den Intellektuellen. (Cinetext Bildarchiv, Frankfurt)

diesmal mit einer Spitzfindigkeit, die die Organisatoren zur Weißglut bringt. »Es wäre gegen das Gesetz, wenn ich einfach sagen würde ›Warum steht ihr nicht auf und tanzt ein bisschen‹. Ihr würdet euch dann ja auch ungesetzlich verhalten«, beginnt sie ganz harmlos, um dann wie folgt fortzufahren: »Also bitte: Ich werde keinerlei Vorschläge in diese Richtung machen. Aber, ich würde zu gerne wissen, was ihr da unten verdammt noch mal auf euren Stühlen macht – das hier ist Rock 'n' Roll! Und da gibt es doch nichts, worüber man noch nachdenken müsste!« Es ist natürlich keine Frage, dass ein großer Teil des Publikums kurz darauf die Plätze verlässt und

273

zur Bühne stürmt. Glücklicherweise kommt es zu keinen ernsthaften Zwischenfällen, zumal sich die New Yorker Sicherheitskräfte im Unterschied zu denen in Tampa besonnen verhalten. Der Vorfall bleibt dennoch nicht ohne Folgen, da eine Reihe von Veranstaltern es nun ablehnen, Konzerte mit Janis Joplin durchzuführen. Ausgerechnet die Stadt Houston/Texas erteilt ihr im kommenden Jahr ein Auftrittsverbot, das mit Janis Joplins »allgemeinem Verhalten« begründet wird.

Das Konzert im Madison Square Garden hat Steven Banks in wunderbaren Fotografien eingefangen, die 1998 unter dem Titel Janis' Garden Party veröffentlicht wurden. Die Bilder zeigen eindrucksvoll die Dynamik und die schier unerschöpfliche Kraft einer sich in ständiger Bewegung befindenden Janis Joplin. Die Aufnahmen, die Banks seiner eigenen Aussage nach beinahe wie in Trance heruntergeschossen hat, zeigen mehr als die perfekte Show eines Superstars. Wie in einem Bilderbuch ihres Lebens erscheinen hier die vielen Facetten ihrer Persönlichkeit: der festgehaltene Schrei aus Angst und Verzückung, die scheinbar abwesende Haltung stiller Meditation, das nachdenkliche Gesicht der Gitarre spielenden Folk Queen, die Predigerhaltung der Gospelsängerin, die Zärtlichkeit in ihrer Zuwendung zu Johnny Winter, die unendliche Einsamkeit und schließlich die Spuren der Drogen, die sich wie Narben der Sehnsucht in ihr Gesicht gegraben haben. Die Momentaufnahmen fügen sich zur Partitur einer Künstlerin, deren Lebens- und Bühnenrollen untrennbar miteinander verschmolzen sind.

Das Jahr des Kozmic Blues ist vorbei. Es beginnt das neue und kurze Leben von Pearl.

11. KAPITEL

Get It While You Can:
Pearl macht Dampf

Ich bin kein Star!« Angesichts des Kultstatus, den Janis Joplin insbesondere durch ihre New Yorker Konzerte im November und Dezember 1969 erreicht hat, erscheint ihr immer wieder trotzig und geradezu ärgerlich prononciertes Statement unglaubwürdig, wenn nicht sogar ein wenig blasiert. Ihr Beharren auf dem Image eines Antistars beleuchtet jedoch nicht so sehr die reale Wirkung, sondern eher die Selbstwahrnehmung einer seelisch verletzten, nach authentischen Gefühlen süchtigen Künstlerin, die sich als Teil der Beziehung zu ihrem Publikum empfindet und nicht als dessen kühle Beherrscherin. »Sie war einfach zu verrückt«, sagt Nick Gravenites über sie. »Der Puppe hing das Haar ins Gesicht und bekleidet war sie mit einer Bettdecke. Und dann der Schmuck! Dieser ganze Voodoo-Scheiß! Und dann das Patschuli-Parfüm, ein furchtbarer Gestank! Ihr Teint haute einen um. Sie war heiser und kreischte wie eine angeschossene Eule.« Die durchaus liebevoll gemeinte Überzeichnung von Nick Gravenites macht deutlich, dass man im Falle von Janis Joplin tatsächlich nicht von glamourösem Startum im üblichen Sinne sprechen kann, wohl aber davon, dass sie in ihrer Musik, aber auch in ihrer gesamten Erscheinung und in ihrem Auftreten als Künstlerin Stil hatte und stilprägend wirkte. Diese vielfältigen stilistischen Facetten basieren auf der Kombination der »Manhat-mich-so-verletzt«-Attitüde, die sie zum kollektiven Identifikationsobjekt ihres Publikums werden lässt, mit dem individuellen und narzisstischen Anspruch, einzigartig zu sein. Der Antistar Janis Joplin ist im Sinne traditioneller Kategorien antiweiblich, antibürgerlich und antirassistisch und schöpft als »Medienbeatnik« daraus zugleich das Material seines enormen Erfolges.

Die Unauflösbarkeit dieses äußeren Widerspruchs von Subversion und Erfolgsstory korrespondiert vollständig mit den inneren Widersprüchen ihrer Persönlichkeit. Zudem bekommt ihr individuelles Lebenskonzept durch die permanente Öffentlichkeit nahezu zwangsläufig Modellcharakter. Denn ob es ihre hemmungslose und unideologische Vermischung von Beatnik-, Hippie-, Ethno-, Trash- oder Rockersegmenten ist oder ihre generelle Respektlosigkeit gegenüber den bürgerlichen Normen und Zwängen. Immer stärker werden die Symbole der Outcaststilistik zum Markenzeichen eines erfolgreichen Produkts. Nicht unerheblichen Anteil an dieser Entwicklung hat Janis' Kostümdesignerin Linda Gravenites. Anfang 1970 beginnen die New Yorker Boutiquen verstärkt, sich für die Bühnenkleidung von Janis Joplin zu interessieren, insbesondere die bei Linda Gravenites häufig anzutreffende Vermischung verschiedener Grüntöne, und die Verbindung von Chiffon mit gemustertem Samt finden sich alsbald auch in den teuren Modetempeln der Undergroundschickeria. Der eigenartige Reiz des Joplinstils besteht dabei darin, dass sie es versteht, auf immer wieder überraschende Weise Brüche zwischen durchgestylter Popcouture und archaischer Wildheit herzustellen.

Nick Gravenites' Aperçu weist darauf hin, dass Janis Joplins Phantasie in Bezug auf Auswahl und Kombination heterogener Element weit gesteckt ist. Paradigmatisch dafür ist die Kombination kostbar verarbeiteter Stoffe und ausgeklügelter Schnitte ihrer Bühnenkleidung mit einer Haartracht, die unübersehbar nie einen Föhn – geschweige denn einen Friseur zu Gesicht bekommen hatte. Ein anderer Sachverhalt jedoch verweist darauf, dass der Antistar mittlerweile dabei ist, auch konventionelle Embleme des Erfolges zu erringen, denn Ende des Jahres 1969 hatte Janis Joplin den Internationalen Kritikerpreis des Magazins *Jazz and Pop* als beste weibliche Popsängerin des Jahres gewonnen.

In einem weiteren Punkt ist das professionelle Verhalten Janis Joplins bemerkenswert, sie ist die erste Rockmusikerin, die die Frage der Sponsorings systematisch angeht. Im Blick hat sie dabei den Fabrikanten der Marke »Southern Comfort«, der, so die Argumentation von Janis Joplin, von ihrer freiwilligen Werbung profitiere. Das Büro von Albert Grossman überflutet daher auf Anweisung von Janis den Hersteller von Southern Comfort geradezu mit Zeitungsnotizen über ihre Vorliebe für diese Whiskymarke und erreicht tatsächlich, dass ihr ein Scheck über 250 Dollar zugeschickt wird. »Ich bekomme auch noch Geld dafür, dass ich mich zwei Jahre lang zugedröhnt habe!« ist Janis Joplins begeisterter Kommentar.

Zusammen mit Linda Gravenites wohnt Janis Joplin nun in ihrem neuen Haus in Larkspur bei San Francisco, um sich dort auch von den Strapazen des vergangenen Jahres zu erholen. Zum ersten Mal hat Janis so etwas wie einen Ruhepunkt gefunden und unternimmt nun, frei von Konzertverpflichtungen, zusammen mit Linda kleine Ausflüge in die nähere Umgebung. Janis Joplin ist nicht zuletzt durch die einfühlsame und fürsorgliche Unterstützung ihrer Freundin und Hausgenossin in den ersten Wochen des Jahres 1970 zumindest in Hinblick auf Heroin weitgehend drogenfrei.

Im Hochgefühl der entspannten häuslichen Atmosphäre beschließen Janis und Linda nun eine richtige Urlaubsreise zu unternehmen, um zu den traumatischen Erfahrungen des Vorjahres genügend Abstand zu gewinnen und so zugleich den Heroinentzug stabil zu halten. Wie ernst es Janis Joplin damit meint, mag man der Tatsache entnehmen, dass sie, bevor sie Anfang Februar mit Linda nach Rio de Janeiro fliegt, ihre sämtlichen Drogenbestände im Wert von immerhin etwa 2000 Dollar bei Peggy Caserta abliefert.

Beide Freundinnen nehmen sich bei dieser Gelegenheit das Versprechen ab, sich erst wieder zu treffen, wenn auch Peggy sich von den Drogen befreit haben wird. Diese zugleich schmerzliche und effektive soziale Isolation hatte im Falle von »Sunshine« bereits gewirkt, die Freundinnen hatten bis auf gelegentliche Telefonate aus Selbstschutz keinerlei persönlichen Kontakt mehr. Die Beziehung zu Peggy Caserta ist jedoch ungleich intensiver, so dass das Opfer, das beide Frauen nun auf sich nehmen, ihnen beinahe Unmenschliches abverlangt. Bis zum April jedenfalls werden die beide ihr Gelübde halten. Die letztendlichen Folgen des erneuten Zusammentreffens im Zeichen der Drogen werden einschneidend sein: Janis Joplin stirbt und Peggy Caserta wird zur Zielscheibe heftigster Angriffe der schockiert zurückbleibenden Freunde. Immerhin wird sie es nach dem Tode von Janis Joplin schließlich schaffen, aus der Drogenmisere auszusteigen und ein vergleichsweise normales Leben zu leben. Im Februar jedoch sieht es so aus, als könnte Janis mit Hilfe von Dolophin, einem Methadonpräparat in Tablettenform, der physische und mit Unterstützung von Linda Gravenites auch der psychische Ausstieg aus der Drogensucht gelingen.

Tatsächlich schafft es Janis Joplin über den gesamten Zeitraum von fünf Wochen, den sie in Brasilien verbringt, drogenfrei zu bleiben. Ein nicht unwesentlicher Aspekt ihres Erholungsprozesses ist, dass sie am Strand von Rio einen jungen Mann kennenlernt. Sein Name ist David Niehaus. Er hat zwar von Janis Joplin gehört, aber sie bei ihrem ersten Kennenlernen nicht erkannt. Bei Janis überwiegt angesichts dieser Tatsache das Glücksempfinden, wobei allerdings auch eine leicht verletzte Eitelkeit mitschwingt. Was schließlich zählt, ist, dass dieser freundliche und zurückhaltende junge Mann sie offensichtlich ihrer selbst wegen und nicht aufgrund ihrer Berühmtheit liebt. In der Anonymität des Badeurlaubs verbringen die beiden eine wunderbare Zeit miteinander. Befreit von den Zwängen des anstrengenden Konzertlebens und ohne den permanent auf ihr lastenden Druck genießt Janis offensichtlich wie eine normale Urlauberin das Faulenzen am Pool, die Muße zum Lesen und die intensiven Gespräche mit ihrem neuen Freund. Linda Gravenites ist so beruhigt, dass sie bald beschließt, nach Larkspur zurückzukehren. Sie will wohl nicht ständig das dritte Rad am Wagen sein, außerdem liegen in dem neuen Haus noch eine Reihe von Arbeiten an, die sie nun in aller Ruhe erledigen kann.

In der ihr eigenen Ambivalenz fällt Janis Joplin das Leben in der ersehnten und zugleich quälenden Anonymität Brasiliens schwer. Zum Missfallen von David Niehaus gibt sie aus einer Laune heraus eine Pressekonferenz, in der sie auch über ihre neue Liebesbeziehung Auskunft gibt. Ob es eine nachhaltige Verstimmung ihres Freundes über den nun einsetzenden Rummel um seine Person ist oder ob die Probleme mit den Passformalitäten für seine Einreise in die USA den Ausschlag geben, mag dahingestellt bleiben. Janis Joplin kehrt Ende März jedenfalls allein nach Larkspur zurück. Bei einer Zwischenstation in Los Angeles nimmt sie zusammen mit Paul Butterfield noch eine Single mit dem beziehungsreichen Titel *One Night Stand* auf und versorgt sich erneut mit Heroin. Enttäuschung über ihr eigenes Verhalten gegenüber David Niehaus, Angst vor dem erneuten Alleinsein oder schlichter Leichtsinn mögen die Gründe dafür sein. Davon, dass Janis Joplin sich in Brasilien vollständig von den Drogen befreit hätte, kann folglich keine Rede sein. Immerhin sieht es jedoch so aus, als wiederhole die Geschichte mit David nicht das ewige Beziehungsmuster des *Ball and Chain*, denn der Freund und Geliebte erscheint nach einiger Zeit tatsächlich in Larkspur mit der Absicht, sein Leben mit Janis Joplin zu teilen. Janis, hocherfreut und hoffnungsvoll, bietet ihm sofort einen Job in ihrem Unternehmen an, stellt ihm sogar die Position eines Roadmanagers für ihre neue, noch zu gründende Band in Aussicht. Der Vorschlag ist reizvoll und daher denkt David Niehaus einige Zeit darüber nach. Doch schnell wird ihm bewusst, dass der Rockstar Janis Joplin nicht dieselbe Frau ist, mit der er in Brasilien eine so herrliche Zeit erlebt hatte. Janis ist wie eine Sonne, die alle Planeten ihres Imperiums um sich herum kreisen lässt. Der ständige Rummel um ihre Person, die vielen Menschen, die sexuellen Beziehungen zu Frauen – insbesondere zu Peggy Caserta, die nun wieder häufig zugegen ist – und schließlich die Drogen sind mit den Lebensprinzipien des naturverbundenen Hippies nicht vereinbar. David will wieder »on the road«, will seine Hippiewanderschaft fortsetzen, will sich schließlich irgendwo niederlassen und Lehrer werden. Sein größter Wunsch, Janis könne als Ehefrau an seiner Seite mit ihm irgendwo auf dem Land ein beschauliches Leben im Einklang mit der Natur führen, bleibt eine Schimäre. Denn sosehr Janis Joplin immer wieder die Phantasie von dem kleinen Häuschen mit dem weißen Lattenzaun hervorholt, so sehr jagt ihr die Vorstellung ein solches Leben wirklich zu führen, Schauer über den Rücken.

Mit *Cry Baby* hat Janis Joplin diesem Mann, der sie verlassen hat, »um seine Identität zu finden«, ein kaum verschlüsseltes Memento gesetzt, wobei sie die Rolle des Verlassenden und die des Zurückgebliebenen zunächst im Unklaren lässt. Zunächst scheint »sie« es zu sein, die weggeht und »ihn« mit der Frage nach dem Grund dafür zurücklässt. In dieser Dreiecksgeschichte ist die Ich-Erzählerin eine der Beteiligten:

»Ich weiß, sie hat dir erzählt, dass sie dich geliebt hat
Mehr als ich es je getan habe.
Aber ich weiß, dass sie dich verlassen hat
Und du schwörst, du weißt nicht, warum,
Well, Honey, ich werde immer in deiner Nähe sein,
wenn du mich denn haben willst.«

Gegen Ende des Songs kippt die Geschichte um, denn jetzt schlüpft die Erzählerin in die Rolle des Gehenden, wobei das poetische »Ich« in diesem literarischen Beziehungsrollenspiel zunächst den Part des Hippiewanderers David Niehaus widerspiegelt:

»Auch wenn es ganz schön bequem ist
Hier in deinem feinen Bett mit all diesen Seidendecken zu
Teure Sachen zu tragen und jeden Tag Hühnchen zu essen
Gut drauf zu sein und immer 'ne Menge Spaß zu haben
So muss ich jetzt doch hart sein.
Ich muss jetzt nach Afrika
Oder ist es Omaha oder irgendein anderer Ort.
Ich muss mich selbst finden, weißt du, was ich meine?«

Schließlich ist die Erzählerin definitiv bei ihrer eigenen Geschichte angekommen:

»Da geht also dieser geile Typ
Und läuft draußen auf diesen verdammten Highways Amerikas herum
Mit so einem Bündel auf dem Rücken
Und sucht seine Identität, nicht wahr?«

Der Schluss ist dann einmal mehr die Beschwörung des ewigen *Ball and Chain*, die erneute Anklage aus den bekannten Elementen: Kränkung, Einsamkeit, Narzissmus und Besitzanspruch:

»Was ich sagen will, Baby, weißt du nicht, dass du deine Frau hier ganz alleine zurücklässt?

Du hast deine dich liebende Frau zu Hause zurückgelassen, und sie hätte doch eigentlich genug ›Identität‹ für einen einzigen Mann sein können, ha ha ha!«

Und so wird aus dem gequälten Schrei am Anfang von *Cry Baby* wieder einmal ein Dokument des paradoxen Beziehungsdreischritts, den Janis ihr Leben lang in ständig steigender Geschwindigkeit reproduziert: Nähe führt zur Trennung, Trennung heißt Einsamkeit, Einsamkeit heißt Nähe suchen. Auch in beruflicher Hinsicht spielt Janis Joplin in dieser Zeit das vertraute Spiel von Nähe und Distanz. Mit großer Begeisterung und sentimentaler Rührung tritt sie am 4. April zusammen mit Big Brother & the Holding Company auf. Es ist das Debütkonzert ihre früheren Band, die sich soeben mit Hilfe von Nick Gravenites in der alten Besetzung wiedergegründet hat.

Schon vor der Abreise von David Niehaus hat Janis Joplin damit begonnen, in Larkspur ein wildes und extravagantes Landleben zu führen. Janis gibt sich selbst den Namen »Pearl« und trägt nun auch als Privatperson häufig ihre Bühnenkleidung. Charakteristisch für »Pearl«, die gewissermassen die »öffentliche« Person Janis Joplin symbolisiert, sind nicht nur die unzähligen Ketten aus Glas- und Keramikperlen, sondern vor allem die auffallenden roten und violetten Federn im Haar sowie die große Sonnenbrille mit den runden Gläsern. Ob Janis Joplin, wie es ihre Schwester Laura interpretiert, durch die Inszenierung von »Pearl« in der Lage ist, zwischen ihrer öffentlichen und ihrer privaten Rolle zu unterscheiden, mag bezweifelt werden. Vielmehr scheint es so, dass das Wenige, das von der Intimität der Privatperson Janis Joplin übrig geblieben ist, nun vollends dem exhibitionistischen Zwang nach Öffentlichkeit geopfert wird. Die Begleitumstände ihrer Affäre mit David Niehaus zeigen, wie wenig sie zu Distanz und Diskretion in der Lage ist.

Dass Janis Joplin tatsächlich, wie sie sagt, die beste Schauspielerin ihrer selbst ist, beweist sie nun in den folgenden Wochen mit einem ausschweifenden Landleben. Sie verlangt jegliche Aufmerksamkeit für sich, wenn sie mit ihrem Porsche und dem Gefolge aus Outcasts und Junkies durch die Gegend zieht. Ihre überfallartigen Auftritte in Geschäften und Bars sind nicht selten von peinlicher Arroganz und einer geradezu irrealen Exaltiertheit geprägt. Es scheint, dass Janis Joplin die Tatsache, dass sie derzeit keine Band und folglich auch keine Auftritte hat, dadurch kompensiert, dass sie, wie ein alternder Filmstar, ihr Privatleben zur Bühne erhebt. Hinzu kommt, dass Janis Joplin im Frühjahr 1970 ihren Alkoholkonsum weiter steigert. Höhepunkt der Alkoholexzesse ist die beeindruckende, drei Wochen andauernde große Tequila-Boogie-Party in ihrem Haus in Larkspur, das sich zu einem führenden Partyzentrum der Bay Area entwickelt hat. In dieser Zeit, in der Janis Joplin auch nach Musikern für eine neue Band sucht, wohnt Kris Kristofferson bei ihr, den sie im Sommer 1968 beim Newport Folk Festival kennengelernt hatte. Nun ist er in Larkspur, um sie bei der Zusammenstellung ihrer neuen Band zu beraten. Als Einstand und Gastgeschenk hat er ihr *Me and Bobby McGee* mitgebracht – der Song, der wie kaum ein anderer Janis Joplins posthumen Ruhm begründen würde.

Kris Kristofferson kommt nach dem Desaster mit David Niehaus wie gerufen. Sein berüchtigter Alkoholkonsum macht ihn nicht nur zum perfekten Dauergast der Tequila-Boogie-Party, sondern begründet auch in nicht unwesentlicher Weise sein intimes Verhältnis zu Janis Joplin. In ihren wechselseitigen Anfällen alkoholunterstützter Melancholie klammern sie sich nicht nur aneinander, sondern steigern sich gegenseitig geradezu in sentimentale Geständnisse ihrer Hilflosigkeit hinein. Zudem vereinigt Kristofferson viele Eigenschaften auf sich, die Janis Joplin bei einem Mann bewundert. Kris ist nicht nur Intellektueller und Poet, sondern hat auch eine beachtete

Karriere als Footballspieler hinter sich, war Hubschrauberpilot und Fallschirmjäger in Vietnam. Der Dichter und Musiker, gut sechseinhalb Jahre älter als Janis, ist ein Mann, dem man die Lebenserfahrung ansieht, er ist keiner von den smarten Boys, die Janis in ihre Garderobe bestellt oder die sich als Roadies nicht nur um die Gerätschaften der Band, sondern gelegentlich auch um die sexuellen Wünsche der Bandleaderin kümmern.

Mit Kris Kristofferson verbindet Janis Joplin auch die Tatsache, dass er Texaner ist. Sein Geburtsort Brownsville/Texas liegt wie Port Arthur am Rande des Lone-Star-Staats, allerdings genau entgegengesetzt nicht an der Grenze zu Louisiana, sondern in unmittelbarer Nachbarschaft zu Mexiko. Erfolgreich als Autor von Kurzgeschichten und Romanen, ist Kristofferson, gefördert von Johnny Cash, als Songschreiber mit der konservativen Countryszene von Nashville verbunden. Er ist alles andere als ein Kriegsgegner, sondern geht schon 1965 als Freiwilliger nach Vietnam, überzeugt von der Aufgabe, dort die Demokratie zu verteidigen. Geradezu antipodisch zu Joe McDonald von Country Joe and the Fish setzt sich Kristoffersons *Vietnam Blues* daher auch kritisch mit dem Pazifismus auseinander, äußert Unverständnis dafür, dass viele mit Ho Chi Minh sympathisieren, während die eigenen Soldaten die Freiheit und das Leben der Amerikaner verteidigen. Das Desaster der Jahre 1969 und 1970 verändert seine Haltung zum Vietnamkrieg jedoch grundsätzlich. Der »existenzialistische Troubadour Nashvilles« ist zum Pazifisten geworden, der in seiner Musik und in seinen Texten intellektuelle Urbanität und idyllische Naturverbundenheit miteinander verbindet. Äußerlich ist Kris Kristofferson ein richtiger Wildwest-Typ in Wildleder gekleidet, für dessen blaue Augen sich nicht nur Janis Joplin, sondern auch Peggy Caserta und deren Freundin und Hauptbeziehung Kim Chappel interessieren.

Es ist nur eine Frage der Zeit, bis Linda Gravenites sich wieder vor die Entscheidung gestellt sieht, die ständig steigende Spirale von Drogen und Alkohol weiter zu ertragen oder sich erneut von Janis Joplin zu trennen. In einer der vielen und quälenden Auseinandersetzungen zwischen den beiden Frauen wird Linda von Janis aufgefordert, sich mit der Situation abzufinden oder zu gehen. Zu Janis' großer Überraschung und Bestürzung entscheidet sich Linda Gravenites tatsächlich dafür zu gehen. Sie will ihre eigene Hilflosigkeit und Passivität durchbrechen und muss daher aus reiner Selbstachtung die dienende Rolle aufgeben. Zugleich kann sie Janis Joplin nur so die Folgen ihres Handelns vor Augen führen. »Ich habe es nicht so gemeint«, fleht Janis Linda an. »Doch, du hast es so gemeint«, antwortet Linda und verlässt das Haus. Für Linda Gravenites hat dieses Ereignis, an das sie sich noch im Jahre 1999 lebhaft zurückerinnert, tiefe Spuren hinterlassen. Der Streit in Larkspur ist die letzte persönliche Begegnung zwischen ihr und Janis Joplin. Ein für den Herbst 1970 verabredetes Wiedersehen kommt nicht mehr zustande.

In der Tat bleibt Linda Gravenites' Verhalten bei Janis Joplin nicht ohne Spuren. Im Gegenteil, der Auszug ihrer Wohngenossin, Assistentin und Ratgeberin in allen Lebenslagen löst bei ihr einen regelrechten Schock aus. Janis scheint innezuhalten und sich zum ersten Mal nach langer Zeit wieder Gedanken über die Folgen ihrer Handlungen zu machen. Denn nach ziemlich gesicherten Berichten hört sie kurz nach dem Auszug Lindas damit auf, Heroin zu spritzen.

Wie lange die tatsächliche Abstinenz anhält, ist ungesichert, dennoch spricht einiges dafür, dass sie sich zumindest bis zum Juli von der Nadel fern hält. Zudem ergreift Janis Joplin weitere Maßnahmen. Erneut trennt sie sich von Peggy Caserta, um nicht ständig in Versuchung gebracht zu werden. Gelegentlich telefoniert sie mit »Sunshine«, um sich nach dem Stand ihres Heroinentzugs zu erkundigen. Doch »Sunhine« steckt weiterhin tief im Heroinstrudel, wie sie freimütig eingesteht, so dass ein Zusammentreffen daher bis auf weiteres nicht ratsam erscheint.

Auch in Larkspur befreit sie sich weitgehend von dem Junkie-umfeld ihres bisherigen Lebensstils, auf Anraten von Albert Grossman unterzieht sie sich sogar noch einmal einer Kurz-therapie.

Ausgelöst durch die konsequente Haltung Lindas führt Janis Joplin über einen Zeitraum von immerhin etwa drei Monaten einen erbitterten und wohl auch konsequenten Kampf gegen die Nadel. Bedauerlicherweise substituiert sie das Heroin dabei nicht nur mit Methadonpräparaten, sondern auch durch unvorstellbare Mengen an Alkohol, der nun ihr perma-nenter Begleiter ist. Auch wenn ihre psychische Stabilität bedingt durch den exzessiven Alkoholismus keinesfalls gesi-chert ist, so bemächtigt sich ihrer doch eine partielle Vernunft und damit einhergehend eine der seltenen Phasen, in denen die Einsicht den Hedonismus bezwingt. Janis Joplin ist sich daher im Klaren, dass der fortschreitende Heroinkonsum sie nicht nur extrem gesundheitlich gefährdet, sondern, weit schlimmer, sie zugleich sozial isoliert. Aber auch ihre Alkohol-sucht nimmt sie wohl zum ersten Mal in ihrem Leben ernst. Sowohl gegenüber David Dalton als auch in Gesprächen mit Myra Friedman bezeichnet sich Janis zögerlich, aber dennoch deutlich, als Alkoholikerin und erkundigt sich ernsthaft nach Therapiemöglichkeiten

Die Rolle von Linda Gravenites übernimmt nun eine andere Frau. Lyndall Erb ist Janis Joplins neue Modedesignerin und Hausgenossin. Im Unterschied zu Linda versteht sie es jedoch nicht, einen Schutzraum um Janis aufzubauen oder gar zwi-schen persönlicher Sympathie und notwendiger Distanz zu unterscheiden. Vorzuwerfen ist ihr dies jedoch kaum, schließ-lich hat auch Linda Gravenites einige Jahre gebraucht, um ihr auf Janis bezogenes Helfersyndrom zu überwinden.

Der April ist jedoch nicht nur die Zeit großer Partys und alkoholischer Exzesse. In der ihr eigenen Doppelstrategie von Hedonismus und Arbeitsdisziplin leitet Janis Joplin behutsam eine neue Phase ihrer künstlerischen Entwicklung ein und gründet eine neue Band. Diesmal soll es keine Kurzschlussreaktion sein wie bei der Gründung der Kozmic Blues Band, vielmehr geht sie nun behutsam vor und überdenkt dabei auch ihre Rolle als Bandleaderin und ihre weitere musikalische Entwicklung. Janis schwebt vor, die geräuschhaftexpressiven Klangfarben und Effekte ihrer Stimme stärker durch kantable Linienführung und folkartige Melodik zu ergänzen. Auf der Kozmic-Blues-LP hatte sie mit *Little Girl Blue* bereits ein beeindruckendes Beispiel dafür gegeben, dass ihre Stimme nicht nur das ideale Medium für die raue Brüchigkeit des Blues darstellt, sondern auch zu einer differenzierten vokalen Empfindsamkeit der leisen Töne in der Lage ist, die ihr so mancher nicht zugetraut hatte. Kris Kristoffersons »Mitbringsel« *Me and Bobby McGee* ist daher hochwillkommen, da dieser Song nicht nur an den Wurzeln Janis Joplins in der Folkmusik anknüpft, sondern ihr Gelegenheit gibt, Expressivität und Kantabilität in einem Lied miteinander zu verknüpfen.

Als künstlerischer Berater für ihre neue Band dient ihr neben Kris Kristofferson und John Cooke vor allem der unermüdliche Nick Gravenites. Innerhalb eines einzigen Monats gelingt es tatsächlich, eine Mischung von Musikern zusammenstellen, mit denen sich Janis Joplin von Anfang an wohl fühlt. Der Name Full Tilt Boogie Band geht auf Bob Neuwirth zurück, der im Zusammenhang mit einer Partyeinladung bei sich zu Hause von einem Full-tilt-Boogie, einer Volldampf-Boogie-Party, gesprochen hatte. Die zeitliche Überlappung der Bandgründung mit der legendären Tequila-Boogie-Party mag bei der Namensgebung ebenfalls eine gewisse Rolle spielen. Janis ist glücklich, nun endlich wieder »ihre« Band gefunden zu

haben, eine Band, zu der sie wie seinerzeit im Fall von Big Brother & the Holding Company eine nicht nur professionelle,
sondern auch eine menschliche Beziehung aufbauen kann.
Ohne das retardierende Heroin ist Janis nun geradezu in
einem Schaffensrausch. Sie nimmt wieder Klavierunterricht,
arbeitet systematisch an ihrer Stimme und probt regelmäßig
und ausgiebig mit der Full Tilt Boogie Band in ihrem Haus in
Larkspur.

Der Kern der Band besteht wie seinerzeit bei Big Brother aus
vier Personen, zu denen etwa bei der Plattenproduktion im
Herbst weitere »freie Mitarbeiter« als Pianisten, Perkussionis-
ten oder Backgroundvokalisten hinzukommen. Den Gitarristen John Till und den Bassisten Brad Campbell übernimmt
Janis Joplin aus der Kozmic Blues Band. Hinzu treten Ken
Pearson, der als Organist insbesondere für die klanglich-
harmonische Komplettierung des Satzes zuständig ist und der
Schlagzeuger Clark Pierson. Janis empfindet die Band als
gelungene Synthese aus der familiären Atmosphäre und
dem kommunikativen Zusammenspiel von Big Brother sowie der klanglichen Differenziertheit und instrumentalen
Professionalität der Kozmic Blues Band. Bis auf Clark Pierson
sind alle Mitglieder etwa zehn Jahre jünger als Janis Joplin, so
dass sich mit der neuen Formation tatsächlich ein Genera-
tionenwechsel anbahnt.

Die ausgedünnte Besetzung der Full Tilt Boogie Band bedeutet
auch eine klare Entscheidung gegen das bläserorientierte
Soul-Konzept von Kozmic Blues. Die Entscheidung gegen
den Soul ist wohl nicht in erster Linie eine Reaktion auf das
verhaltene Echo ihres schwarzen Publikums – dazu waren
ihre Erfolge am Ende des letzten Jahres einfach zu überwältigend –, sondern resultiert Janis Joplin zufolge in erster Linie
aus praktischen Problemen: »Viele Leute haben sich darüber
beklagt, dass die Bläser einfach zu viel Krach machen. Ich hab
Bläser gern, ich mag den Schub, den sie einem geben. Aber auf

Tour gab's immer zu viel Ärger: zu laut, zu viele Leute auf der Bühne. Es funktionierte einfach nicht. Ich mag es, mit Bläsern zu arbeiten, weil sie diese »pow!« geben. Aber dann gibt's eben auch diese Vormittage im Hotel, wenn die Leute nicht kommen, wenn sie einfach da sein sollen.«

Die musikalische Funktion, die die Bläsersätze von Kozmic Blues übernommen hatten, wird nun in konzentrierter Form dem Leadgitarristen John Till und dem Organisten Ken Pearson übertragen. In der Tat gelingt es den beiden Musikern in hervorragender Weise, Janis' Stimme zu stützen und zugleich einen möglichst geschlossenen und durchsichtigen Sound zu erzeugen. Welcher Sprung mit der Full Tilt Boogie Band im Zusammenwirken von Sängerin und Band erreicht wird, ist in beispielhafter Weise dem ersten Song der LP Pearl mit dem Titel *More Over* zu entnehmen. John Till und Janis Joplin sind nicht nur perfekt zusammen, vielmehr übernimmt, variiert und kombiniert die Sängerin in dem über weite Strecken heterophonen Zusammenspiel immer wieder melodische Floskeln, Intonation und klangliche Effekte der Gitarre. Das Verfahren ähnelt der Scat-Technik einer Jazzsängerin, deren instrumental geführte Vokaltechnik Janis Joplin auf die Rockmusik überträgt. Im Unterschied zum Scat reduziert sie ihren Gesang nicht auf instrumentale Vokalisen, sondern konzentriert sich mit gleicher Intensität und Variabilität auf die Interpretation des Textes. Vor allem von ihrem Leadgitarristen, der sich nun im Vergleich zu seiner Zeit in der Kozmic Blues Band viel freier entfalten kann, ist Janis Joplin daher begeistert.

In der Charakterisierung seines Spiels wird deutlich, wie sehr er offenbar alle Eigenschaften in sich vereint, die sie sich in ihren beiden bisherigen Bands gewünscht hat: »John ist nach meiner Auffassung ein wirklich großartiger Gitarrist. Er übernimmt gewissermaßen den Trompetenpart, die Gitarren-Tchink-Tchinks, die Pows, wie ich sie will, er spielt Fills und dann noch Booms und Bangs, Pings, Ting-Tings, Bong-Bongs.«

Im Juni sagt sie gegenüber David Dalton über ihre Band: »Sie sind immer ganz nah bei mir. Ich brauche den emotionalen Rückhalt aus der Band.« Gleichzeitig ist sie sich sehr wohl bewusst, dass sie »vorne steht, das Spotlight ist« und dass sie letztlich auch die Verantwortung für den Gesamterfolg trägt.

Auch für das Debüt der Full Tilt Boogie Band wird ein »Try out« angesetzt. Die inoffizielle Premiere soll jedoch nicht in einer Provinzstadt Neuenglands stattfinden, sondern bereits Mitte Mai bei einem Privatkonzert der Hell's Angels im Pepperland, einem Veranstaltungsort in San Rafael unweit von Larkspur. Wie zu erwarten, kommt es einmal mehr zu einer Konfrontation zwischen Janis Joplin und einem betrunkenen Angel. Es bleibt nicht bei den Verbalattacken, sondern Janis wird im Verlauf der Auseinandersetzung brutal zu Boden geschlagen. Warum sie sich nach dem Zwischenfall, der sich im vergangenen Dezember in ihrem Haus zugetragen hatte, erneut mit den Hell's Angels einlässt, bleibt unklar, zumal der Auftritt im Pepperland nur mäßig bezahlt wird. Möglicherweise hat sie Angst vor Repressionen, nicht auszuschließen ist zudem, dass sie sich die Angels als Drogenbeschaffer gewogen halten will. Ein anderer Grund dafür, dass Janis Joplin sich auf das Pepperland-Konzert freut, liegt in der Tatsache, dass beim selben Konzert auch Big Brother & the Holding Company mit Nick Gravenites als Sänger auftritt. Janis' ehemalige Band will hier ihre Livetracks für ihre neue Platte *Be a Brother* aufnehmen. Sam Andrews Schilderung dieser Begegnung mit Janis Joplin ist möglicherweise durch die erlittenen Enttäuschungen und vielleicht auch durch etwas Neid auf ihre neue Band nicht ganz sachlich. Er beschreibt Janis' Erscheinung als »sichtbar verschlechtert und aufgedunsen«, sie sei bei ihrem Auftritt zu einer peinlichen Parodie ihrer selbst geworden, auch ihr Gesang habe einen durchweg »schlaffen« und »kraftlosen« Eindruck hinterlassen. Nick Gravenites' Einschätzung ist davon grundverschieden. Janis habe hervorragend gesungen, ihre Darbietung sei vital und energiegeladen gewesen wie lange nicht mehr.

Wie auch immer der Start im Pepperland zu beurteilen ist, so ist doch festzuhalten, dass die von Ende Mai bis in den Juni hinein dauernde Tournee der Full Tilt Boogie Band von Anfang an ein großer Erfolg ist. Den Startpunkt bildet am 29. Mai Gainesville/Florida, es folgen unter anderem Miami, Indianapolis, Louisville, Kansas City und Maryland und schließlich New York. In Maryland bewegt sich Janis Joplin so vehement auf der Bühne, dass sie sich eine Muskelzerrung holt. Im Anschluss nimmt die Full Tilt Boogie Band vom 28. Juni bis zum 5. Juli 1970 an der großen, Festival Express genannten Tournee führender Bands durch Kanada teil. Außer Janis Joplin und ihrer Band sind unter anderem die Grateful Dead, Delaney & Bonnie & Friends, Eric Andersen, Tom Rush, The New Riders of the Purple Sage, The Band, Ginger Baker und Ten Years After dabei. Die Festivaltournee umfasst insgesamt drei Konzerte. Das erste findet am 27. Juni in Toronto statt, das zweite am 2. Juli in Winnipeg und das dritte am 5. Juli in Calgary. Die Gruppen, die eine gute Woche lang in den zwölf von einer Diesellock gezogenen Waggons des Zuges zusammen leben, Musik machen und feiern, sind größtenteils dem San-Francisco-Sound zuzurechnen. Nach den Erfolgen der Bands aus der Bay Area bei den großen Popfestivals der letzten drei Jahre versprechen sich die Veranstalter eine große Resonanz beim kanadischen Publikum, das viele der mittlerweile zu Kultstars gewordenen Musiker zum ersten Mal live in ihrem Land erleben kann. Die Musiker kennen sich zum größten Teil untereinander, viele haben in wechselnden Besetzungen miteinander Musik gemacht oder sich an politischen Aktionen der Berkeleyszene beteiligt. Auf der langen Reise von Toronto nach Calgary entwickelt sich nach anfänglicher Schüchternheit, wie David Dalton sagt, eine Art Som-

Janis ist tot. Am 4. Oktober 1970 stirbt die erst 27jährige Ausnahme-musikerin an einer tödlichen Mischung aus Heroin und Alkohol.
(Deutsche Presseagentur, Frankfurt)

mercampatmosphäre, deren Regeln und Rituale zunehmend von langen durchzechten Nächten und exzessiven Jam Sessions durchbrochen werden. Auf dem Gepäckwagen prangt unübersehbar in Orange und Schwarz die Aufschrift »Festival Train«. Die Schlafwagenabteils sind recht luxuriös ausgestattet und tragen poetische Namen wie »Valparaiso«, »Beausejour« oder »Étoile«. Die ganze Unternehmung, auf der sich Janis Joplin außerordentlich wohl fühlt, hat illusionäre Züge einer Expedition Pioniere und Freaks auf dem Weg westwärts in unbesiedeltes Land. An den Zwischenstationen der Reise stürmen die etwa 130 Reisenden in Sachen Rockmusik die staatlichen Spirituosengeschäfte, um sich mit diversen Alkoholika einzudecken. Man kann sich leicht vorstellen, welchen bleibenden Eindruck die illustre Gesellschaft bunt gekleideter Freaks bei den Einheimischen in den kleinen kanadischen Provinzstädten zwischen Toronto, Winnipeg und Calgary hinterlassen hat.

In ironischer Anspielung auf die Diggerära des Summer of Love und auf den politischen Geist der Free-Speech-Bewegung in Berkeley wird im Speisewagen eine People's Bar eingerichtet, deren Prunkstück eine gallonengroße Super-Magnum-Flasche »Canadian Club Whisky« darstellt. Während der Reise ist Janis Joplin nicht nur musikalisch, sondern auch in alkoholischer Hinsicht tonangebend. Immer einen klugen Rat auf den Lippen, empfiehlt sie mit einem Screwdrivercocktail in der Hand beispielsweise einmal einem Tomatensaft trinkenden Reisegenossen: »Wenn du keinen Wodka mehr hast, Honey, dann nimm einfach Gin. Du riechst den Unterschied gar nicht, glaub's mir!« Die Vorstellung, Tomatensaft sei nicht lediglich eine notwendige Zutat für eine Bloody Mary, sondern könne gar pur getrunken werden, ist in den Augen von Janis Joplin offensichtlich ziemlich abwegig. David Dalton, der sie auf dieser Reise begleitet, berichtet, dass Janis durch die seit dem Frühjahr ununterbrochen anhaltenden Alkoholexzesse schwer gezeichnet ist. Ihre Haut ist trocken und schuppig, die Zunge ausgetrocknet und verfärbt, sie leidet unter Zahnfleischbluten, Magenreizungen, Darmstörungen und Kopfschmerzen. Ob sie möglicherweise auch Heroin nimmt, ist strittig. Öfters wird sie allerdings dabei beobachtet, dass sie aus dem Fenster heraus erbricht. Dies ist zwar eine klassische Begleiterscheinung des Heroins, kann aber genauso gut auch im Zusammenhang mit den permanenten Trinkgelagen stehen. Ob es stimmt, dass Janis Joplin, wie sie selbst betont hat, während der einwöchigen Reise 65-mal Geschlechtsverkehr hatte, sei einmal dahingestellt. Die kaum nachvollziehbare Annahme, dass diese Angaben der Realität entsprechen könnten, gibt nicht minder Auskunft über Janis Joplins seelische Verfassung als die Vorstellung, sie habe diese Zahl einfach erfunden.

Der durch Janis Joplins Einspielung auf dem *Pearl*-Album so berühmt gewordene Song Kris Kristoffersons *Me and Bobby McGee* wird zur Hymne dieser seltsamen, durch das menschenleere Kanada brausenden Popgemeinde. Immer wieder – in den Bars, hinter der Bühne und abends spät in den Abteilen – wird er angestimmt, der Song von dem Pärchen, das völlig abgebrannt von Baton Rouge, Louisiana, nach New Orleans trampt. Die Geschichte erzählt von dem Glück, das Bobby McGee und seine Freundin haben, als ihnen im eben einsetzenden Regen ein Wagen begegnet, der sie auf direktem Weg die etwa 60 Meilen lange Strecke zu ihrem Zielort bringt. Im Wagen singt Bobby Bluesnummern, die von der Freundin auf der Harpoon, der Akkordzither, begleitet werden. Das idyllische Bild wie »sie« Bobbys Hand in ihrer hält und die Musik sich im Rhythmus schwingender Scheibenwischer entfaltet, gipfelt in der berühmten Zeile, dass Freiheit eben nur ein anderes Wort dafür sei, nichts mehr zu verlieren zu haben. Die darauf folgende Zeile verstärkt den ebenso elementaren wie fundamentalen Gedanken noch: Nichts kann irgendeine Bedeutung haben, wenn es keine Freiheit gibt. Wohl nicht von ungefähr erinnert dieser Bobby McGee an Chet Helms, mit dem Janis Joplin sieben Jahre zuvor eine romantische Autofahrt von Austin nach San Francisco unternommen hatte. Und sicher ist es auch kein Zufall, dass Janis in dieser Zeit zum wiederholten Mal Thomas Wolfes »Schau heimwärts, Engel« liest. Die einem Familienerlebnis vergleichbare Reise mit dem Festival Express lässt beinahe vergessen, dass der Grund des Unternehmens in drei umfangreichen Konzerten mit annähernd einhundert Mitwirkenden liegt. Die Auftritte Janis Joplins und ihrer Band sind umjubelte Höhepunkte der Konzerte. Die Mitschnitte des Abschlusskonzertes in Calgary zeigen, dass sie sowohl stimmlich als auch im Zusammenspiel mit ihrer Band geradezu in Bestform ist.

Immer wieder, so scheint es im Rückblick, bewegen sich die Gedanken im Sommer 1970 in Richtung auf ihre texanische Heimat. Sei es, dass sie sich nach dem Ausflug mit Kozmic Blues in den Bereich des Souls nun wieder stärker der Wurzeln in der Folk- und Countrymusik ihrer Jugendzeit bewusst wird, sei es, dass sie auf dem Höhepunkt ihrer Karriere auch sentimentale Gefühle und Erinnerungen zulässt. Eine solche Geste ist, dass sie sich während einer Konzerttour nach Hawaii daran erinnert, dass ihr alter Freund und Förderer Kenneth Threadgill, in dessen Bar sie mit den Waller Creek Boys ihre ersten Auftritte hatte, in wenigen Tagen seinen siebzigsten Geburtstag feiert. Kurz entschlossen sagt sie nach ihrem Auftritt am 7. Juli in Honolulu ein weiteres Konzert ab, zahlt fünfzehntausend Dollar Konventionalstrafe und erscheint am 10. April pünktlich in Austin zu Threadgills Party. Eine weitere viel beachtete Geste ist ihr finanzieller Beitrag zu einem Grabstein für Bessie Smith, der nach einem wilden Leben jung verstorbenen schwarzen Bluesqueen aus den zwanziger Jahren.

Die beiden letzten New Yorker Konzerte am 6. August beim Peace Festival im Shea Stadium und am 8. August in dem etwas außerhalb in Port Chester gelegenen Capitol Theater sind stark durch Janis Joplins Alkoholexzesse geprägt. Im Shea Stadium beschimpft sie ihr Publikum regelrecht, bejammert ihre mangelnde körperliche Attraktivität. »Warum schläft niemand mit mir?« ruft sie in das weite Stadion hinein und macht damit unmissverständlich deutlich, in welchem bedauernswerten psychischen Zustand sie sich befindet. Ihre musikalische Präsenz ist nach wie vor hinreißend, denn trotz ihrer miserablen physischen Verfassung bietet sie in Port Chester unter anderem eine faszinierende Interpretation von *Ball and Chain*. Die Freunde um sie herum, zu denen neben

Myra Friedman vor allem Nick Gravenites und Kris Kristofferson gehören, beobachten mit Sorge, dass ihr in der Zeit von April bis Juni so verheißungsvoll begonnener Schaffensdrang und ihre optimistische Grundhaltung allmählich wieder zu versiegen scheinen. Kristofferson berichtet von heftigen depressiven Schüben, die bis zu Selbstmordfantasien reichen. Janis Joplin hat eine geradezu unheimliche Angst entwickelt, von der täglichen Routine des Lebens, von der Ereignislosigkeit des Alltags aufgefressen zu werden. Die Rituale der Konzerttätigkeit – das Einchecken im Hotel, der Soundcheck, das obligatorische Presseinterview – geben ihre keine vertraute Sicherheit, sondern erscheinen immer stärker als unerträgliche Last. Insbesondere Nick Gravenites beobachtet im August eine stark ausgeprägte Neigung zur Selbstdestruktion. Ein an sich harmloses Ereignis sollte dazu beitragen, ihre labile Psyche noch weiter in eine tiefe Krise zu stürzen: Janis Joplin hatte sich entschlossen, am 15. August 1970 zum zehnten Jahrestag ihres Schulabschlusses an der Thomas-Jefferson-Highschool zum offiziellen Klassentreffen nach Port Arthur zu fahren.

Janis Joplins Gefühle angesichts dieses Ereignisses sind wie so häufig mehrschichtig. Zum einen treibt sie, wie sie es wenige Tage zuvor in der Dick-Cavett-Show angekündigt hatte, ein gewisses Bedürfnis nach Genugtuung, wenn nicht sogar nach Rache, zurück nach Port Arthur. Jetzt, auf dem Höhepunkt ihres Ruhmes, müssten doch alle sehen, was Janis »The pig« aus sich gemacht hatte, müssten einsehen, wie ungerecht und unmenschlich man sie behandelt hatte. In ihren Phantasien malt sie sich geradezu aus, wie sie triumphal in ihre alte Schule einzieht, entschuldigende und anerkennende Worte gesprochen werden und sie, der Star, ihren ehemaligen Peinigern nun gnädig vergeben kann. Zugleich treibt sie auch eine unbestimmte sentimentale Sehnsucht nach Hause, zurück in die Stadt ihrer Jugendzeit, denn Janis Joplin ist nicht nur der Star, sondern auch das kleine Mädchen auf der Suche nach seinen Wurzeln.

Die gegenseitigen Erwartungen und Befürchtungen von Janis Joplin einerseits und den Menschen in Port Arthur können angesichts des nahenden Ereignisses widersprüchlicher kaum sein. Schließlich hatte sich Janis Joplin in den Augen vieler zum genauen Gegenteil dessen entwickelt, was der normale Lebensplan für eine Südstaatlerin vorsah. Alles andere als ein braves Mädchen, lebt die berühmt-berüchtigte Tochter der Joplins ein Leben, das den Ansichten der Mehrheitsbevölkerung von Port Arthur in moralischer Hinsicht diametral entgegensteht. Erschwerend tritt der Umstand hinzu, dass Janis dieses zwar finanziell erfolgreiche, ethisch jedoch verwerfliche Leben keinesfalls heimlich vollzieht, sondern in der Medienöffentlichkeit des ganzen Kontinents.

Jeder in Port Arthur hatte gesehen, wie sie in Florida verhaftet worden war und welche Gründe dafür maßgeblich waren. Damit ist es jedoch nicht genug. Ihre von Hass und Missachtung geprägte Haltung gegenüber den Bewohnern von Texas im Allgemeinen und Port Arthur im Besonderen hatte sie immer wieder öffentlich zum Ausdruck gebracht. Port Arthur und Texas waren immer mehr auf das holzschnittartige Konzentrat ihrer Blueslegende reduziert worden, in der die dort real lebenden Menschen eine immer geringere Rolle spielen. Dass Janis Joplin nun an einem inszenierten Wiedersehen mit den verachteten Menschen ihrer Kindheit interessiert ist, macht die Organisatoren ratlos, unsicher und skeptisch. Zudem kommt Janis nicht allein, denn als »moralische Unterstützung« bringt sie John Cooke, Bob Neuwirth und ihren Fahrer John Fisher mit. Janis Joplin mit drei merkwürdigen Männern aus dem Showbusiness im Schlepptau: Mehr kann sie kaum tun, um ihrem Ruf als unersättliches Sexmonster einmal mehr gerecht zu werden.

Im Vorfeld des anstehenden Besuches sind die Zeichen in Port

Arthur daher nicht auf Freundlichkeit gerichtet, von der Vorbereitung eines triumphalen Empfangs einmal ganz zu schweigen. An der Oberfläche herrscht zwar wattige Liebenswürdigkeit, dennoch bemerkt jeder, dass nicht nur die Polizisten in erhöhte Alarmbereitschaft versetzt sind, sondern die ganze Stadt sich verhält, als gehe es darum, die Invasion einer feindlichen Macht zu überstehen. Auf Seiten der Organisatoren der Highschool Reunion herrscht eine genervte Anspannung, da man nach einem Weg danach sucht, wie die Umfunktionierung des Festes zu einem reinen Janis-Joplin-Ereignis wenn nicht verhindert, so doch abgemildert werden könnte. Janis Joplin und das Festkomitee einigen sich auf einen Kompromiss. Vor dem Beginn des Klassentreffens soll in einem nahe gelegenen Hotel und nicht in der Thomas-Jefferson-Highschool eine Pressekonferenz stattfinden. Für Janis bedeutet dies die erste Niederlage. Im Zusammenhang mit ihrer Rückkehr hatte sie naiverweise gewünscht und gehofft, als geliebter und verehrter Star in ihre Heimatstadt einziehen zu können. Ihre ehemaligen Klassenkameraden fühlen sich in einer Mischung aus schlechtem Gewissen und Selbstschutz durch die bei Janis Joplin vermuteten Rachegefühle verunsichert und diskriminiert. Schließlich sei sie ja nicht von allen gehänselt worden, heißt es, mancher ihrer Mitschüler sei auch mit ihr befreundet gewesen. Am Abend vor dem großen Ereignis trifft sie sich zu ihrem großen Vergnügen in der Tat mit drei Mitgliedern ihrer alten Port-Arthur-Clique. Mit Jim Langdon, Grant Lyon und Dave Moriaty macht sie in Erinnerung an alte Zeiten eine zünftige Sause über den Fluss nach Louisiana.

»Mit einem Drink in der Hand näherte sie sich einem langen Tisch, voll besetzt mit Reportern. ›Sieht aus wie das Heilige Abendmahl, was?‹, fragt sie!« So beginnt der Bericht in den Port Arthur News über die Pressekonferenz am Morgen des 15. August. Janis Joplin reagiert auf den Presserummel, der immerhin auf ihre Initiative zurückgeht, mit einer Mischung aus Humor, Verunsicherung und Gereiztheit. Auf die wenig einfallsreiche Frage eines Reporters der heimatlichen Tageszeitung, was sie denn seit 1960 eigentlich gemacht habe, antwortet sie knapp und erwartungsgemäß unpassend, »dass sie immer gut gevögelt habe und stets high« gewesen sei.

Das Fernsehinterview hingegen erfolgt in einem disziplinierten und sachlichen Ton. Der am folgenden Tag gesendete Zusammenschnitt dieses Gesprächs ist allerdings so stark und so tendenziös verkürzt, das er das Verhältnis zu ihren Eltern an den Rand der Zerrüttung führt. Dabei ist der Stein des Anstoßes im Grunde genommen harmlos. Nachdem sie eine Reihe von Freundlichkeiten über ihre Kindheit und ihr Elternhaus geäußert hat, die allerdings nicht gesendet werden, sagt Janis in doppelbödiger Scherzhaftigkeit, dass sie sich zu Hause nicht richtig willkommen fühle. »Janis, wir haben dein Bett verkauft, als du von zu Hause weggegangen bist«, habe ihre Mutter gesagt, und auch ihr Bruder Michael und ihre Schwester Laura hätten ihre Zimmer nicht hergeben wollen. Sie habe mit dem Sofa vorlieb genommen, das nächste Mal müsse sie wohl in einem Motel übernachten. Das alles war als ein in der Öffentlichkeit einer Pressekonferenz sicher völlig deplacierter Scherz gemeint, wobei ein Körnchen Wahrheit durchaus in ihrer Schilderung steckt.

Die Joplins waren von dem überfallartigen Besuch von Janis' und ihren drei Begleitern keineswegs begeistert und hatten ihre Tochter tatsächlich nicht mit übergroßer Freundlichkeit empfangen. Beim Eintreffen des Quartetts waren sie wegen einer Einladung auf eine Hochzeit gar nicht zu Hause. Die Teilnahme daran etwa abzusagen, nur weil Janis über ihre Köpfe hinweg einen medienwirksamen Heimatbesuch geplant hatte, kam ihnen verständlicherweise nicht in den Sinn. Am nächsten Morgen bei ihrer Rückkehr nach Port Arthur finden die Joplins ihr Haus gewissermaßen in den Belagerungszustand versetzt. Vor dem Haus lungert die Presse, im Wagen vor der Tür döst der Fahrer John Fisher bei laufendem Motor, in Küche und Wohnraum herrscht ein heilloses Durcheinander. Für die angewachsenen Spannungen zwischen Janis Joplin und ihren Eltern ist diese Episode jedoch nicht Auslöser, sondern nur ein weiterer Baustein im Prozess der gegenseitigen Entfremdung. »Es ist eine seltsame Situation, über sein ältestes Kind als die Queen, die Göttin, den Superstar zu lesen«, schreibt Dorothy Joplin bereits einige Zeit zuvor in einem ihrer üblichen Rundbriefe an die weit verstreute Verwandtschaft. »Sie ruft hin und wieder an, aber sie schreibt nicht mehr. Vielleicht holt ihre Familie sie so weit auf den Boden zurück, dass man ihren Heiligenschein mal abstauben kann.« Zu den Reportern, die natürlich darauf aus sind, irgendeine skandalöse oder zumindest kritische Bemerkung aus ihr herauszuholen, ist Janis Joplin freundlich und höflich. Fragen nach ihrer Jugendzeit beantwortet sie vorsichtig und mit nachdenklicher und leiser Stimme. Unangenehme Erinnerungen unterdrückt sie weitgehend oder versucht etwas mühsam, einzelnen Episoden einen humoristischen Anstrich zu geben. Zuweilen verfällt sie auch in verlegenes Schweigen, so dass sogar die völlig presseunerfahrene Laura, die auf Janis' Wunsch neben ihr sitzt, die eine oder andere Antwort übernimmt. Janis Joplins Heimkehr nach Port Arthur ist nicht nur kein Triumphzug geworden, sondern hat die gegenseitige Fremdheit zu einer unüberbrückbaren Distanz anwachsen lassen, obwohl die zunehmend desillusionierte und enttäuschte Heimkehrerin sich durchaus Mühe gibt, die zerstörten Fäden zumindest notdürftig zu reparieren. So spricht sie etwas bemüht auch in Bezug auf ihre Klassenkameraden von Gemeinsamkeiten, wobei Sprache und Ton ihrer Äußerungen die vermittelnde Absicht zugleich zunichte machen: »Wir haben immer noch Themen, über die wir reden können. Wir haben nur verschiedene Arten von Erfahrungen. Wissen Sie, sie haben Kinder, ich habe keine Kinder. Ich trage Federn, sie tragen keine Federn. Nun ja, wir haben schon eine Menge gemeinsam. Wir können über Vögel reden.«

Auf dem eigentlichen Empfang des Higschooljahrgangs von 1960 mit dem üblichen Ablauf von Ansprachen, Cocktailparty und Gesprächen im kleinen Kreis wirkt Janis Joplin mit ihrer auffälligen Garderobe, der großen Sonnenbrille und den Federn im Haar in der Tat wie ein Fremdkörper inmitten der vielen kostümbekleideten Frauen mit ihren Hochsteckfrisuren und den jungen Männern aus der Mittelschicht in den etwas zu engen Anzügen. Die Atmosphäre, die aus Fotografien und kurzen Videomitschnitten dieses Ereignisses herauszulesen ist, wirkt kühl, verklemmt und unterschwellig abweisend. Auch Janis Joplin wirkt unsicher und schüchtern, nahezu peinlich berührt. Es scheint beinahe so, als sei ihr bewusst, dass sie in den argwöhnisch beobachtenden Augen ihrer ehemaligen Mitschüler unpassend gekleidet ist. »Janis, du bist hier nicht auf der Bühne«, hatte ihre Schwester kurz zuvor noch ihre äußere Erscheinung kommentiert.

Janis Joplin verlässt die Veranstaltung recht bald und zieht mit ihrer Clique durch die Kneipen von Port Arthur. Großzügig spendiert sie jedermann Drinks, als wolle sie doch noch so etwas wie Freundschaft oder zumindest Frieden schließen zwischen sich und dieser Stadt. Doch damit ist das Ende der Verwicklungen, der Missverständnisse und Demütigungen dieses Wochenendes noch nicht erreicht, denn es kommt am späten Abend noch zu einer äußerst unangenehmen Begegnung. Am Abend der Highschool-Reunion hat der Rock 'n' Roll-Pianist und Countrymusiker Jerry Lee Lewis im Pelican, einer Musikkneipe in Port Arthur, einen Auftritt.

Bereits zwei Monate zuvor in Louisville/Kentucky hatte Janis Joplin versucht, diesen von ihr bewunderten Musiker kennen zu lernen. Er hatte damals schroff und abweisend reagiert, als sie ihn hinter der Bühne aufsuchte. Als sie nun in Port Arthur einen zweiten Anlauf unternimmt, wird sie von Lewis nicht nur beleidigt, sondern regelrecht zu Boden geschlagen. Warum der Musiker, der freilich als jähzornig bekannt ist, so heftig auf Janis Joplin reagiert, bleibt rätselhaft. Möglicherweise ist er eifersüchtig auf den schnellen Erfolg von Janis Joplin, zumal der Stern des acht Jahr älteren Lewis, der 1957 mit dem Song *Great Balls of Fire* seinen einzigen größeren Hit gelandet hatte und seit einer ebenfalls wenig erfolgreichen Englandtournee als einziger Countrypianist durch die Vereinigten Staaten tingelt, deutlich im Sinken begriffen ist. Janis Joplin, die innerhalb von weniger als vier Jahren zu einem Megastar der Rockmusik wurde, hat – noch dazu als Frau und ohne ein Musikinstrument zu beherrschen – etwas erreicht, was im männlich dominierten Bereich des Rock 'n' Roll für Musiker vom Schlage eines Jerry Lee Lewis offensichtlich nicht zu verkraften ist. Für Janis bedeutet diese unglückliche Koinzidenz der Ereignisse jedoch, dass die als triumphale Heimkehr erhoffte Wiederbegegnung mit Port Arthur mit einer weiteren psychischen und sogar physischen Herabsetzung ihrer Person endet. In Port Arthur, so viel ist klar, hat sich für Janis Joplin nichts verändert. Die »Rockversion der Piaf«, als die man sie mittlerweile in den Feuilletons bezeichnet, ist in ihrer Heimatstadt nichts weiter als Janis »The pig«.

12. KAPITEL

Buried Alive in the Blues:
Finale im Landmark Hotel

Bereits im Mai des Jahres 1970 hatte Janis Joplin auf einer Party einen Mann kennengelernt, der, so schien es ihr, alle Eigenschaften besaß, die der ideale Mann an ihrer Seite nur haben kann. Er war das eine oder andere Mal danach in Larkspur aufgetaucht, bot seine Dienste als Kokain-pusher an und hatte sich bald mit dem ihm eigenen Selbstbe-wusstsein in der rührigen Partyszene, die Janis fast ständig umgab, unentbehrlich gemacht.

Nach dem Desaster ihres Klassentreffens in Port Arthur ist Janis Joplin in einem sehr labilen psychischen Zustand. Der dichte Schleier von Melancholie und Einsamkeit hat schein-bar wieder vollkommen von ihr Besitz genommen, so dass sie sich nun – statt sich sofort wieder in die ahnungslose Leere des Heroins zu stürzen – mit aller Intensität, zu der sie in ihrer Lebensangst fähig ist, an diesen Mann bindet. Seth Morgan bringt in der Tat alle Voraussetzungen für diese Rolle mit, verkörpert gewissermassen die Quersumme ihrer bisherigen Männerbeziehungen. Er ist kräftig und muskulös (Travis Rivers), leidenschaftlicher Motorradfahrer mit ausgeprägtem Machoverhalten (Hell's Angel Sweet William), gebildet und belesen (Kris Kristofferson, Joe McDonald), strahlt eine Mischung aus Zorn und Unzufriedenheit aus, die sie sexuell erregt (Jimi Hendrix, Jim Morrison). So wie Seth Morgan beschrieben wird, ist er zudem äußerlich nicht nur der kräftige Naturbursche – den Janis gelegentlich begehrt –, sondern bei aller körperlichen Stattlichkeit hat er auch feine und knabenhafte Züge, die an James Gurley oder Chet Helms denken lassen.

Seth Morgan ist Berkeleystudent, ein paar Jahre jünger als Janis Joplin und gehört nach seinen eigenen Angaben der Familie des berühmten New Yorker Bankiers J. P. Morgan an – eine Behauptung im Übrigen, die sich bald als Hochstapelei erweisen wird. Ebenso weiß Janis Joplin nicht und will es wohl auch nicht wissen, dass Seth nicht nur mit Drogen dealt, sondern auch selbst heroinabhängig ist und seinen Lebensunterhalt nicht unwesentlich durch Diebstähle und Zuhälterei bestreitet. Gegenüber den immer unverhohlener geäußerten kritischen Einschätzungen, die ihre Freunde gegenüber Seth Morgan vorbringen, ist Janis Joplin jedoch vollkommen blind. Ihre Sehnsucht nach Liebe und Anerkennung ist so groß, dass sie alle Kritikpunkte an diesem Mann, den sie übrigens bald als ihren Verlobten bezeichnet, generell positiv umdeutet: Seine Unzuverlässigkeit gilt ihr als Unabhängigkeit, seine Angeberhaltung in finanziellen Dingen zeigt, dass er sie nicht ihres Geldes wegen liebt, seine Eitelkeit, sich ständig mit ihr in der Öffentlichkeit zu zeigen, beweist, wie sehr er sie respektiert, sein barscher und zuweilen gemeiner Ton ist Ausdruck seiner Ehrlichkeit. Zudem trägt ihr zukünftiger Mann noch den Vornamen ihres eigenen Vaters, des Mannes also, dem sie, wie sie in diesem Sommer immer wieder betont, so viel verdankt. Dass er sie auch zuweilen regelrecht schlecht behandelt, scheint Janis Joplin nicht zu stören, ist ihr Verhältnis zu Männern, zu denen sie sich hingezogen fühlt, doch seit jeher von einer Mischung aus Devotion und Rebellion gekennzeichnet. In der Situation des Sommers 1970 kommt hinzu, dass ihre Selbstverachtung durch das Port-Arthur-Erlebnis offensichtlich so stark angewachsen ist, dass die masochistischen Anteile ihrer Beziehung zu Seth Morgan Züge von Selbstbestrafung zeigen. Zudem fühlt sich Janis durch ihre neue Beziehung überhaupt nicht eingeschränkt, zumindest nicht in beruflicher Hinsicht. Im Unterschied zu David Niehaus etwa denkt Seth Morgan gar nicht daran, sie aus ihrem beruflichen Umfeld herauszulösen oder gar eine bürgerliche Ehe mit ihr zu führen. Erstaunlich ist dennoch, dass niemand und schon gar nicht Janis Joplin selbst bemerkt, welcher Beziehung die Affäre mit Seth Morgan immer ähnlicher zu werden scheint. Mehr als fünf Jahre liegt sie nun zurück, ihre in vergleichbarer Weise geradezu zwanghafte Verbindung mit John-Michel.

Über John Cooke entsteht ein Kontakt zu Paul Rothchild, einem der bedeutendsten Schallplattenproduzenten in Los Angeles. Nach den Unwägbarkeiten der früheren Produktionen soll nun jemand, der voll und ganz hinter dem ästhetischen Konzept des neuen Albums steht, die Verantwortung tragen. Rothchild kennt Janis Joplin aus dem Jahre 1966, also noch vor ihrem Durchbruch in Monterey. Damals, in der Anfangszeit mit Big Brother & the Holding Company, wollte er sie für eine Band zusammen mit Taj Mahal gewinnen. Rothchild hatte Janis Joplins Entwicklung natürlich weiterverfolgt und hegt nun zwiespältige Gefühle ihr gegenüber. Einerseits übertrifft sie seine damaligen Erwartungen in künstlerischer Hinsicht bei weitem, andererseits zweifelt er daran, ob die durch Drogen und Alkohol gezeichnete Sängerin überhaupt zu einer konzentrierten und disziplinierten Arbeit in der Lage ist. Des Weiteren erscheint ihm, dass Janis Joplin bislang zu stark auf die geräuschhafte und gequetschte Stimmfarbe festgelegt ist, die insbesondere ihre legendäre *Ball-and-Chain*-Interpretation kennzeichnet. Umso überraschter ist der Produzent, als er Janis Joplin mit ihrer neuen Band bei einem Konzert in San Diego erlebt und feststellt, dass es offenkundig eine »neue« Janis gibt, die sehr viel von der »alten«, in der Folkmusik verwurzelten Stilistik wiederentdeckt zu haben scheint, die ihn damals im Frühsommer 1966 so sehr fasziniert hatte. Noch erstaunlicher ist für ihn, dass sie nicht nur souverän über unterschiedlichste Stimmeffekte und Ausdrucksmöglichkeiten verfügt, sondern diese zu einem Personalstil verdichtet hat, in dem das ganze Spektrum von Blues, Soul, Folk und Rock integriert ist. Hätte sich Rothschild allerdings das von der Kritik insgesamt unterschätzte Kozmic-Blues-Album etwas genauer angehört, dann hätte er feststellen können, dass Janis in Nummern wie *Little Girl Blue* schon vor ihrer Zusammenarbeit mit der Full Tilt Boogie Band in der Lage war, neben expressiver Aggression auch Töne von geradezu kammermusikalischer Intimität zu erzeugen.

Die Aufnahmesitzungen für die neue Platte beginnen im September in Los Angeles. Zusammen mit den anderen Mitgliedern der Band wohnt Janis Joplin wie immer, wenn sie in Los Angeles ist, im Landmark Hotel. Niemand macht sich Gedanken über sie, da sie zumindest nach außen hin bester Stimmung ist und ihr Port-Arthur-Tief offensichtlich überwunden hat. Hinzu kommt, dass sie nach allgemeiner Überzeugung nicht mehr fixt, zudem in einer festen Beziehung lebt und sogar Heiratspläne schmiedet. Das Verhältnis zu ihrer neuen Band ist hervorragend, ebenso die Beziehung zu Paul Rothchild. Außerdem gibt es wunderbare neue Songs, denen sich Janis mit großer Konzentration und ebenso großer Begeisterung widmet. Unter dieser Oberfläche jedoch sieht ihre Wirklichkeit ein wenig anders aus. Ob die tatsächliche Situation, in der sich Janis Joplin im September 1970 befindet, tatsächlich niemandem bekannt ist oder ob im Zuge allgemeiner Zufriedenheit, die auch Aspekte einer wattigen Ignoranz hat, die Augen der Freunde und Bekannten angesichts der unerfreulichen Realitäten geschlossen sind, sei einmal dahingestellt.

Allein die Wahl des Landmark Hotels zur Unterbringung von Janis Joplin und ihrer Band zeigt eine gewisse Naivität. Das Haus gilt als bekannte Drogenabsteige, in der zu diesem Zeitpunkt auch die extrem heroinabhängige Peggy Caserta wohnt. Janis leidet während der Plattenaufnahmen unter der Abwesenheit von Seth Morgan und flüchtet in ihrem Anlehnungsbedürfnis in die Arme Peggys – wohl wissend, dass sie dadurch wieder in die Gefahrenzone des Heroins hineinrutscht. Es gilt als beinahe sicher, dass Janis ab dem 11. September, also ziemlich genau eine Woche vor dem Tod von Jimi Hendrix, durch den Kontakt mit Peggy Caserta wieder mit dem Fixen beginnt. Ob Peggy Caserta sich möglicherweise zunächst weigert, Janis mit Dope zu versorgen, und diesem Vorsatz dann aufgrund heftigen Drängens »aus alter Freundschaft« nicht treu bleiben kann oder ob sie überhaupt keine Skrupel hat, sei einmal dahingestellt. Für die folgenden Ereignisse sind diese Umstände letztlich unerheblich. Vieles spricht dafür, dass Janis Joplin selbst bald diejenige ist, die sich erneut beweisen will, dass sie auch mit der Droge leben kann. »Wenn ich mir nicht einen Schuss setzen und dann aufhören kann, dann habe ich es nicht mehr im Griff«, sagt sie in einem anderen Zusammenhang einmal zu Myra Friedman. Sie trifft in diesen Tagen im Übrigen auch noch einmal auf Jim Morrison, der kurz vor seiner Abreise nach Paris steht. Er ist in einem bedauernswerten Zustand, von Alkohol und Drogen gezeichnet, leichenblass und aufgedunsen. Janis Joplin beeindruckt dies ebenso wenig wie die Nachricht, dass Jimi Hendrix am 18. September in London gestorben ist.

Auch die Beziehung zu Seth Morgan entwickelt sich im Übrigen keineswegs so harmonisch, wie Janis Joplin es nach außen hin glauben machen will. Janis fühlt sich von ihm vernachlässigt, da er sich ständig in San Francisco aufhält und nur auf inständiges Drängen hin zu ihr nach Los Angeles kommt. Mittlerweile ist sie auch misstrauisch geworden, ob Seth nicht doch in erster Linie materielle Interessen an der Verbindung mit ihr hat, denn nach kalifornischem Recht würde ihm nach der Eheschließung automatisch die Hälfte des Vermögens seiner Ehefrau zustehen. Da Janis Joplin in finanziellen Angelegenheiten nicht nur grundsätzlich argwöhnisch ist, sondern auch im Unterschied zu ihrer übrigen Lebensführung sehr rational vorgeht, lässt sie einen Ehevertrag vorbereiten, der Seth Morgans Ansprüche an ihrem Vermögen ausschließt. Bei einem gemeinsamen Einkaufsbummel in San Francisco kommt es darüber und über Geld im Allgemeinen zu einem heftigen Streit, so dass sich das Paar unversöhnt trennt. Es ist das letzte Mal, dass die beiden »Verlobten« sich sehen.

Janis Joplin fliegt zurück zu ihren Plattenaufnahmen nach Los Angeles, hält dort nach wie vor unbeirrt zu Seth und zu den Heiratsplänen, während ihr designierter Ehemann sich nach Larkspur zurückzieht, ohne sich weitere Gedanken um die Beziehung zu machen. Im Nachhinein ist nicht auszuschließen, dass die erneute tiefe Enttäuschung, die Janis Joplin in der Beziehung mit Seth Morgan empfunden haben wird und die sie an die entwürdigenden Situationen mit John-Michel erinnerten, zu einem seelischen Zusammenbruch führten, der sie fast zwangsläufig zum probaten Mittel des Heroins greifen ließ. Dass sie zudem noch Peggy Caserta in ihrer Nähe hatte, erleichterte die Überschreitung dieser Schwelle zudem erheblich. Ob Janis Joplin weiß, dass Peggy während ihrer häufigen Aufenthalte in San Francisco auch eine sexuelle Beziehung zu Seth Morgan unterhält, ist unklar. Cross-over-Beziehungen dieser Art sind für Janis Joplin und ihre Freundinnen und Freunde nichts Ungewöhnliches. Schließlich hatte sie selbst einmal eine Beziehung gleichzeitig mit Peggy Caserta und Joe McDonald, während Peggy parallel mit ihr, Sam Andrew und eben auch Joe McDonald liiert war. In der jetzigen Situation ist allerdings anzunehmen, dass Janis Joplin sehr wohl mit Eifersucht reagiert, nicht in erster Linie wegen der Untreue ihres Verlobten, sondern weil Peggy die Möglichkeit hat, öfter mit Seth zusammen zu sein als sie selbst.

Währenddessen gehen im Studio die Arbeiten an dem neuen Album, dass den Namen *Pearl* bekommen soll, zügig voran. Die stilistische Breite der Songs reicht von Country bis Blues, von Rock 'n' Roll bis Gospel und Soul. Janis Joplin ist im Zenit ihrer stimmlichen und musikalischen Fähigkeiten.

Die Arbeitsatmosphäre ist hervorragend und Janis genießt die Gespräche und Feierabenddrinks im Kreise ihrer Musiker. Besonders mit Richard Bell, der als Pianist die Stammbesetzung der Full Tilt Boogie Band erweitert, versteht sie sich ausgezeichnet. Er ist wohl auch das einzige Bandmitglied, das über Janis' Heroinkonsum im Bilde ist. Ihm gegenüber gesteht sie ein, dass der Druck zu groß ist, um das Verlangen nach Heroin durch noch mehr Alkohol zu kompensieren. Nachdem acht Songs aufgenommen worden sind, stellt sich heraus, dass auf der Platte noch Platz für zwei weitere Songs vorhanden ist. Janis Joplin nimmt daher Kontakt zu Nick Gravenites auf, der auch sofort nach Los Angeles kommt und den noch nicht ganz fertigen Song *Buried Alive in the Blues* mitbringt. Ihm fällt auf, dass Janis offensichtlich wieder an der Nadel hängt und zudem ihren enormen Alkoholkonsum in der Zwischenzeit noch weiter gesteigert hat.

Wenn Janis Joplin unter den vielfältigen inneren Konflikten und Ängsten, die sie umklammern, leidet, dann ist am 1. Oktober 1970 davon jedenfalls nichts zu spüren. Sie sieht gut aus, besucht einen Friseursalon, um sich die Haare färben zu lassen und versprüht allenthalben Energie und Lebensfreude. Danach geht sie zu ihrem Anwalt, um den Ehevertrag und eine Neufassung ihres Testaments zu unterzeichnen.

Die Änderungen im Testament sind im Vergleich zu ihrer Verfügung aus dem Jahre 1968 gravierend. Damals sollte ihr Bruder Michael ihr gesamtes Vermögen erben, Linda Gravenites fand ebenfalls Berücksichtigung. Jetzt geht die Hälfte ihres Vermögens an ihre Eltern, Laura und Michael Joplin bekommen jeweils ein Viertel. Linda Gravenites wird zugunsten ihrer neuen Hausgenossin und Kostümdesignerin Lyndall Erb aus dem Testament gestrichen. Außerdem enthält das Schriftstück die berühmte Verfügung über 2 500 Dollar, mit der nach ihrem Tod eine Party finanziert werden soll. Seth Morgan ist im Testament nicht erwähnt, der separate Ehevertrag regelt dafür die genaueren Modalitäten der Gütertrennung. In dieser ersten Oktoberwoche ist »Sunshine« mehrmals in Los Angeles. Sie hat sich tatsächlich vom Heroin befreien können und will sich nun vereinbarungsgemäß mit Janis Joplin treffen, die sie ebenfalls drogenfrei wähnt. Zu dem am Telefon verabredeten Treffen kommt es jedoch nicht mehr.

Am 3. Oktober 1970, es ist Samstagabend, kommt Janis nach einem anstrengenden, aber auch erfüllten Arbeitstag zurück in das Landmark Hotel. Unter anderem sind die Instrumentaltracks für Nick Gravenites' Song *Buried Alive in the Blues* eingespielt worden, der Vokalpart sollte am nächsten Tag folgen. Zuletzt hat sie noch, nach dem offiziellen Ende der Aufnahmesitzung, aus reinem Übermut und just for fun eine Tonspur mit der posthum so berühmt gewordenen A-capella-Version von *Mercedes Benz* aufgenommen. Der kurzen »Ansprache«, die Janis dem Song vorausschickt, ist zu entnehmen, dass sie sich in bester Stimmung befindet. *Mercedes Benz* ist zu ihrem letzten musikalischen Lebenszeichen geworden. Am Abend geht Janis noch kurz mit dem Organisten der Full Tilt Boogie Band, Ken Pearson, auf einen Drink in Barney's Beanery, das Stammlokal der Band in Los Angeles, um dann ihr Hotel aufzusuchen. Um ein Uhr nachts wird sie zum letzten Mal gesehen. Sie geht zur Rezeption, unterhält sich kurz mit dem diensthabenden Angestellten, lässt sich ein Päckchen Zigaretten geben und geht wieder auf ihr Zimmer zurück. Zu diesem Zeitpunkt hat sie sich bereits subkutan Heroin injiziert. Im Unterschied zur intravenösen Injektion tritt die Wirkung der Droge deutlich verzögert ein, so dass niemand, auch Janis Joplin selbst nicht, ahnt, dass sich in wenigen Minuten eine tödliche Katastrophe ereignen wird.

Den ganzen Tag über, und auch schon am Vortag, gingen Janis Joplin immer wieder die Probleme mit Seth Morgan durch den Kopf. Immer wieder hatte sie ihn angerufen und ihn gebeten zu kommen, bis sich ihre Bitten schließlich zu einem bedrängenden Flehen gesteigert hatten. Sie wolle und könne nicht allein bleiben, sie brauche ihn dringender denn je, er könne sie doch nicht so schmählich im Stich lassen, hämmert sie ihm ein. Doch Seth findet immer wieder neue Ausflüchte, die die Verzögerung seiner Abreise erklären sollen. Dass er keinerlei Eile an den Tag legt, nach Los Angeles zu reisen, hat einen einfachen Grund: Seth Morgan verbringt das Wochenende in Larkspur mit Peggy Caserta. Schließlich verspricht er doch noch, zermürbt durch Janis' Drängen und vielleicht durch Gespräche mit Peggy über Janis auch ein wenig beunruhigt, am nächsten Tag, also am Sonntag, zu kommen. Für Janis Joplin bedeutet die vage Aussicht darauf, irgendwann im Laufe des Sonntags Seth Morgan sehen zu können, zunächst einmal, mit der Tristesse des Samstagabends allein fertig zu werden. Keine Party ist angesagt und folglich gibt es keine Möglichkeit, beim »großen Samstag-Abend-Betrug« die Sorgen und Nöte zu verdrängen. Statt dessen zeichnet sich an diesem 3. Oktober eines der üblichen verlorenen Wochenenden ab, wie sie Janis Joplin schon oft genug erlebt hatte – ein Lavieren zwischen guter Stimmung mit den Freunden aus der Band und niederschmetternden Depressionen. Möglicher-

311

weise wird Janis Joplin in dieser Situation erst bewusst, wie stark sie unter der Zurückweisung durch Seth Morgan leidet, vielleicht überkommen sie wie einst in Hinblick auf John-Michel grundsätzliche Zweifel über den Sinn ihres Ehewunsches, vielleicht stellt sie sich überhaupt die Sinnfrage ihres Lebens.

Die Frage nach möglichen Gründen für den Tod Janis Joplins an diesem Wochende in Los Angeles zu stellen, vielleicht unbewusste oder gar willentliche Suizidabsichten zu vermuten, geht an den Fakten des 3. und 4. Oktobers jedoch vorbei. So wie Janis Joplin mit Drogen umging, bedurfte es keines besonderen Anlasses, um sich zu betrinken oder sich einen Schuss zu setzen. Janis Joplin dachte in diesen Situationen nur an den Augenblick des bewusstlosen Gefühls von Befreiung und nicht daran, was auch nur eine Sekunde später passieren könnte. Als sie daher beschließt, sich für den Samstagabend Heroin zu besorgen, muss sie feststellen, dass der ihr bekannte Taster – die Person also, die als Mittelsmann zwischen Dealer und Konsument den Reinheitsgrad des Stoffes überprüft – nicht in Los Angeles ist. Weder ihr Dealer, der selbst kein Heroinkonsument ist, noch sie selbst ahnen daher, dass die Konzentration diesmal etwa acht- bis zehnmal höher ist als üblicherweise.

Nur wenige Minuten nachdem Janis Joplin die Rezeption des Landmark Hotels verlassen und ihr Zimmer betreten hat, verliert sie die Besinnung. Ihr Körper wird wie von einem Blitzschlag zu Boden gerissen, kurz darauf ist Janis Joplin tot. Mehr als achtzehn Stunden vergehen, bis John Cooke, der sich von der Rezeption einen Zweitschlüssel besorgt hat, ihren zusammengekrümmten, zwischen Tisch und Bett eingezwängten Körper findet. Beim Hinfallen hatte sie sich am Nachttisch die Lippe verletzt. Bis zum Beginn des Studiotermins am frühen Sonntagabend hatte niemand Janis vermisst. Erst durch Anrufe von Seth Morgan aus San Francisco, der sich wunderte, warum Janis sich nicht am Telefon meldete, und dadurch, dass sie ganz gegen ihre Prinzipien nicht pünktlich im Studio erschienen war, war man misstrauisch geworden.

Wie es Janis Joplin in ihrem Testament verfügt hatte, wird ihr Körper eingeäschert und die Asche unweit von San Francisco in den Pazifik gestreut. Ende Oktober wird dann auch eine weitere Bestimmung ihres letzten Willens erfüllt: »Drinks are on Pearl« steht auf der Einladung an die Freunde Janis Joplins zur großen 2500-Dollar-Party in San Anselmo, ganz in der Nähe von Larkspur, ihrem letzten Wohnsitz.

Wenige Monate nach dem Tod von Janis Joplin erscheint das unvollendete Album *Pearl*. Der Song *Buried Alive in the Blues* von Nick Gavenites wird in memoriam Janis Joplin als Instrumentaltrack veröffentlicht. Die ausgekoppelte Single *Me and Bobby McGee*, Janis Joplins Ode an die Freiheit, erklimmt schnell die Charts und besetzt bald den Spitzenplatz. Heute wäre Janis Joplin, wie unsinnig diese Vermutung auch immer sein mag, nicht nur die viel beachtete Kollegin von Tina Turner, Whitney Houston oder Bette Midler, sondern hätte ihrer Stimme, die zum Wahrzeichen einer ganzen Generation geworden ist, noch gänzlich neue und ungeahnte Töne entlockt.

ANHANG

Literatur

Adams, Willi Paul (Hg.), *Die Vereinigten Staaten von Amerika. Fischer Weltgeschichte Band 30*, Frankfurt/Main (Fischer) 1977/1997

Amburn, Ellis, *The Obsessions and Passions of Janis Joplin*, London (Warner Books) 1993

Andrew, Sam, *Writings*, www.bbhc.com/samwritings.htm, Juni 2000

Banks, Steve, *Janis' Garden Party*, Los Angeles (Bugiganga) 1998

Big Brother & the Holding Company, *The Early Days*, www.bbhc.com/band.htm, Juni 2000

Blumenstein, Gottfried, *Janis Joplin*, Berlin (VEB Lied der Zeit) 1988

Brinkmann/Rygulla (Hg.), *ACID. Neue amerikanische Szene*, Frankfurt/Main (Zweitausendeins) 1981

Brown, Charles T., *The Art of Rock and Roll*, Englewood Cliffs N. J. (Prentice-Hall) 1987

Dalton, David, *Piece of My Heart. A Portrait of Janis Joplin*, New York (Da Capo) 1971/1985/1991

Didion, Joan, *Das weiße Album. Eine kalifornische Geisterbeschwörung*, Reinbek (Rowohlt) 1997

DuMont Visuell, *San Francisco*, Köln (DuMont) 1993

Echols, Alice, *Scars of Sweet Paradise. The Life and Times of Janis Joplin*, New York (Metropolitan) 1999

Fantality Corporation (Hg.), *Janis Joplin. A Performance Diary 1966–1970*, Petaluma (Acid Test Productions) 1997

Fantality Corporation, *The Official Janis Joplin Homepage*, www.officialjanis.com, Juni 2000

Faulstich, Werner, *Rock als Way of Life. Tübinger Vorlesungen zur Rockgeschichte Teil II 1964–1971*, Gelsenkirchen (Rockpaed) 1985

Friedman, Myra, *Die Story von Janis Joplin*, St. Andrä-Wörden (Hannibal) 1992

Harpprecht, Klaus, *Austin: Die Schönste im Land*, in: *Merian Texas*, Heft 9/41, Hamburg o. J.

Humann, Klaus (Hg.); *Das Rowohlt Lesebuch der Rockmusik*, Reinbek (Rowohlt) 1984

Johnson, Robert D., *Washington, 20. Januar 1961. Der amerikanische Traum*, München (DTV) 1999

Joplin, Laura, *Love, Janis. Janis Joplin*, Köln (vgs) 1993

Kerouac, Jack, *Unterwegs*, deutsch von Thomas Lidquist, Reinbek (Rowohlt) 1959/1998

Kister, Kurt, *Osttexas: Den Anschluss verpasst, Merian Texas*, Heft 9/41, Hamburg o. J.

Kneif, Tibor, *Sachlexikon Rockmusik*, Reinbek (Rowohlt) 1986

Leary, Timothy, *Denn sie wussten, was sie tun. Eine Rückblende*, München (Heyne) 1997

Matheja, Bernd (Hg.), *Greg Shaw's ›Bomp!‹. Vergessenes, Verschollenes und längst Verdrängtes aus dem legendären kalifornischen Rock 'n' Roll Fanzine*, Reinbek (Rowohlt) 1982

Ranft, Ferdinand, *Bei Gott kein Cowboy-Staat, Merian Texas*, Heft 9/41, Hamburg o. J.

Schmidt-Brümmer, Horst, *Texas*, Köln (Vista Point) 1998

Schmidt-Joos, Siegfried/Graves, Barry, *Rock-Lexikon*, Reinbek (Rowohlt) 1973

Schöler, Franz, *Let it rock. Eine Geschichte der Rockmusik*, München/Wien (Hanser) 1975

Symolka, Michael G., *Hippie-Lexikon*, Berlin (Schwarzkopf & Schwarzkopf) 1999

Vick, Andreas, *Love, Peace and Music. Von Haight-Ashbury um die ganze Welt*, in: Kemper, Peter (Hg.), *»alles so schön bunt hier«. Die Geschichte der Popkultur von den Fünfzigern bis heute*, Stuttgart (Reclam) 1999

Wald, Gayle, *Eine von den Jungs? Inszenierte Weiblichkeit bei Courtney Love und Janis Joplin*, in: *Die Beute – Neue Folge, Politik und Kunst I*, Berlin (ID Verlag) 1998

Watson, Steven, *Die Beat Generation*, St. Andrä-Wörden (Hannibal) 1997

Filme

Monterey Pop von D. A. Pennebaker, Monterey International Pop Festival, Inc./D. A. Pennebaker/Rhino Entertainment Company 1968

Janis. The Way She Was von Howard Alk und Seaton Findlay, Universal Pictures 1974

Woodstock Diary von Chris Hegedus, Erez Laufer und D. A. Pennebaker, Gravity Limited 1994

Janis Joplin von Nils Folta und Simon Witter, ZDF/arte 2000

Diskographie

Big Brother & the Holding Company featuring Janis Joplin, 1967/1999, Mainstream/Columbia 492862-2

Cheap Thrills, Big Brother & the Holding Company, 1968/1999, Columbia 492863-2

I Got Dem Ol' Kozmic Blues Again Mama!, Janis Joplin & Kozmic Blues Band, 1969/1999, Columbia 492864-2

Pearl, Janis Joplin & Full Tilt Boogie Band, 1971, Columbia CD 64188

The Janis Joplin Collection [enthält die vier Originalalben mit zusätzlichen *bonus tracks*, u. a. vom Abschlusskonzert der *Festival Express*-Tournee in Calgary 1970], 1999 Columbia C5K 65937

Janis [Soundtrack des Films von Howard Alk und Seaton Findlay und frühe Aufnahmen] 1975, Columbia 4674069

Janis Joplin/Magic of Love [Live-Aufnahmen von 1967 und 1968] 1992 Neue Welt Musikverlag ITM 960001

Janis Joplin [digitale Überarbeitung verschiedener Live-Mitschnitte] 1995, Phono Music CD 27200651 B

Janis Joplin with Big Brother & the Holding Company live at Winterland '68, 1998, Columbia 4851502

Janis Joplin's Greatest Hits, 1999, Columbia 4941462

Register

323

324

Ein Leben für Kunst und Leidenschaft – das ist das Prinzip der Yoko Ono. Kompromisslos und ohne zu zögern besetzt sie mit Vorliebe extreme Positionen. Bekannt – und berüchtigt – wurde sie als Frau von John Lennon, dabei war sie längst vor ihm eine vielbeachtete Künstlerin, die alle traditionellen Formen über Bord warf. Sie experimentierte mit Fluxus, Dada, Happenings. Ihre Kunst ist schrill und bizarr, aber auch sehr poetisch und humorvoll.

So viel Talent und Charakter wecken Neid und Aggression. Sie war verschrien als Zerstörerin der Beatles (was längst widerlegt ist), als Drachenlady und Hexe. Doch in den letzten Jahren zeigt sich ein Wandel in der Beurteilung: Yoko Ono wird als eigenständige Künstlerin gefeiert, selbst in konservativen Zeitungen.

Sie ist eine Rebellin im klassischen Sinn – in dieser ersten deutschsprachigen Biographie wird ihr der Respekt zuteil, der ihr schon lange gebührt.

Klaus Hübner

»Leben auf dünnem Eis«
Yoko Ono
20 Abbildungen
Originalausgabe

»Ein reizvolles Buch«
Rheinische Post

Econ | ULLSTEIN | List

Mit ihren überlebensgroßen Figuren in knallbunter Farbigkeit, fröhlich und sexy, setzte Niki de Saint Phalle schwellende Formen weiblicher Fruchtbarkeit – gegen eine gewalttätige, technoide Männerwelt. Die kreative Aristokratin war Klosterschülerin, Fotomodell, Ehefrau und Mutter, bevor sie sich von allen gesellschaftlichen Zwängen löste, um bedingungslos Künstlerin zu werden.

Sie schoss sogar auf ihre Bilder – gegen Konventionen, gegen falsche Moral, gegen die Institution Kirche, gegen den Mann als Ursache allen Übels auf der Welt, gegen sich selbst. Sie war eine Terroristin der Kunst und einziges weibliches Mitglied der Nouveaux Réalistes.

Vom aufblasbaren Miniformat bis zu gigantisch großen, begehbaren Skulpturen mit Wohnräumen legen ihre Schöpfungen überall auf der Welt Zeugnis ab von den positiven Kräften einer kompromisslosen Künstlerin.

Monika Becker

»Starke Weiblichkeit entfesseln«
Niki de Saint Phalle
Originalausgabe

Econ | **ULLSTEIN** | List

Marlene Dietrich, der Weltstar, die Legende unseres Jahrhunderts – die Beine, die Stimme, die schillernde und unnahbare Erotik, Objekt von Kitsch, Kult und Mode für drei Generationen. Die Dietrich, die 1992 einsam in Paris starb, ist in aufreizender Weise noch immer da. Steven Bach, der mit Marlene in ihren letzten Jahren befreundet war, legt nach jahrzehntelangen Recherchen eine Biografie vor, die so genau und erschöpfend ist wie keine zuvor. Bewundernd und kritisch zugleich, hinreißend geschrieben, leidenschaftlich und kühl. In diesem Buch wird die erregende Epoche der Dietrich wieder wach. Sie war ein Genie und eine Kämpferin voller Menschlichkeit. Marlene war einsam auf kalten Gipfeln, doch ihren Witz und Lebensmut hat sie nie verloren.

Steven Bach

»Die Wahrheit über mich gehört mir«
Marlene Dietrich
31 Abbildungen

»Bewegend und einfühlsam erzählt.«   Augsburger Allgemeine

»Empfehlenswert«   Profil

Econ | **ULLSTEIN** | List

»Ich habe schon immer getan, was ich wollte. Women's lib? Ich war schon eine befreite Frau, bevor es den Namen überhaupt gab.« Die stets gelangweilte Amerikanerin aus reichem Hause, Venedigs letzte Dogeressa, war immer auf der Suche nach dem Funkeln in ihrem Leben. Alle zerrissen sich die Mäuler über sie. Und allen hat sie es gezeigt, die unverbesserliche, kunstwütige, zugleich schüchtern und provokant wirkende Peggy Guggenheim.

Ein unglückliches Kind, aber eine reiche Erbin, ihre legendäre Kunstsammlung machte sie zu einer der bedeutendsten Frauen ihrer Zeit.

Annette Seemann

**»Ich bin eine befreite Frau«
Peggy Guggenheim**
23 Abbildungen
Originalausgabe

Econ | ULLSTEIN | List

Mit starken Schultern, Hüften und Backen, den Pelzstolas und den glitzernden Juwelen hatte Mae West etwas von der lüsternen Kaiserin, als die sie sich selbst immer am liebsten sah. Die »Empress of Sex«, ein Proletenkind aus Brooklyn, das auch in Hollywood noch gern blutige Boxkämpfe anschaute, hatte ihr Leben lang ein Faible für die Rolle der Prostituierten mit dem goldenen Herzen. Sie blieb dabei, als ihr die Hollywood-Zensoren auf den Fersen waren, aber auch dann noch, als die Sittenlockerung dem Ganzen schon längst die Aura des Skandalösen genommen hatte.

Mariam Niroumand beschreibt Mae Wests Weg vom Vamp der zwanziger Jahre bis zur Camp-Figur der Sixties in einem lebendigen Sittengemälde, das bei den fahrenden Vaudeville-Trupps der Jahrhundertwende beginnt und in den Schwulenbars von New York endet.

Mariam Niroumand

»Westwärts, junger Mann!«
Mae West
25 Abbildungen
Originalausgabe

Econ | **ULLSTEIN** | List

Margaret Mitchell begann mit 26 Jahren »Vom Winde verweht« zu schreiben – und tat alles, um die Entstehung ihres späteren Welterfolgs mit dem Schleier des Geheimnisses zu umgeben. In dieser fesselnden Biografie kommt der amerikanische Historiker Darden Asbury Pyron Margaret Mitchell so nahe wie kein anderer Autor zuvor. Er entdeckt einen Menschen, der von Widersprüchen fast zerrissen wird: Tochter aus gutem Haus und Provokateurin, formvollendete Südstaatenlady und unnachgiebige Kämpferin, publikumsscheue Einsiedlerin und Kultautorin, der der Welterfolg ihres Buches kein Glück bringt.

Mit sicherem Gespür für die Dramatik einer Existenz zwischen starrer Konvention und unbändigem Freiheitsdrang zeichnet der Autor das Leben dieser unbeugsamen Frau und genialen Erzählerin nach.

Darden Asbury Pyron

»Tochter des Südens«
Margaret Mitchell
23 Abbildungen
Deutsche Erstausgabe

»Erstklassig!«   Newsweek

Econ | ULLSTEIN | List

Der moderne Tanz wurde von einer Frau geschaffen – von der sagenumwobenen Isadora Duncan. Sie war die erste, die sich nach den großen klassischen Musikwerken auf eine ganz neue Art bewegte – ganz weiblich und frei. Isadora Duncan wollte stets provozieren und schockieren. Sie wagte sich fast nackt auf die Bühne – und das im puritanischen Amerika. Ihr ganzes Leben kämpfte sie für die freie Liebe und lehnte sich gegen die verhaßten bürgerlichen Konventionen auf. Ihr Leben verlief tragisch: All ihre Kinder starben, ihr Ehemann Sergej Jessenin beging nach ihrer Trennung Selbstmord. Isadora selbst verunglückte bei einem Autounfall in Nizza – ihr weißer Schal hatte sich in den Speichenrädern ihres Bugattis verfangen ...

Jochen Schmidt

»Ich sehe Amerika tanzen«
Isadora Duncan
23 Abbildungen
Originalausgabe

»Sachkundig und sorgfältig recherchiert«   Rheinische Post

»Kenntnisreich und spannend erzählt«   Kölner Stadtanzeiger

Econ | ULLSTEIN | List

Gala Dalí (1894-1982) ist die Muse der Musen. Ohne sie war der geniale Surrealist Salvador Dalí ein Nichts. Das wusste er – und sagte es auch. Sie war das zweite Ich eines Künstlers, für den Leben und Arbeit ohne ihre Liebe undenkbar waren. Als sie starb, schien auch er am Ende seines Lebens – und seiner Kunst.

»Sie hat mich in Trance versetzt und macht aus meinen Wahnideen mein Genie«, sagt Dalí selbst und empfindet es als großes Glück, von ihr beherrscht zu werden. Und sie nutzt egoistisch sein Talent, um auszudrücken, was sie will.

Die Liebe zwischen dem Künstler und der Muse ist geprägt von Unterwerfung und vollkommenem Ausgeliefertsein, aber auch von Hass und Zerstörung. Sie ist eine noch größere Exzentrikerin und Neurotikerin als er. Absolut narzistisch und diktatorisch, Tyrannin und Fee in einer Person. Sie ist Salvador Dalí.

Annette Seemann

»Ich bin alles!«
Gala Dalí
25 Abbildungen
Originalausgabe

Econ | ULLSTEIN | List

Sie ist einzigartig: Niemals hat eine Frau so direkt und mit derart durchschlagendem Erfolg in den Gang der Geschichte eingegriffen, und in keinem Fall hat der Auftritt eines Menschen auf der politischen Bühne so viele Rätsel aufgegeben. Ihr Werdegang ist atemberaubend: Eben noch Hütemädchen am äußersten Rand Frankreichs, geht sie zu dem jungen, schwachen König und bringt als politisches Genie in einem schon fast hundert Jahre dauernden Krieg die entscheidende Wendung. Mit 19 ist sie tot, verbrannt als Hexe.

»Spannend geschrieben, eine fesselnde Erzählung von filmischer Plastizität … Reines Lesevergnügen.«
Süddeutsche Zeitung

Leo Linder

»Ah, mein kleiner Herzog, du hast Angst?«
Jeanne d'Arc
20 Abbildungen
Originalausgabe

Econ | **ULLSTEIN** | List